파수 기도의 숨은 능력

The Hidden Power of Watching and Praying

The Hidden Power of Watching and Praying
by Mahesh & Bonnie Chavda

Copyright ⓒ 2009 by Mahesh & Bonnie Chavda

Published by Destiny Image
P.O. Box 310, Shippensburg, PA 17257-0310

Korean translation Copyright ⓒ 2011 by Pure Nard
2F 774-31, Yeoksam 2dong, Gangnam-gu, Seoul, Korea

The Korean edition is published by arrangement with Destiny Image.
All rights reserved.

본 저작물의 한국어판 저작권은 Destiny Image와의 독점 계약으로 한국어 판권은 '순전한 나드'가 소유합니다.
저작권자의 허락 없이 이 책의 일부 또는 전체를 무단 복제, 전재, 발췌하면 저작권법에 의해 처벌을 받습니다.

파수 기도의 숨은 능력

초판발행 | 2011년 3월 21일

지은이 | 마헤쉬 & 보니 차브다
옮긴이 | 심현석

펴낸이 | 허철
편집 | 송혜숙
디자인 | 오순영
인쇄소 | 고려문화사

펴낸곳 | 도서출판 순전한 나드
등록번호 | 제2010-000128
주소 | 서울 강남구 역삼2동 774-31 2층
도서문의 | 02) 574-6702 / 010-6214-9129
편집실 | 02) 574-9702
팩스 | 02) 574-9704
홈페이지 | www.purenard.co.kr

ISBN 978-89-6237-087-4   03230

파수 기도의 숨은 능력

마헤쉬 & 보니 차브다 지음

헌 정 사

　노르망디 상륙작전 전날 밤이었다. 미 506 공수부대 3대대 소속, 칠백 육십 명의 공수부대원은 비행기에 올라 적진에 침투할 준비를 갖췄다. 이들과 더불어 수천 명의 군사는 제2차 세계대전 중 가장 전략적인 전투를 펼칠 예정이었다. 공수부대원들이 서있던 과수원에는 기대감과 고요한 용기로 가득했다. 울버튼(Wolverton) 중령은 부대원들에게 무릎을 꿇으라고 명령하고 그들과 함께 기도했다.
　"제군들이여, 고개를 숙이지 마라." 울버튼 중령이 이어서 말했다. "대신 하늘을 향해 하나님을 바라보라. 우리가 수행하려는 일 위에 하나님께서 복 내려주시기를 간구하라."
　이들 공수부대원들과 수많은 영웅 덕분에 전쟁의 판도는 바뀌었다. 당시 이들처럼 고개를 들고 하늘을 바라보는 자세로 기도하는 모습은 파수꾼들이 기도할 때 취했던 영적 자세였다. '주님의 파수 사역'(The Watch of the Lord™, 저작권 등록)이 시작된 이후로 함께 기도하며 경야했던 위대한 영웅들에게 이 책을 헌정한다. 당신도 우리와 함께 파수 기도의 숨은 능력을 발견하게 되기를 소망한다.

하늘에 계신 우리 아버지
Our Father in heaven
아버지가 어떤 분이신지 드러내소서
Reveal Who You Are,
세상을 바로잡아 주시고
Set the world right
하늘에서처럼 땅에서도 가장 선한 것을 행하소서
Do what's best—as above, so below.

든든한 세 끼 식사로 우리가 살아가게 하소서
Keep us alive with three square meals,
아버지께 용서받은 우리가 다른 사람들을 용서하게 하소서
Keep us forgiven with You and forgiving others,
우리를 우리 자신에게서와, 마귀에게서 안전하게 지켜 주소서
Keep us safe from ourselves and the Devil.

아버지께는 그럴 권한이 있습니다!
You are in charge!
원하시면 무엇이든 하실 수 있습니다
You can do anything You want!
영광으로 빛나시는 아버지!
You're ablaze in beauty
예, 정말 그렇습니다!
Yes! Yes! Yes!

(마 6:9-13, 메시지 성경)

목차

서문 … 10

제 1 장 | 주님이 누구인지 내게 알리소서 … 21
　　　　하늘에 계신 우리 아버지여

제 2 장 | 거룩하다! … 45
　　　　이름이 거룩히 여김을 받으시오며

제 3 장 | 이 땅을 바로잡으소서 … 65
　　　　(주의) 나라가 임하시오며

제 4 장 | 최고의 것을 행하소서 … 97
　　　　주님의 뜻이 이루어지이다

제 5 장 | 위에서와 같이 아래에서도 … 133
　　　　하늘에서처럼 땅에서도

제 6 장 | 하루 세 끼, 풍성한 식사로 살다 … 163
　　　　오늘날 우리에게 일용할 양식을 주옵시고

The Hidden
Power
of Watching and Praying

제 7 장 | 용서받음, 그리고 용서함 … 185
　　　　우리가 우리에게 죄 지은 자를 사하여 준 것같이
　　　　우리의 죄를 사하여 주옵시고

제 8 장 | 자신으로부터 그리고 악(사탄)으로부터의 안전 … 203
　　　　우리를 시험에 들게 하지 마옵시고 악에서 구원하옵소서

제 9 장 | 주님의 손에 달렸다 … 235
　　　　왕국이 주의 것입니다

제10장 | 두나미스 … 257
　　　　능력(권세)이 당신의 것입니다

제11장 | 아름다움으로 충만한 … 293
　　　　영광이 (아버지께) 영원히 있사옵나이다

제12장 | 예스! 예스! 예스! … 325
　　　　아멘!

후기: 가서 파수 기도 모임을 시작하라 … 345

서문

딸 애나(Anna)의 대학 기말 시험 주간이었다. 나(마헤쉬)는 저녁 늦게까지 공부하던 중에 갑자기 기도해야 한다는 강렬한 부담감에 사로잡혔다. 어떤 이유에서인지도 모른 채, 방언으로 기도하기 시작했다.[1]

거의 세 시간 동안, 계속해서 기도했다. 처음에는 소파에 앉아 기도했는데, 어느 순간 소파에서 내려와 바닥에 무릎 꿇고 있는 나를 발견하게 되었다. 한참 후, 기도의 부담감은 사라졌고 나는 기도를 마무리했다. 기도해야 한다는 감동은 무척 갑자기 찾아왔다. 그 감동은 떠날 때에도 그렇게 갑작스러웠다.

늦은 밤이었다. 침실로 향하던 중, 딸아이의 공부방을 지나게 되었다. 아이는 여전히 기말 시험 대비에 여념이 없었다. 문틈 사이로 머리를 들이밀고, 아이에게 말했다. 사실 할 말은 별로 없었다. 또 왜 그렇게 말했는지 도무지 모르겠다.

"얘야, 내일 학교 갈 때 내 자동차 대신 엄마의 지프를 끌고 가렴."

불쑥 튀어나온 말이었다. 영문도 모른 채, 나는 이 말을 건넸다. 공부하다가 잠시 멈춘 애나는 나를 바라보며 고개를 끄덕였다. 아무 영문도 모른 채 말이다. 나는 다시 한 번 반복했다.

"애나, 내일은 말이야. 꼭 엄마의 지프를 끌고 가야 해. 알았지?"

딸아이는 약간 귀찮은 듯, 눈동자를 위아래로 굴리며 대답했다.

"알았어요, 아빠. 약속할게요."

다음 날 아침이었다. 여덟시가 채 되기도 전, 집으로 한 통의 전화가 걸려왔다. 아내(보니)가 전화를 받았다. 수화기를 통해 들려온 내용은, 우리 딸 애나가 동네를 갓 벗어났을 즈음에 끔찍한 사고를 당했다는 것이었다. 너무나 놀란 우리 부부는 서둘러 사고 현장으로 달려갔다.

현장에 도착했을 때, 자동차의 에어백은 터져있었다. 또 터진 에어백에서 연기가 자욱하게 피어오르고 있었다. 나는 이 모든 것을 기억한다. 현장에는 순찰대원들, 두 대의 소방차, 그리고 응급구조팀이 있었다. 급커브 길을 약간 벗어난 지점에 보니의 지프가 낮은 골짜기에 살짝 걸쳐있었다. 도로 옆의 나무를 들이받은 채로 말이다. 새벽에 내린 비가 도로면에 그대로 남아있었고 아침 해가 떴을 무렵에는 살짝 얼어서 미끄러웠을 것이다. 아마 미끄러운 커브 길에서 자동차는 애나의 '통제'를 벗어났던 것으로 추측된다. 도로에서 이탈한 지프는 시속 55km의 속도로 미끄러졌다. 노면에 난 선명한 타이어 자국이 이 모든 것을 설명해주었다. 자동차는 길가 커다란 나무를 정면으로 들이받았다. 차는 완전히 뭉개졌고, 딸아이는 그 안에 갇혔다.

응급구조팀이 지프에서 딸아이를 꺼내려고 시도했다. 그들은 모두 애나가 죽었거나 혹은 아주 위독한 상태일 것이라고 판단했다. 구조대원이 가까스로 애나를 꺼내자 그 모습을 지켜보던 아내는 딸아이에게로 달려갔다. 다행히 애나는 살아있었다. 물론 두 다리는 골절된 상태였다. 사건 현장을 감독했던 관리자는 거듭해서 말했다. "기적이에요. 기적입니다. 굉장히 큰 사고였는데… 댁의 따님이 목숨을 부지한 것 자체가 기적입니다." 그뿐만 아니라 순찰대원, 소방대원, 응급구조팀 모두 하나같이 입을 모아 말했다. "이 정도 사고에서, 차 안에 있는 사람이 즉사하지 않고 산 채로 구조된 것은 처음입니다. 에어백 때문입니다. 에어백이 살렸어요."

이 사건에서 첫 번째 기적은 사고 전날 밤에 일어났다. 기도의 부담감이 찾아왔을 때, 내가 깨어있었다는 것이 기적이었다. 그날 밤, 내게 찾아온 기도의 부담감은 '하늘에 계신 우리 아버지'가 보내주신 예언적 감동(호흡)이었다. 하나님은 졸지도 주무시지도 않으신다. 하나님께서 애나를 지켜보고 계셨다. 그날 밤 내가 성령 안에서 기도했을 때, 애나의 생명을 보존하기 원하셨던 하나님의 뜻이 내 입 밖으로 내뿜어진 것이다. 그리고 그 기도는 다음 날 아침 사고 현장에, 그 누구보다 먼저 도착해있었다.

두 번째 기적은 내가 애나에게 아내의 지프를 타고 가라는 명령을 한 것이었다. 이것은 오랜 기도의 결과였다. 평소에 애나는 내 차를 끌고 다녔는데, 유독 그날 밤 무슨 이유에서인지 나는 딸아이에게 아내의 차를 가져가라고 명령했다(게다가 두 번씩이나 주지시키지 않았는가?). 내 차에는 에어백이 장착되어있지 않았다!

세 번째 기적은 앞서 언급한 두 가지 기적의 결과였다. 내 딸이 살았고 오늘날까지 건강하다는 것이다.

이것은 파수(경야) 기도에 관한 이야기다. 훔치고 죽이고 파괴하려는 도둑이 집 안으로 침입하려다가 파수하며 기도하는 사람의 불빛에 놀라 그냥 지나쳐야 했던 사건의 전말이다. 한 명의 파수꾼이 온 집안을 구할 수 있다. 이러한 이유로 사도 바울은 데살로니가 교회의 성도들에게 "쉬지 말고 기도하라"고 명령했다(살전 5:17 참조).

예수님의 삶을 살펴보면, 어떻게 한 사람의 인생 자체가 '기도'가 될 수 있는지, 그리고 쉬지 않는 기도가 어떻게 가능한지 깨달을 수 있다. 그분은 하루 일과를 진행하시던 중에 갑자기 멈춰서 기도하셨다.

> 갑자기 예수께서 기도하셨다. "하늘과 땅의 주인이신 아버지, 감사합니다. 아버지께서는 아버지의 길을 똑똑하고 다 아는 체하는 사람들에게는 숨기시고, 평범한 사람들에게는 분명히 밝히셨습니다. 그렇습니다, 아버지. 아버지께서는 이렇게 일하시는 것을 좋아하십니다"(마 11:25-26, 메시지 성경).

예수님은 파수꾼이셨다. 그분의 최측근을 기도 모임에 불러들이셨다. 이후 그들은 연쇄적으로 더 많은 사람을 기도 모임에 불러들였다. 이처럼 교회에 성도의 수가 증가하기 시작했다. 이에 점점 더 많은 사람이 기도 모임에 참여하였다. 그리고 기도하는 교회는 온 세상의 문화를 한순간에 바꾸어버렸다.

파수 기도는 우리의 특권이다. 어느 세대, 어느 교회든 파수(경야)하며 기도할 때 성도들은 핵무기와 같은 능력을 보유할 수 있었다. 특히 두세 사람 혹은 그 이상이 예수님의 이름으로 모여 기도했을 때 그 효과는 어마어마했다.

우리는 파수 기도의 숨은 능력을 경험하고 있다. 파수 기도를 통해 축사, 치유, 화해의 놀라운 역사, 그리고 개인, 가정, 교회, 국가의 회복 등, 하나님의 나라가 이 땅 위에 임하는 것을 목격한 것만도 수천 번이 넘는다.

초대 기독교인들의 기도 자세-얼굴을 들고 기대하는 마음으로 드리는 기도-는 그들이 깨어있는 영혼이었음을 알려준다. '쉬지 않는 기도'는 무릎을 꿇고 두 눈을 감은 채로 드리는 기도에만 국한되지 않는다. 사실 파수 기도는 뜬눈과 깨어있는 영혼을 전제한다. 파수 기도는 언제 어디서든, 어떤 자세로든 상관없이 드릴 수 있는 기도다. 특히 여럿이 모여 기도할 때 더욱 강력한 효과를 내는 특징이 있다.

주님께서 '모델' 삼아 가르쳐주신 기도, 전통적으로 '주기도문'이라 일컫는 이 기도는 파수 기도의 가장 중요한 핵심만을 완벽히 요약해낸 결정체라고 할 수 있다. 주기도문은 주문처럼 반복해서는 안 된다. 종교적인 태도로 그저 주절대며 암송하는 기도가 아니기 때문이다. 비록 간단한 형태의 기도이지만, 모든 영적 계시의 뼈대임을 잊지 말아야 한다. 또한 주기도문은 모든 성도가 드리는 기도의 근간을 이루고 있다.

예수님과 동행했건만 제자들은 그분의 삶에서 관찰되던 다양한 모습(그분의 기도 습관 포함)을 온전히 이해하지 못했다. 사실 예수님의 기도 생활은 당시로서는 혁명 그 자체였다. 제자들은 3000년이나 오랜 기도의 전통을 답습했다. 물론 예수님도 이러한 배경을 갖고 계셨다.

하지만 예수님의 기도에는 무언가 다른 점이 있었다. 제자들은 예수님의 '특이한' 기도 생활을 목격했고 이내, "우리에게 기도를 가르쳐 주십시오!"라고 요청했다. 그들의 요청에 대한 응답이 바로 '주기도문'이었다.

역사상 가장 강력했던 기도의 용사 중 한 명인 아빌라의 테레사(Teresa of Avila)는 이렇게 주장했다. "계시적 지식과 체험(하나님에 대한)이 가미될 때 성도들은 '주기도문'만으로도 하나님이 원하시는 차원의 기도에까지 도달할 수 있다."[2] 아내와 나는 테레사의 말을 염두에 두고 기도하면서 이 책을 쓰고 있다. 이 책을 읽는 모든 성도가 이 세상을 지켜내는 탁월한 파수꾼이 되기를, 기도를 통해 하나님의 나라를 이 땅으로 끌어내리는 용사가 되기를 바란다!

예수님의 기도에서 발견된 '특이 사항'은 무엇인가? '하늘'이 그 기도의 출발점이라는 것이다. 그리고 예수님의 기도는 '하늘 아버지'와 함께 시작된다. 우리가 하나님의 개입하심을 필요로 하기 훨씬 전부터, 예수님께서는 이미 우리의 중보자가 되셨다. 살아계신 예수님은 오늘도 하늘 아버지 앞에서 당신과 나를 위해 중보하신다(롬 8:34 참조). 예수님은 항상 하늘 아버지와 함께하신다. 졸지도 주무시지도 않는 하나님께서는, 낮밤 가리지 않고 양 무리를 돌볼 사람, 경야하며 양의 숫자를 파악할 파수꾼들을 찾고 계신다.

태초에 하나님이 이 세상에 개입하셨다. 그분이 말씀하셨다. "빛이 있으라!" 이 세상의 마지막 날이 이르면 그리스도께서 개입하실 것이다. 그분은 이 세상을 바로잡으실 것이다. 태초와 마지막 날-두 사건

사이에 긴 다리가 연결되어있다. 하나님의 파수꾼들은 하나님과 함께 기도하며 그 다리를 오갈 것이다. 이 다리는 하나님의 나라와 이 땅을 연결한다. 파수하기 위해 밤잠을 포기하고 깨어 기도하는 성도들은 천국과 이 땅의 두 영역을 오가며, 이 땅을 향한 하나님의 뜻을 하나 하나 이룰 것이다.

파수꾼으로의 부르심에 순종하는 마음이 얼마나 중요한지 알리고자 예레미야 선지자는 다음과 같이 하나님의 심판을 언급했다.

> 너희는 예루살렘 거리로 빨리 다니며 그 넓은 거리에서 찾아보고 알라 너희가 만일 정의를 행하며 진리를 구하는 자를 한 사람이라도 찾으면 내가 이 성읍을 용서하리라(렘 5:1)

두 눈을 부릅뜨고 당대에 임박한 재앙을 바라보던 예레미야 선지자는 열린 영안으로 하나님의 모습 즉 하나님의 뜻에 순종하는 사람(파수꾼)을 찾기만 한다면 당장에라도 재앙을 멈추실 준비가 되어있는 하나님의 모습을 목도했다.

애나의 이야기에서처럼 기도는 문제가 발생하기도 전에 해결책을 가져다준다. 문제가 발생했을 때, 기도는 이미 현장에 도착하여 해당 사건 사고에 개입하기 시작한다. 사건이 종결되고 뒤처리꺼리만 남았을 때에도 기도는 여전히 그 자리에 남아, 부서진 조각들을 모으고 파괴된 것을 보수한다. 황폐된 땅을 회복하고 씨 맺는 과실수의 정원으로 탈바꿈시키는 것 역시 기도다. 경야하며 기도할 때 빛은 어둠의 땅에 심어진다. 기초가 재건된다. 그곳에 하나님의 기쁨이 주렁주렁 열릴 것이다. 기도는 절대 멈추지 않는다. 시기와 때는 관계없다. 기도는 멈추지 않는다. 기도하면서 우리는 기대하고, 관찰하고, 밭을 갈고, 씨를 뿌리고, 수확하고, 거름을 주고, 물을 대고, 기뻐한다.

하나님께 시선을 고정한 채 이 세상을 살아가는 것-이것이 파수 기도의 골자다. 바로 예수님의 기도 생활에서 발견되었던 '충격적인' 요소다. 기도는 '하늘에 계신 우리 아버지'의 뜻에 순종하는 과정이다. 하나님의 뜻을 담고 그 뜻을 이 땅에 쏟아내는 그릇으로 변화되는 과정이기도 하다. 또한 파수 기도는 초병의 경계심을 수양하는 훈련이며, 하나님을 향해 온전히 깨어있는 영혼의 태도를 계발하는 과정이다. 과거와 동일한 형태의 기도로 무언가 색다른 일을 '만들어내는'(d-oing) 것이라기보다, 이전과는 전혀 다른 '형태'(being)의 기도를 드리는 것에 가깝다.

이 책을 집필하면서 우리 부부는 절친한 친구의 호숫가 별장에서 며칠간 묵을 기회를 얻었다. 첫째 날 아침, 어떤 남자가 부둣가에서 그의 아들에게 수영을 가르쳐주는 모습을 지켜보았다. 잠시 물장구를 치더니 그 남자는 물에 자신의 몸을 맡겨 배영을 시작했다. "애야, 봤지? 이건 소파에 드러눕는 것처럼 쉽단다." 사실 몸이 물에 뜬다는 보장은 없었다. 하지만 아이는 아빠를 믿기로 한 모양이었다. 그 즉시 아빠처럼 뒤로 드러눕더니 발장구를 치며 앞뒤로 오갔다. 아이는 행복한 모습으로, 그렇게 '물침대'에 드러누웠다. 물에 몸을 띄우고 수영을 하기 위해서 굳이 다른 '존재'가 될 필요는 없었다. 아이는 그저 아버지의 동작을 보고 그대로 흉내만 내면 되었다. 그것으로 충분했다.

호숫가의 아이처럼, 우리는 파수 기도라는 물에 몸을 담그고 편안한 안식을 취할 수 있다. 파수 기도를 통해 우리는 삶의 혼돈과 이 세대의 어둠에 굴하지 않는 법을 배울 수 있다. 또한 주님과 경야하면서 하나님의 '리듬'에 순종하는 법을 배운다. 예수님께서 하나님을 바라보시는 그 방법, 그대로를 습득하는 것이다. 이 땅 위를 걸으셨을 때 예수님께서는 항상 깨어 기도하셨다. 지금도 예수님은 깨어 기도하신다. 이제 우리가 그분이 인도하시는 기도 모임에 참여할 때다.

위르겐 몰트만(Jürgen Moltmann)은 이렇게 말했다. "기도는 절대 '홀로서기'일 수 없다. 기도는 항상 '파수'와 동반된다. 파수와 동반된 기도만이 참된 기도이며, 참된 기도는 반드시 우리를 파수꾼의 자리로 인도한다. 기도는 좋은 것이다. 하지만 파수는 더 좋은 것이다."3)

제2차 세계대전 당시, 히틀러(Hitler)의 독일군 병사였던 몰트만은 너무도 끔찍한 광경들을 목격해야만 했다. 그는 1차 영국군의 공습에 투항했다. 전쟁포로로 붙잡혀 있는 동안 몰트만은 그리스도를 만났다. 그분과의 만남이 무척 충격적이었기에 몰트만은 자신의 삶을 그리스도께 바쳤다. "파수하며 기도하는 것, 기도하며 파수하는 것 말고 기독교인의 영성이라 칭할 수 있는 것이 무엇이 있는가?" 그는 말을 이었다. "힘 있는 사람들은 묵주나 찬송가 외에는 아무것도 가진 것 없는 노년의 여성에게나 기도가 필요하다고 생각한다. 하지만 기도는 마음을 새롭게 하는 것, 파수하는 것, 집중하는 것, 그리고 생명에 대해 기대하고 생명을 존중하는 것과 관계가 깊다. 안타깝게도 이 점을

깨닫는 사람은 많지 않다."⁴⁾

아래의 글은 몰트만의 관찰 내용이다.

> 기독 신앙은 맹목적이지 않다. 이는 멀쩡한 정신으로 하나님을 기대하는 믿음의 행위다. 하나님에 대한 기대감은 인간의 모든 감각을 활성화시킨다. 초대교회 성도들은 서서 기도했다. 하늘을 바라보고, 두 손을 높이 뻗고, 두 눈은 크게 뜨고, 앞으로 걷거나 뛸 준비를 한 채 기도했다. 그들의 기도 자세는 평정심을 구하는 자세가 아니었다. 고도의 긴장감이 서린, 기대감으로 충만한 자세였다. "우리를 위협하는 것들 때문에 경야하는 것은 아니다. 우리는 이 세상의 구원을 기대하기 때문에 파수하며 기도한다. 또한 하나님의 임재를 기다리며 경야한다. 그러므로 우리는 모든 감각을 열고 고도의 집중을 기하며 하나님께서 우리의 삶과 사회, 그리고 이 세상에 들어오시는 것을 알아차린다."⁵⁾

파수꾼들은 하나님의 둥지에서 알을 품는다. 이제 새로이 깨어난 백성은 '하나님의 거처'가 된다. 이를 위해 파수꾼들은 경야한다.

하나님은 지금도 그분이 창조하신 동산을 거니신다. 지금도 겟세마네 동산에 올라가 기도하신다. 친구들을 찾으시며 초청하신다. "네 능력을 다하여 일어나라. 앉거나 눕지 말고 일어나라. 오라! 나와 함께 파수하며 경야하자!" 그리스도께서는 제자들에게 이렇게 말씀하셨다. "깨어 있으라 내가 너희에게 하는 이 말은 모든 사람에게 하는 말이니라" 하시니라(막 13:37).

기대를 갖고 하늘을 바라라. 파수하며 기도하는 중에 언제든지 예수님께서 도래하시기를 기대하고 또 준비하라. 당신만 준비하는 것이 아니라 당신이 발붙이고 있는 이 세상도 예수님의 재림을 위해 대비하도록 도우라. 당신을 파수 기도에 초청한다!

주 |
1. 고전 12-14장 참조. Mahesh Chavda, *The Hidden Power of Speaking in Tongues*(Shippe-nsburg, PA: Destiny Image, 2003).
2. Teresa of Avila, *The Way of Perfection*.
3. Jürgen Moltmann and Elisabeth Moltmann-Wendel, *Passion for God: Theology in Two Voi-ces*(Louisville, KY: Westminster-John Knox Press, 2003), 57.
4. Ibid.
5. Ibid., 62-63.

제1장

주님이 누구인지 내게 알리소서

Reveal Who You Are

하늘에 계신 우리 아버지여

Our Father in Heaven

| 하늘 아버지를 아는 것(계시)이 모든 기도의 시작이다

로마의 시인 만리우스(Manlius)는 이렇게 말했다. "어떻게 시작하느냐가 어떻게 끝맺는지를 좌우한다." 모든 일의 끝은 그 시작에 달렸다(Finis Origine Pendet).

'파수의 기도 사역'(watching in prayer)은 수년 전에 시작되었다. 은사주의 부흥 운동이 왕성했던 70년대에는 철야 기도를 위해 초저녁에 일찌감치 잠드는 것이 관례였다. 당시 사람들은 철야 기도에 금식까지 겸하기도 했다. 나 역시 마찬가지였다. 우리는 친구들과 모여 찬양하고 기도하고 또 성경을 공부했다. 이후에 본격적인 목회 생활을 시작했는데 그 무렵 이러한 생활방식은 고스란히 교회 사역 전반에 스며들었다. 30년이 넘도록(어느 곳에 있든지 상관없이) 우리는 이 생활 그대로를 유지해왔다.

1994년, 우리 가족은 노스캐롤라이나의 샬롯(Charlotte)으로 이주했다. 그때, 부흥의 물결이 우리 가정 위에 임했다. 매주 금요일 밤마다 우리는 친구들을 초청해서 함께 교제하고 기도했다. 주님께서는 "너는 나와 함께 파수하라"(Watch with Me)라는 말씀을 주셨고, 이를 계기로 '주님의 파수 사역'(The Watch of the Lord)이 시작되었다.

그 즈음의 일이다. 나(마헤쉬)는 3주 연속 동일한 환상을 보았다. 첫째 주에 내가 보았던 것은 커다란 발이었다. 그 발은 방 한가운데에 있었다. "주님, 이것이 무엇입니까?" 주님께 여쭈었지만 아무런 대답이 없으셨다. 나는 그저 그 커다란 발을 주시했다. 그 다음 주에도 동일한 환상을 보았다. 차이점이 있다면, 발 주변에 구름이 모여 있었다. 셋째 주, 나는 또다시 동일한 환상을 보았다. 그런데 이번에는 발 주변에 모였던 구름에 금빛 찬란한 영광과 번개 같은 섬광이 번뜩였다. 게다가 그 구름 속에 사랑과 축복과 능력이 가득 담겨있었으니, 참으로 놀랍기 그지없었다. 그런데 두터웠던 구름이 반으로 쪼개지듯 두 편으로 갈라졌고 그 사이로 큰 발의 형상이 나타나 내 시야에 들어왔다. 자세히 살펴보니 그 발에는 커다란 못 자국이 선명하게 나있었다. 그때 성령님께서 말씀하셨다. "룻기 3장을 펼쳐보아라. 특히 나오미의 말에 주목해라. 그것이 바로 내가 네게 줄 말이다."

나는 성경을 펼쳐들었다. 유대인이었던 나오미는 이방 출신의 며느리 룻에게 다음과 같이 말했다.

> 그런즉 너는 목욕하고 기름을 바르고 의복을 입고 타작마당에 내려가서 그 사람(보아스)이 먹고 마시기를 다하기까지는 그에게 보이지 말고 그가 누울 때에 너는 그가 눕는 곳을 알았다가 들어가서 그의 발치 이불을 들고 거기 누우라 그가 네 할 일을 네게 알게 하리라(룻 3:3-4)

이 구절을 통해 '파수'(깨어있어 남편을 지켜보는 것)의 행위가 곧 신부의 임무라는 것을 깨달을 수 있다. '파수'는 친밀함의 행위다. 마치 주님이 덮고 계신 이불을 걷고 그 옆에 누운 채, 주님께서 할 일을 알려 주시기까지 기다리는 것과 같다. 성령님께서는 우리에게 예수님의 발치에서 밤을 지새울 것을 명령하신다. 예수님을 바라보고 기다리며 기도할 때, 즉 우리가 예수님과 함께 파수할 때 예수님께서는 그분의 날개 아래로 우리를 들이시며 보호해주실 것이다. 보아스가 룻에게 했던 것처럼 말이다. 예수님은 우리가 이 세상의 유혹을 등지고 성령님께 순종했다는 사실에 매우 기뻐하실 것이다.

이후 우리는 타작마당으로 들어간다. 그곳에서 주님은 우리를 체로 거르시고 또 깨끗하게 씻어주신다. 신랑이신 예수님께서 우리를 흠 없는 신부로 만드시는 과정이다. 신부 된 우리는 주님의 뜻과 목적을 우선순위로 받들어야 한다. 이와 동시에 우리의 뜻과 목적은 내려놓게 될 것이다. 나오미가 룻에게 말한 것과 같이, 지금 이 시대는 주님께서 우리에게 '우리의 할 일을 알려주실' 때다! 무엇을 해야 할지 알고 싶은가? 주님께 나아가라. 우리의 할 일을 알려주시는 그분의 음성을 듣게 될 것이다. 이것이 바로 파수 기도의 핵심이며 파수 기도가 중보 기도와 다른 점이기도 하다.

'파수'는 하나님의 임재 안에 머무는 훈련이다. 하나님을 즐거워하고, 그분을 경배하며, 그분의 가르침을 귀담아 듣는 기술을 배우는 것이다. 우리가 하나님과의 '관계' 안에 머물 때, 주님은 우리에게 가르침을 전해주신다. 성령으로 우리를 인도하시며, 영적 전쟁을 위한 그분만의 계획과 전략을 알려주신다. 주님의 계획에 대한 통찰과 그분의 지침과 방향을 습득하는 일도 우리가 하나님의 임재 안에 머물 때에만 가능하다. 하나님께서 인도하실 때, 우리는 대적을 묶을 수 있고, 치유와 축사를 위해 기도할 수 있으며, 주변 사람들에게 기름 부음을 전할 수 있다. 또한 하나님의 임재 안에 머물 때, 우리는 하나님이 우리의 간구를 기꺼워하신다는 사실을 확신하게 된다.

이러한 믿음을 가지고 우리는 매주 금요일 밤, 몇몇 친구와 밤을 지새우며 파수의 기도를 시작했다. 놀랍게도 파수 기도를 시작하자 암 환자가 고침을 받고, 당뇨병 및 여러 중증(말기) 질병이 치유되는 사건을 목격할 수 있었다. 주님의 임재가 매우 크고 놀라웠기에 전국 방방곡곡에서 수많은 사람이, 심지어 버스를 대절해서 우리의 기도 처소를 방문했다.

지금까지 14년 동안 한 주도 거르지 않고 계속 매주 금요일 밤마다 우리는 파수 기도 사역을 진행해오고 있다. 이 모임을 통해 천국의 신랑이신 예수님께서는 수많은 간구와 기도를 들으시고 또 응답해주셨다. 그뿐만 아니라 우리는 국내외의 허다한 사건 및 개개인의 삶과 가정사에 개입하시는 하나님의 역사도 목격할 수 있었다. 우리가 파수 기도 사역을 진행하는 동안 주님은 우리에게 "해야 할 일을 알려주셨다."

이튿날 아침 룻이 떠나려고 할 때였다. 보아스는 룻의 겉옷자락 한 가득 곡식을 담아주었다. 우리가 주님의 발치에 누울 때마다, 이와 동일한 일이 일어날 것이다. 보아스가 룻에게 은혜를 베푼 것처럼, 파수 기도 사역을 진행하면서 우리의 '혈족이자 구원자'(기업 무를 자)이신 예수 그리스도께서 우리에게 풍성하게 은혜 내리시는 것을 목격해왔다. 파수 사역을 마친 후, 토요일 아침의 이른 빛이 고즈넉이 드리울 즈음, 우리는 모두 지난 밤 동안 주님의 축복으로 가득 넘쳤던 시간을, 또 그분과 함께했던 우리의 삶을 바라보며 감사드린다.

파수 기도의 시작

어디서부터 이 이야기를 시작해야 하는가? 물론, 예수님의 가르침에서 시작해야 한다. 제자들에게 기도를 가르치실 때 예수님께서는 "이렇게 기도하라"고 명령하시며 운을 떼셨다.

"하늘에 계신 우리 아버지여"

　많은 사람이 기도를 어려워하는 이유는 단 한 번도 하나님의 '아버지 되심'을 맛본 적이 없어서 그럴 것이다. 우리의 기도를 받으시는 하나님은 우리의 아버지이시다. 이것은 영구불변의 진리다. 기독교인의 기도 생활은 그리스도를 영접하여 거듭난 후부터 시작된다. 다시 말해서 가장 놀랍고 가장 아름다운 가정에서 새로운 삶을 영위할 때부터 시작되는 것이다. 성령 안에서 우리는 하늘 아버지의 아들과 딸로, 예수 그리스도의 형제와 자매로 새롭게 출발한다. 그러므로 하나님을 아버지로 아는 지식이야말로 참된 기도의 열쇠라 하겠다.

　진정한 '인간됨'(humanness)의 핵심은 '관계'에 있다. 따라서 하나님이 우리의 아버지이심을 알 때에야 비로소 우리는 참된 인간이 될 수 있다. 그렇다면 '관계'란 무엇인가? '관계'란 내가 속할 수 있는 집단, 혹은 내가 소속될 공동체가 존재한다는 사실의 방증이다(기도의 공동체가 체험하게 될 기쁨과 가치에 대해서는 제3장에서 살펴볼 것이다).

　이 세상에는 수많은 종교가 있다. 그리고 그 종교의 숫자만큼이나 많은 신(神) 개념이 존재한다. 그러나 기독교는 여타의 종교와는 다르다. 기독 신앙은 성령님의 놀랍고 신비로운 역사를 통해 하나님과 맺게 되는 생생하고 인격적인 관계에 기반을 두기 때문이다. 인류 역사상 가장 훌륭했던 선각자나 현자 혹은 권세가, 심지어 천사도 예수님의 말씀과 같은 외침을 발하지는 못했다. 게다가 수많은 사람이 믿고 있는 '외계인'이 존재한다고 하더라도 예수님께서 발하셨던 담대한 말씀을 선포하지는 못할 것이다.

하늘 아버지께서는 그 아들 예수를 이 땅에 보내어 우리 모두 본향으로 돌아갈 수 있는 길을 예비하셨다. 스스로를 '신의 사자'로 천거했던 사람은 많다. 역사를 살펴본다면 그리 어렵지 않게 찾아볼 수 있다. 그들은 저마다 구원의 길을 제시했다. 하지만 이들이 제시한 구원은 예수 그리스도를 통한 구원과는 비교조차 안 되었다. 그 누구도 기독교의 구원을 흉내 내지 못했다. 심지어 그와 유사한 구원의 방편조차 제시하지도 못했다. 마호메트는 이렇게 말했다. "알라에게는 아들도 없고, 동반자도 없다. 알라에게는 그 누구도 필요치 않다."

각각의 종교에서 참된 신성을 지닌 존재로 믿고 있는 부처, 크리슈나, 마호메트를 살펴보라. 또 그 외 기타 종교에서 숭앙하는, 신격화된 존재들도 살펴보라. 이들은 한 가지 공통점이 있다. 그들 모두 죽었다! 그렇다면 이제 그들의 죽음을 살펴볼 차례다. 그 어떤 누구도 우리의 죄를 대신하여 죽지 않았다. 또한 구원의 실마리조차 제시해주지 못했다. 그들은 모두 자신의 추종자들에게 종교적 규제와 계율이라는 무거운 짐을 안겨주었을 뿐이다.

역사상 "내가 신을 계시해 보이겠다"라고 주장했던 인물들은 많다. 그들을 하나하나 살펴보라. 공통점이 하나 발견될 텐데, 그들은 모두 자신이 창시한 종교 체제를 유지하는 데 급급했다는 것이다. 물론 모두 결국에는 실패했다. 더군다나 그들이 소개했던 신들은 '모호함'의 베일에 숨어있거나, 인간을 협박하는 존재, 아니면 인간에게 협박당하는 존재로 제시되었을 뿐이다. 그 어떤 누구도 "하나님은 우리 각 사람을 인격적으로 대하시고 또 친밀하게 사랑해주시는 우리의 아버지이시다"라고 선포하지 못했다. 그 누구도 참된 신을 계시하지 못했다.

이것은 오직 예수님이어야만 하실 수 있는 일이기 때문이다. 예수님께서는 말씀하셨다. "내가 온 것은 양(너희)으로 풍성한 생명을 얻게 하기 위함이라!" 그뿐만 아니라 그분은 자신이 전하신 모든 명령과 규율을 몸소 실천하셨다(종교 체제를 유지하는 데 실패했던 사람들과 비교해보라). 죽으시고 부활하신 후에는 오백 명이 넘는 사람 앞에 나타나셨다. 그들은 예수님의 옆구리와 못 자국이 선명한 손을 만져보았다. 예수님이 요리하신 음식을 맛보았다. 함께 이야기를 나누었고 장래의 일에 대한 지침을 교육받았다. 하늘에 올라간 그대로 다시 내려오시겠다는 복된 약속을 하시며 예수님께서 승천하시는 것을 바라보았다. 주님의 영광이 예수님을 두른 것을 목도하였다. 예수님은 또 이렇게 말씀하셨다. "나는 지금 아버지께 가서, 너희를 위한 처소를 마련할 것이다. 나 있는 곳에 너희도 함께할 것이다"(요 14:2-3 참조).

하나님이 누구이신지를 물어보았던 오래전 사람 중, 모세라는 인물이 있다. 모세는 하나님께 여쭈었다. "나를 보내신 이를 누구라고 하오리까?" 그러자 하나님께서 대답하셨다. "그들에게 말하라. 나는 '스스로 있는 자'(I AM)니라. 스스로 있는 자가 너를 보내노라."[1]

예수님께서 제자들에게 물으셨다. "사람들은 나를 누구라 하느냐?" (Who do men say that I AM?) 주님의 질문에 제자들은 다양한 답을 늘어놓았다. 그러자 예수님께서 다시 물으셨다. "그렇다면, 너희는 나를 누구라 하느냐?"(Who do you say that I AM?) 그때 베드로가 대답했다. "주는 그리스도시오, 곧 살아계신 하나님의 독생자이십니다." 베드로의 대답을 들으신 후 예수님께서 말씀하셨다. "복되도다, 요나(요한)의 아들 시몬아! 이 사실을 네게 알려준 것은 혈과 육이 아니라 하늘에 계신 내 아버지이시다. 이제 내가 이 바위 위에 내 교회를 세우리니 지옥의 권세가 내 교회를 흔들지 못할 것이다"(마 16:13-18 참조).

예수님은 살아계신 하나님 아버지의 아들이시다. 그분은 이 세상을 만드신 창조주의 본체이자 하나님의 형상이시다. 그러므로 예수님께서 당신의 손을 붙잡으셨다면, 그분은 당신을 하나님 아버지께로 인도해주실 것이다. 당신은 하나님 아버지 앞에-모든 진리의 모체가 되는, 흔들리지 않는 진리의 기반 위에-서게 될 것이다. 그 어떤 권세도 이 진리를 이길 수 없다.

그러나 안타깝게도 우리 인간은 하나님으로부터 가장 멀리 떨어져 있을 때 가장 편안하다고 생각한다. 반대로 하나님께서 우리의 마음이나 우리의 거처에 너무 가까이 다가오시면 우리는 두려움과 불편함을 느낀다. 하나님에게서 도망치는 것은 예사이고 하나님을 저주하는 경우도 상당하다. 만일 하나님이 우리의 삶에 관여하지 않고, 또 우리가 그분과 관계를 맺지 않는다면, 다시 말해 하나님이 인격적인 신이 아니라 그저 비인격적인 '힘'이나 '에너지'였다면 우리는 하나님을 그 정도로 불편해하거나 두려워하지 않을 것이다.

인간에게 '스스로 있는 자'(I AM)라는 이름을 알리셨던 최초의 사건은 '믿음의 조상'으로 알려진 한 남자의 인생에서 찾아볼 수 있다.

"아브람아 두려워 말라 나는(I AM) 너의 방패요 너의 지극히 큰 상급이니라"(창 15:1, 개역한글).

히브리어로 '마겐'이라 불리는 이 방패는 육박전 중, 적의 공격으로부터 상반신을 보호해주는 개인용 소형 방어 기구였다. 신-왕이 통치했던(왕이 신처럼 다스렸던) 도시 국가에서 방패는 '왕'을 상징하는 표현이기도 했다.

당시의 모든 신-왕은 다른 왕을 무찌르고 최고의 통치자가 되기 위해 노력했다. 아브라함이 약속의 땅에 도달했을 때, 그 땅에는 이미 다섯 신-왕이 거주하며 그 지역을 통치하고 있었다. 그러므로 약속의 땅을 차지하기 위해 아브라함은 이들과 싸워야 했다. 이러한 상황에서 하나님은 친히 아브라함의 방패가 되어주겠다고 약속하신 것이다. "아브람아, 두려워 말라. 나는(I AM) 전능한 왕이다. 내가 이 땅을 너와 네 후손에게 주리라." 순간 아브라함은 육신의 아버지가 지어준 이름, 그리고 그에게서 물려받은 모든 유산을 내려놓았다. 대신 하나님 아버지의 음성에 순종하기로 결심했다. 모세도 마찬가지였다. 파라오의 아들로서 그가 받았던 이름과 유업을 거부하고, '아브라함의 후손'(이스라엘 자손)으로서 받게 될 이름과 유업을 선택했다. 아브라함과 모세 두 사람 모두 성경에 계시된 '스스로 있는 자'(I AM)를 신뢰하였다.

귀향

만일 하나님의 모습이 성경에 기록된 그대로라면, 정말 그렇게 스스로의 모습을 나타내셨다면 이 사실이 우리에게 시사해주는 바는 무엇일까?

그렇다면 나는 어떻게 이러한 하나님과 관계를 맺을 수 있는가? 내 삶에 대한 계획이 정말 그분에게 있는 것일까? 정말 하나님이 내 삶에 대한 계획을 갖고 계신다면, 그것이 과연 좋은 일인가? 또 하나님께서는 이 세상에 대한 계획도 갖고 계신가? 나는 그분의 계획에 걸맞게 살고 있는가? 아브라함과 이삭과 야곱의 하나님으로 일컬어지는 이 신은 누구인가? 천지를 창조하신 분으로 알려진, 이 하나님은 누구인가? 노아에게 방주의 축조를 명령하시고, 홍해를 가르시고, 다윗의 입에 찬양을 넣어주신 하나님은 도대체 어떤 분이신가? 영광으로 성전을 가득 채우시고, 선지자를 통해 말씀하시며, 이스라엘을 자신의 소유로 삼으신 이 하나님은 어떤 분이신가? 사람이 되어 갈보리에 오르신 이 하나님은 누구인가? '스스로 있는 자'(I AM)는 누구인가?

열아홉 살 되던 해, 나(보니)는 예수님과 인격적으로 만났다. 그리고 어느 시점에선가 그리스도를 따르기 위해 나는 육신의 아버지로부터 내려온 자랑스러운 유업들을 포기하기에 이르렀다. 이후, 온 나라가 강력한 부흥의 물결에 휩싸이는 사건이 일어났다. 그런데 그 즈음 몇 주 동안 나는 이 세상의 어두운 그림자들로부터 괴롭힘을 당하고 있었다. 이 상황에서 내 육신의 아버지는 아무런 도움을 주지 못했다.

당시에 은사주의 대각성의 여파로 여기저기서 부흥 집회가 열렸고, 수많은 가정에서 기도 모임이 이루어졌다. 그때 친구 한 명이 나를 어떤 기도 모임에 초대했다. 그 친구를 제외하고는 그날 밤 기도 모임에 참석했던 사람 중 내가 아는 사람은 아무도 없었다.

모임 장소에 문을 열고 들어선 순간, 나는 살아계신 하나님의 강력한 임재에 압도되었다. 마치 하나님을 구성하는 세포가 있어서 그것이 방 전체를 가득 메운 것만 같았다. 내 눈에 그분의 모습이 보인 것은 아니지만, 내 마음은 이미 그분과 부둥켜안았다. 그리고 나는 외쳤다. "결국 집에 도착했어!" 과거에 단 한 번도 만나지 않았고 또 알지도 못하는 사람들이었지만, 갑자기 그 방 안에 모인 사람들이 내 가족(그리스도를 알지 못하는)보다 훨씬 더 친근하게 느껴지기 시작했다.

내가 하나님의 거룩한 임재와 맞닥뜨린 그날, 하나님은 나를 양자로 삼아주셨다. 물론 어렸을 때 교회도 다니고 해서 '구원의 순간'을 경험하기는 했다. 그러나 십대 이후로 제멋대로 살아왔기 때문에 단 한 번도 하늘 아버지의 사랑을 그처럼 강하게 맛보지 못했었다. 기도모임에 참석한 후 얼마 지나지 않아 나는 강력한 성령 세례를 체험했다. 그리고 하나님 안에서 영적인 여정을 시작하게 되었다. 이 여정은 평생에 걸쳐 진행될 모험으로 발전했다. 이것이 바로 '양자의 영'(롬 8:15 참조)을 받는다는 의미가 아니고 무엇이겠는가?

귀환

하나님 아버지와의 친밀한 관계는 제쳐두고 수많은 다른 것에서 자아를 찾고자 노력하는 사람들이 있다. 어떤 이는 남들로부터 인정받으려고, 혹은 자기만족을 위해 '성취'를 갈구한다. 또 어떤 사람은 생존을 일생일대의 목표로 삼고 열심히 노력한다. 어쨌든 '무언가'를 갈망하는 사람들-이들은 모두 사실, '누군가'를 갈망하고 있다. 우리를 그분의 형상대로 빚으신 '하늘 아버지'를 말이다.

    탕자는 아버지의 품을 떠난 뒤, 온갖 시련을 겪다가 결국 어떤 무자비한 주인의 머슴으로 전락해버렸다(눅 15장 참조). 자아를 찾으려고 열심히 노력하다가 이 세상의 임금(사탄)에게 꾐을 당해 '돼지 사육장'으로 던져지는 사람들을 흔히 볼 수 있다. 탕자는 돼지우리에서 밤을 보낸 후 아침을 맞았다. 허기진 배를 움켜쥐며 제대로 된 음식을 갈망했던 그날 아침, 탕자는 아버지를 떠올렸다. 청소년 시절에 가출해본 경험이 있는 사람이라면 누구나 공감할 수 있는 '인생 최고의 자각'이었으리라.

    도대체 무슨 일이 벌어진 것인가? 자아를 실현하려는 탕자의 노력이 오히려 그림자가 되어 하나님을 가리고 있었던 것이다. 오늘날에도 수많은 사람이 하나님을 가리고 있다. 하나님으로 하여금 그림자 속에 '숨어 지내시도록' 만든 것-물론 하나님께서 숨는 것이 아니라 우리가 하나님의 낯을 피해 숨는 것이다. 그러나 하나님은 아담을 부르셨던 동일한 음성으로 우리를 찾으신다. "네가 어디에 있느냐?" 더 이상 숨을 수는 없다. 실현해야 할 위대한 꿈이 있으니까, 살아나갈 모험의 나날들이 있으니까, 승리해야 할 전쟁이 있으니까, 구해주어야 할 생명이 있으니까.

    알다시피 탕자는 고아가 아니다. 그러나 아버지의 품을 떠난 순간, 그의 존재는 머슴으로 전락했다. 마치 이 세상이 우리의 소원을 이루어줄 것이라고 착각한 채, 수많은 사람이 탕자처럼 아버지의 품을 떠나 타국으로 떠난다. 발걸음을 돌려 아버지께로 되돌아갈 때에만 우리는 우리를 만족케 하시는 그분을 만날 수 있다.

하나님께서 당신에게 주신 유업을 낭비하지 마라. 당신을 위해 베푸신 식탁을 무시하지 마라. 당신이 하나님의 나라 안에 있든지 그렇지 않든지, 신앙의 여정에서 주님과 함께 전진하고 있든지 뒷걸음질을 하고 있든지, 부디 이 사실을 주지하기 바란다. 아버지의 식탁에는 지금껏 맛보았던 것보다 훨씬 더 맛있는 음식이 풍성하게 진설되어있다. 하나님께서 '오늘'이라는 시간을 창조하신 이유는 당신을 만나기 위해서다. 당신에게 그분의 모습을 계시하시려고 하나님께서는 '오늘'을 만드셨다. 탕자의 아버지처럼, 하늘 아버지는 지금도 당신을 지켜보시며 기다리신다.

본향으로 돌이킬 때 비로소 우리는 잃은 아들을 찾으시는 하나님의 사업을 도울 수 있다. 기도를 통해 잃은 영혼을 찾는 일을 도울 수 있다. 사랑으로 그들을 품을 수 있다. 날마다 그들의 귀환을 기대하며, 잔치 베풀 준비를 돕게 될 것이다. 그러므로 먼저 우리가 본향으로 돌아가야 한다.

매우 간단하다. 당신은 누구에게 기도하는가? 하나님을 우리의 아버지로 깨달을 때 기도가 시작된다. 기도를 통해 치유, 축사, 화해, 계시, 소망, 평화, 만족, 안정, 담대함의 물줄기를 맛보게 된다. 우리는 그리스도 안에 있다. 그러므로 우리는 결코 '하인'이나 '친분 있는 사람' 혹은 '노비'(奴婢)나 '사역자', 단순한 '대사'일 수 없다. 그리스도의 보혈로 말미암아 우리는 하나님의 '집' 안에 있다. 위대한 건축가 하나님께서는 그분의 처소를 위해 그분의 형상대로 사람을 만드셨다. 그리고 그들 안에 사신다. 아름답고 영화로운 집 안에 거하신다. 하나님의 궁극적인 거처는 바로 인간의 마음이다. 사람의 영은 그분의 현존을 모시는 지성소다. 사람의 영은 하나님께서 직접 디자인하신 '하나님의 안식처'다. 에스겔의 시대, 성전을 떠났던 '쉐키나'(Shekinah) 영광은 말라기의 시대가 지난 후에도 침묵을 지켜야 했다. 그러나 그 영광은 오순절 사건을 통해 다시 찾아왔다. 하나님께서 당신과 나, 우리 안에 마련된 처소로 돌아오신 것이다. 그러므로 당신이 하나님을 아버지로 인정했다면, 지옥의 권세는 더 이상 당신을 흔들 수 없다.

복음서를 보면 예수님께서는 하나님에 대해 100회 이상 언급하셨다. 그런데 하나님의 호칭 중, '아버지' 외의 다른 호칭을 사용하신 경우는 여섯 번도 안 된다. 예수님은 하나님을 가리켜 "하늘에 계신 내 아버지", "내 아버지", "너희의 아버지", "하늘에 계신 너희 아버지(너희 천부)", "아버지", "하늘에 계신 아버지"라고 칭하셨다. 오늘, 하나님께서 당신을 온전히 안아주시기를 기도한다. 아버지이신 하나님이 당신을 꼭 안아주시기를 기도한다! 하나님의 아들과 딸로서 당신 역시 하나님을 꼭 안아드리기 바란다. 더 이상 자신을 피고용 하인이나 쓸모없는 종으로 여기지 마라. 당신은 그분의 아들이고 딸이다.

독생자 예수 그리스도의 공로로 우리 각 사람은 하나님의 품에 안길 자격, 하나님의 유업을 받을 자격을 얻었다. 십자가에서 예수님은 친히 '우리의 죄'가 되셨다. 그곳에서 예수님과 함께 당신도 죽고 나도 죽었다. 그리고 그분과 함께 부활하여 새로운 삶을 얻었다. "하나님이 세상을 이처럼 사랑하사 독생자를 주셨으니"(요 3:16)라는 말씀은 탕자의 아버지가 자신의 종들에게 명령했던 말과 동일하다. "제일 좋은 옷을 내어다가 입히고 손에 가락지를 끼우고 발에 신을 신기라 그리고 살진 송아지를 끌어다가 잡으라 우리가 먹고 즐기자 이 내 아들은 죽었다가 다시 살아났으며 내가 잃었다가 다시 얻었노라"(눅 15:22-24). 오늘날 다시금 기도의 부흥이 일어난다. 다시금 잔치가 시작된 것이다. 의자를 가져다 앉으라. 잔칫상에 차려진 음식을 마음껏 먹으라. 하나님의 선하심을 맛보아 알라!

> 너희는 다시 무서워하는 종의 영을 받지 아니하였고 양자의 영을 받았으므로 우리가 아빠 아버지라고 부르짖느니라(롬 8:15)

양자의 영을 받음

아버지는 내(마헤쉬)가 다섯 살이 채 되기도 전에 세상을 떠나셨다. 그래서 나는 부성애를 모르고 자랐으며, 아버지에 대해 아는 것도 거의 없다.

그러나 열여섯 살 되던 해에 모든 것이 변했다. 어느 날, 침례교 출신의 여자 선교사 한 명이 우리 집 대문을 두드리며 물을 한 잔 줄 수 있느냐고 물었다. 나는 그 여자에게 물 한 컵을 건넸고, 그녀는 내게 신약성경 한 권을 선물로 주었다.

우리 가족은 힌두교 귀족 출신인데다가 역사도 있는 가문이다. 약 800년 동안 우리 문중의 조상들은 힌두교 신앙을 수호해왔다. 나는 이러한 집안 배경에서 자랐다. 그러나 내 마음속 깊은 곳에는 진리에 대한 갈망이 자리 잡고 있었다.

탐독하는 독서광이었던 나는 이후 몇 날 밤을 지새우며 그 책(신약성경)을 읽었다. 여태껏 읽어보았던 책들과는 사뭇 달랐다. 무엇보다 책의 내용이 매우 흥미로워서 좋았다. 게다가 책을 읽는 동안 마치 저자가 내 뒤에 서서 나를 지켜보는 것 같은 느낌을 받곤 했다. 그렇게 성경을 읽던 2, 3일째였을까, 나는 갑자기 정체성의 혼란을 겪게 되었다. 이 책에 담긴 모든 말(글)이 나의 정신적·문화적·자연적·종교적 유산에 반(反)하는 내용이었기 때문이다. 더 이상 이 책을 읽어서는 안 된다는 판단이 섰다. 책을 읽지 않기로 결심했다.

하지만 그날 밤 나는 작은 책상에 쓰러져 입신(入神)하듯이 갑작스럽게 잠에 빠져버렸다. 그리고 내 의식은 이전에 한 번도 가보지 않았던, 어떤 장소로 이동하였다. 그곳은 내가 이 세상에서 경험했던 그 어떤 장소보다 훨씬 더 사실적이고 또 현실적인 곳이었다. 금으로 만들어진 길, 노래로 가득한 대기(大氣), 형형색색의 수많은 빛이 마치 춤을 추는 것만 같았다. 생기발랄한 빛줄기들 속에는 기쁨이 가득했다. 결국 나의 전(全) 존재는 천국의 공기에 취하고 말았다. 황홀에 흠뻑 젖기 시작했다. 그런데 얼마 지나지 않아 각양각색의 빛줄기들이 이내 나를 향해 노래를 부르는 것이 아닌가? 그 빛들은 한 가지 동일한 메시지를 노래에 담아 다양한 색상으로 방사하였다. "난 너를 사랑해, 난 너를 사랑해, 난 너를 사랑해, 항상 너를 사랑했다. 앞으로도 너를 사랑할 거야. 네가 나를 알기 훨씬 이전에 나는 너를 대신하여 죽었다. 내가 너를 사랑하기 때문이야. 난 너를 사랑해. 항상 너를 사랑할 거야."

그 순간 이 모든 빛줄기의 '근원'이 나를 향해 다가왔다. 자세히 보니 빛의 근원은 다름 아닌 사람이었다. 직관적으로 나는 그분이 예수님임을 깨달았다. 그분의 눈에는 사랑의 불꽃이 활활 타올랐다. 모든 눈물을 흘렸던 눈, 모든 기쁨을 맛보았던 그 눈을, 내가 바라보게 된 것이다! 이 우주에서 나를 가장 사랑하는 그분이 내게 다가와 내 오른편 어깨에 손을 얹었다. 그리고 말씀하셨다. "내 어린 형제여."

곧 잠에서 깨어났다. 성경책이 펼쳐져 있었는데, 한 번 읽고 그냥 지나쳤기 때문에 자세히 기억할 수 없었던 부분(내용)이었다-영생을 얻기 위해 무엇을 해야 할지를 묻고자 예수님을 찾아갔던 어떤 부자 청년의 이야기였다. 예수님께서 그에게 답변하셨을 때, 그 젊은이는 자기가 가진 재물과 영생을 맞바꾸고 싶지 않아서 근심하는 얼굴로 돌아갔다.

영생을 얻기 위해서 무엇을 해야 하는가? 그 청년은 '아버지'를 알아야만 했다. 그렇다면 어떻게 해야 아버지를 알 수 있는가? 그 '아들'을 영접해야 한다. 그래서 나는 '아들'을 영접했다. 그리고 예수 그리스도의 형제가 되었다. 나는 우리 하늘 아버지께서 새로이 입양하신 양자가 되었다. 육신의 아버지와 달리, 하늘 아버지께서는 결코 돌아가시지도 않고 나를 떠나지도 않을 것임을 나는 알았다.

만일 당신의 아버지가 왕이라면, 대통령이라면, 대법원장이라면, 세상에서 가장 유능한 변호사라면, 올림픽 챔피언이라면, 세계 최고의 예술가, 세계 최고의 실력을 자랑하는 뇌수술 전문의라면, 세상에서 가장 위대한 철학자이자, 가장 유능한 사업가라면, 세상에서 가장 부유한 분이라면-이 모든 것이 당신이 물려받을 유업이 될 것이다. 당신의 아버지가 이 모든 것의 주인이므로 당신은 모든 분야에서 최고가 될 수 있다. 당신이 그리스도께로 나아갔을 때, 이 모든 것이 당신의 소유가 되었다. 하나님께서 당신의 아버지가 되셨기 때문이다.

그리스도를 영접한 사람은 아버지를 소유한 것과 같다. 성령을 영접하면 우리는 아버지의 심장을 받는다. 그뿐만 아니라 그리스도께서 내어주신 살과 피를 통해 우리는 이 세상에서 구원을 얻는다. 이제 우리는 무엇이 거룩하고 무엇이 부정한지 구분할 수 있게 되었다. 게다가 새롭게 얻은 정체성으로 인해 날마다 기뻐할 수 있다. 이것은 세상에서 얻은 지혜가 아니다. 우리가 하나님 한 분만을 붙잡는 것은 하나님만큼이나 역사가 오랜 가치 체계를 붙드는 것이다. 이것은 예부터 존재했던 오래된 가치 체계이지만 오늘날 새롭게 등단한 문화적 트렌드나 사회적 가치 체계를 훨씬 뛰어넘는다.

하나님께 의존할 때, 우리는 서로 의존하게 된다. 윗세대는 젊은 세대의 열정, 재능, 신선한 관점을 의지하게 된다. 젊은 세대는 윗세대의 경험, 인생의 지혜와 사회적 기반, 하나님 앞에서 검증받은 지식과 순종을 의지하고 그들을 존경하게 된다.

하나님께서 당신을 먹이시도록 허락해드리라

양자의 영을 받고 하나님을 아버지로 인식한다면, 이제 당신은 하나님의 훈계도 받을 준비가 된 것이다. 하나님의 훈계는 축복이다. 육신의 아버지와 마찬가지로 하늘 아버지 역시 자녀들을 훈계하신다.

이 세상에 육신의 아버지들이 존재하듯이 영적인 아버지들도 존재한다. 바울은 자신의 사도 직무를 아버지의 역할에 빗대었다. "그리스도 안에서 일만 스승이 있으되 아버지는 많지 아니하니 그리스도 예수 안에서 내가 복음으로써 너희를 낳았음이라"(고전 4:15).

우리가 살고 있는 이 시대는 역기능의 문화에 적지 않게 침식당했다. 아버지가 계시지 않은 가정이 있다. 그러나 교회의 보호 속에서 우리의 자녀들은 복을 누릴 수 있다. 진지하게 기도하고 서로 돌보며 감싸주는 교회, 성령 충만한 교회는 우리에게 큰 복이다. 만일 당신이 교회의 보호 아래에 있다면 하나님께 감사하라. 교회는 하늘 아버지의 집이다.

이 땅에서 예수님이 수행하셔야 했던 임무는 사람들에게 하늘 아버지의 모습을 보여주는 것이었다. 어느 날, 예수님을 따르던 무리 중에 한 사람이 말했다. "아버지를 우리에게 보이소서. 그러면 만족하겠나이다." 예수님이 대답하셨다. "나를 보았다면, 아버지를 본 것이니라"(요 14:8-9 참조). 하나님의 얼굴을 보고 싶은가? 그렇다면 마음의 눈을 주님께로 돌리라. 하나님이 아버지라는 사실을 깨달으면 삶의 모든 것이 제자리를 찾게 될 것이다.

이것이 파수 기도의 기반이다. 하나님을 아버지로 아는 지식을 기점으로 우리의 여정이 시작되었다. 아담과 하와는 하나님의 계명을 어기고 제 갈 길을 가다가 길을 잃고 말았다. 하나님에 대한 기억도 점차 희미해졌다. 세대를 거듭할수록, 점점 더 많은 사람이 하나님을 아는 참지식으로부터 멀리, 더 멀리 떠나간다. 이후 그들은 자신의 구미에 맞는 신을 디자인하여 자신만의 종교를 창조하기에 이르렀다. 그러나 하나님은 여전히 참되시다.

갈보리의 희생제를 통해 집으로 돌아가는 길이 활짝 열렸다. 등에 채찍을 맞음으로써, 예수님께서는 하늘 아버지께 나아가는 길을 닦아놓으셨다. 그 위에 그분의 피를 뿌려 통로를 내셨다. 하늘 아버지와 함께 깨어 기도할 때, 우리는 본향으로 돌아갈 수 있다. 하나님과의 교제를 회복할 때, 하나님께서는 우리를 그분의 자녀로 복권하여주신다. 그제야 우리는 예수님께서 왜 이렇게 말씀하셨는지 이해하게 될 것이다. "그날에는 너희가 아무것도 내게 묻지 아니하리라 내가 진실로 진실로 너희에게 이르노니 너희가 무엇이든지 아버지께 구하는 것을 내 이름으로 주시리라"(요 16:23).

그래서 우리는 이렇게 기도한다. "하늘 아버지여! 주님이 누구인지 내게 알리소서!"

주 |
1. 출 3:13-14. 불붙은 가시떨기나무 앞의 모세를 생각해보라.

제 2 장

거룩하다!

Holy!

이름이 거룩히 여김을 받으시오며
Hollowed Be Your Name

명예의 회복

정기 기도 모임이 열린 어느 금요일 자정 무렵, 파수하며 기도하기 위해 모인 백 명의 용사 앞에 커다란 돌파구가 열렸다. 그중에는 경험 많은 그리스도의 제자들이 있었고 또 새신자도 있었다. 그리고 훈련 중인 파수 기도 대원들도 있었다.

찬양 리더는 어린양 예수를 높이는 찬양으로 분위기를 전환하는 중이었다. 그곳에 모인 모든 사람은 영혼 깊은 곳에서 시작된 찬양을 하나님께 올려드리며 천국에서 들려오는 거대한 파동에 맞추어 아름다운 화음을 이루었다.

　마치 하나님의 보좌에서 출발한 임재의 파도가 점점 큰 동심원을 그리며 우리 각 사람의 마음에 닿는 것만 같았다. 우리의 예배 처소는 많은 물을 담고 있는 저수지와 같았다. 주님께서는 그곳에 진주 보석을 한 알씩 한 알씩 떨어뜨리시며 잔물결을 일으키시는 것만 같았다. 수많은 동심원이 물결을 타고 멀리까지 퍼져 나가듯이 우리의 기도 역시 점점 큰 원을 그리며 사방으로 퍼져 나갔다. 그리고 그 원의 중심으로부터 아름다운 찬양이 흘러나왔다. 실제로 예수님을 보지는 못했지만, 그 순간 파수 기도 대원 모두 예수님을 '보았다.' 아름다운 하모니와 함께 우리의 영이 열렸다. 이 땅에 발을 붙이고 있었지만, 신기하게도 우리는 모두 다 함께 천국에 올랐다. 그때의 황홀함은 말로 다 표현할 수 없다.

　오랜 시간, 우리는 모두 어린양의 현존에서 울려나는 천국의 소리를 머금었다. 그리고 커다란 소리굽쇠처럼 생각과 감정을 한데 모아 한마음 한뜻으로 커다란 진동을 울리기 시작했다. 천사들이 우리 곁에 있었던 것이 확실했다.

　찬미를 담은 우리의 노랫소리는 점점 더 커져갔다. 백 명의 목소리가 공명을 이루자 천 명이 부르는 노랫소리처럼 들렸다. 우리의 찬양은 그곳의 분위기를 전환하였다. 하나님과 함께 생각하고, 하나님과 함께 느끼고, 듣고, 보고, 말하는 것이 쉬워졌다. 예배당에 들어오면서 가지고 왔던 갖가지 부담감과 실패의 쓴 뿌리, 속박의 그림자들은 거룩한 대기 저편으로 증발해 사라져버렸다. 모든 것이 가능해 보였다.

당시에 우리 모두 들었던(아니, 내뱉었던) 한마디는 "거룩!"이었다. 모두 한목소리로 "거룩, 거룩, 거룩!"을 외쳤다. 형용할 수 없는 하나님의 거룩한 임재에 대해 우리가 반응할 수 있는 방법은 이것뿐이었다. "거룩, 거룩, 거룩!" 마치 이 한 단어 속에 영원한 하나님의 아름다움을 표현하는 모든 형용사가 들어있어 큰 소리로 메아리쳐 울리는 것만 같았다. 옆 사람을 의식하지 않고 파수 기도 대원 모두 영광의 현존 앞에 하나둘씩 엎드렸다. 무척 황홀했던 나머지 이 모든 일이 단 몇 초 동안에 벌어진 것처럼 생각되었다. 하지만 우리는 한 시간이 넘도록 천국에서 울려나오는 소리 그대로를 공명(共鳴)하고 있었다.

공명되어 다시 발산된 소리는 이내 주변 사람들을 변화시키기 시작했다. 마음에 감동을 받은 사람들은 자리에서 일어났다. 춤을 추거나 빙빙 돌기 시작했다. '다벤'(daven, 히브리어. 리드미컬하게 무릎을 살짝살짝 굽히거나 몸을 앞뒤로 흔들면서 하는 기도의 형태)을 하는 사람도 있었다. 또한 잠시 동안이기는 했지만 많은 사람이 영적인 환상을 보았다. 그들은 파수 기도꾼들 사이를 앞뒤 좌우로 빠르게 이동하는 어떤 생물을 '얼핏' 보았다(아니, 보았던 것 같다).

황홀함이 최고조에 이르렀다. 심장이 터질 것만 같았다. 바로 그때, 갑작스러운 고요함이 찾아왔다. 기도의 응답이었다. 돌파구가 열린 것이다. 가족을 위해 몇 날 며칠, 아니 수개월, 아니 수십 년간 동일한 기도를 반복해왔지만 이제는 그렇게 똑같은 말을 되풀이할 필요가 없었다. 현장에서 모든 기도가 응답되었기 때문이다—우리 중에 계신 어린양의 현존이 바로 우리의 기도 응답이었다(기도 응답의 보증이셨다).

그분은 파수 기도 대원들의 기도에 대해 "아멘"("그렇게 될지어다")으로 화답하셨다. 만일 우리가 기도 대원들을 일일이 찾아가 "당신의 기도 제목은 무엇이었습니까? 그 모든 기도가 응답되었습니까?"라고 물으며 모든 간증 내용을 기록한다면, 수없이 많은 시간, 수없이 많은 지면을 할애해야만 할 것이다. 몇 날 며칠 중보 기도를 통해 이루어질 것이라고 생각했던 그 모든 기도 제목이, 천상의 심포니가 울려 퍼졌던 그 한 시간 안에 모두 성취되었다.

갑작스럽게 찾아왔던, 당시의 고요함을 어떻게 묘사할 수 있을까? 마치 거대한 파도에 한 차례 휩쓸림 당한 뒤, 공중으로 들림 받은 느낌이랄까?

커다란 파도가 육지에 닿으면, 파도에 밀려온 값비싼 조개류들이 해변 이곳저곳에 즐비하게 널리듯이 그날 그 장소에 예언, 환상, 지식의 말씀들이 여기저기서 터져 나왔다. 그러나 무엇보다 가장 귀한 것은 새로운 깨달음 즉, 보좌에 앉으신 영광의 주님이 모든 것을 주관하신다는 사실이었다. 신선한 충격이었다. 국내 문제, 국제적인 어려움과 위협, 경제 위기, 전쟁과 난리의 소문들, 이 모든 것이 주님의 발 앞에 머리를 조아린다! 그날 밤, 우리 모두 이 땅의 역사가 주님의 통치 아래에 변화하고 있다는 진리를 깨달았다. "거룩하다, 거룩하다, 거룩하다! 만군의 여호와여. 그의 밝은 영광이 온 땅을 덮도다. 천사의 창화에 땅의 기초가 흔들리며 성전은 연기로 가득하였다"(사 6:3-4 참조). 이것이 바로 연합 파수 기도를 통해 주님과 함께 다스리고 통치한다는 의미다!

각자의 삶 속에서 살아계신 하나님과 친밀하게 만난다면, 이는 개인의 인생을 변화시키는 사건이다. 그러나 수많은 사람에게 이러한 일이 동시에 일어난다면 이는 또 다른 차원의 이야기다. 이러한 일을 가능하게 만드는 것은 바로 '기도'다. 나는 하나님께서 이러한 '연합 파수 기도'를 회복하신다고 믿는다.

거룩히 여김을 받으시오며-모든 것이 주님의 것

우리를 사랑하시는 하나님 아버지의 거룩하고 놀라운 영광을 깨달으면 우리의 마음은 하나님의 뜻과 그분의 나라에 집중된다. 무엇보다 '하나님'께로 향할 것이다. 예수님의 기도처럼, 우리 역시 입술을 열고 "우리의 아버지이신 하나님! 당신은 참으로 놀라우신 분입니다"라고 고백하게 될 것이다. 하나님의 성결함을 깨달을 때, 우리의 마음, 생각, 전 존재는 다음에 이어지는 기도문과 동일한 기도를 공명하게 될 것이다.

"이름이 거룩히 여김을 받으시오며"

만일 이렇게 기도했다면, 당신은 하나님의 온전하신 뜻을 따라 당신 자신을 위해(우리의 대적을 위해서도) 기도한 것이다. 기도를 가르치실 때 예수님께서 "이름이 거룩히 여김을 받으시오며"라는 대목을 말씀하신 것은 이 땅의 기도 용사들을 일으키시려는 의도로도 해석할 수 있다. 사실 주님께서는 우리를 깨끗이 씻으시고 거룩한 기도의 용사로 세우시고자 "이름이 거룩히 여김을 받으시오며"라는 정화(淨化)의 가르침과 거룩함으로의 회복 명령을 전하셨다. "그들(세상) 가운데서 나오라. 스스로를 구별하라. 너는 내 앞에서 거룩할지어다. 너의 주인인 내가 거룩하기 때문이다"(고후 6:17, 벧전 1:16 참조).

또한 "이름이 거룩히 여김을 받으시오며"라는 기도는 우리의 대적을 위한 기도이기도 하다. 예수님께서는 장차 대적(끝까지 악한 행동을 포기하지 않는 악인)을 심판하실 하나님의 예정(뜻)을 인정하며 살아갈 것을 명령하신다. 에스겔 선지자의 말을 보라.

> 구름이 땅을 덮음 같이 네가 내 백성 이스라엘을 치러 오는구나 훗날에 내가 너를 이끌어다가 내 땅을 치게 할 것이다 이는 내가 너로 말미암아 이방 사람의 목전에서 내 거룩함을 나타내어 그들로 다 나를 알게 하려 함이니라…그날에 네가 이스라엘 땅을 치러 오면 내 노가 내 얼굴에 나타나리라(겔 38:16, 18 참조)

대적을 심판하시면서 하나님은 그분의 이름을 높이실 것이다. 회개치 않으며 끝까지 그분의 백성을 괴롭히는 원수에게 보응하실 때, 하나님은 놀라운 능력을 나타내시며 그분의 이름을 열방에 알리실 것이다. 하나님께서 그들의 반역을 징계하실 때, 이 광경을 목격하는 모든 사람은 하나님의 이름이 거룩하다는 사실을 깨닫게 될 것이다. 이것을 목격하는 모든 나라는 이 심판의 소용돌이 중에 유일하게 높임 받으실 분이 하나님이심을 알게 될 것이다. 모든 사람은 그분이 하나님이심을 깨닫게 될 것이다. 존귀와 찬양과 영광과 섬김을 받기에 합당하신 분임을 알게 될 것이다.

"이름이 거룩히 여김을 받으시오며"-이 기도는 예수 그리스도의 현현(계시)이 이 땅에 임하기를 간구하는 기도다. 믿지 않는 사람들이 그리스도를 영접하게 되기를 소망하는 기도이자 대추수를 대망하는 기도다. 심판을 위한 기도이며 이방 민족 중에 하나님의 영광이 회복되기를 간구하는 기도다. 백성의 삶 속에 영광의 임재가 나타나기를 소망하는 기도이며, 하나님의 집이 거룩함으로 가득 채워지기를 간구하는 기도다. 하늘에서처럼 이 땅에서도 하나님의 거처가 회복되기를 바라는 기도다. 그분이 우리의 아버지라는 진리가 세상 끝까지 전파되기를 갈망하는 기도다.

이름에 담긴 능력

아프리카에서 집회를 인도했을 때의 일이다. 어떤 여성이 아홉 살 난 딸을 데리고 와서 축복해달라고 했다. 우리는 사람들에게 축복 기도를 하기 전에 그들의 삶에서 복을 가로막는 요소가 무엇인지 찾아내어 그것부터 제거하곤 했다. 때로는 목적의식을 가지고, 또 때로는 습관처럼 이러한 절차를 밟아 사역을 진행했다. 그날도 나(마헤쉬)는 전에 하던 대로 기도했다. 먼저 아이에게 마법이나 주술 등과 같은 영적 저주들이 있다면 그것을 끊어달라고 주님께 기도했다. 집안 대대로 그러한 영적 문제가 있을 수도, 혹은 그 아이에게만 그런 문제가 있을 수도 있었다. 어쨌든 아무런 정보도 없이 나는 그저 영적 저주가 끊어지기를 기도했다. "엄마! 엄마! 무릎이 아파요! 아프다고요!" 갑자기 아이가 비명을 질렀다. 그 아이의 무릎에서 피가 나고 있었다. 잠시 후 아이의 무릎에서 커다란 바늘 같은 것이 불거져 나왔다. 잘못 본 것은 아닌지 나는 내 눈을 의심했다. 하지만 그 바늘의 모습을 찍어둔 사진을 나는 아직도 보관하고 있다.

그 지역의 관례를 알고 나니 내가 놀랐던 만큼 그렇게 신기한 일은 아니었다. 아이 엄마의 설명에 따르면, 그 부족에서는 아이가 태어날 때마다 주술사를 찾아간다고 한다. 그러면 주술사는 아이의 생명을 보호하기 위해 주문을 건다. 마을의 주술사는 마법의 일환으로 이 아이의 무릎에 바늘을 찔러 넣었다. 그 상태로 아이는 9년이라는 세월을 보냈다. 하지만 "예수의 이름으로 모든 주술의 저주를 끊노라"라고 기도했을 때, 저주의 끈은 끊어졌다. 그리고 저주의 상징이었던 바늘은 아이의 몸에서 빠져나올 수밖에 없었다.

하나님께서는 그분의 성품을 우리와 공유하기 원하신다. 하나님께서 공유하기 원하시는 성품은 '거룩함'이다. 거룩은 하나님을 위해서, 하나님에게만, 하나님의 뜻과 목적만을 추구하는 구별, 거룩한 성별이다. 우리가 순종하면 우리를 거룩하게 구별시키시는 분은 바로 성령님이시다.

쉬지 않고 기도하며 하나님과 호흡을 같이할 때, 거룩한 생명의 기식(氣息)이 우리를 변화시켜서 하나님의 형상을 닮게 한다. 우리는 성령님께서 주시는 승리를 맛보며 기쁜 마음으로 이 세상의 저항을 헤치고 전진할 수 있다.

당신은 혼자가 아니다. 당신 곁에는 '거룩한 성품의 강력'을 지닌 무적의 군대가 있다. 젊은이와 노인 모두 하나의 비전을 품고 서로 도울 때, 또 참된 덕의 능력을 나누며 하나님의 가치를 품고 전진할 때, 승리는 떼놓은 당상이다.

말라기 선지자가 예언했던 '부흥의 세대'를 아는가? 하나님의 깃발은 멈추지 않는다. 세대에서 세대로 이어진다. 이들은 주님을 경외하고 진리 안에서 주님의 이름을 부른다. 무질서와 혼란의 때에도 아랑곳하지 않고 빛 안에서 성령님의 지혜와 능력을 따라 전진하는 사람들이다. 하나님이 주시는 자양분을 공급받고 그분의 훈계대로 순종하는 사람들이다. "밤이 깊고 낮이 가까웠으니 그러므로 우리가 어둠의 일을 벗고 빛의 갑옷을 입자"(롬 13:12).

경외

교회사로 본다면 우리는 지금 이미 새로운 단계로 접어들었다. 이 시대는 예수님의 이름을 대하는 우리 마음의 태도와 행동 속에 신선한 경외심을 담아내야 할 때다. 사무엘상에 나오는 말씀을 살펴보라. "그러므로 이스라엘의 하나님 나 여호와가 말하노라…나를 존중히 여기는 자를 내가 존중히 여기고 나를 멸시하는 자를 내가 경멸하리라"(삼상 2:30). 예수님께서는 우리에게 그분의 생명을 주셨다. 주님은 모든 영광을 받기에 합당하시므로 우리는 이렇게 외쳐야 한다. "죽임을 당하신 어린양은 능력과 부와 지혜와 힘과 존귀와 영광과 찬송을 받으시기에 합당하도다!"(계 5:12 참조) 어린양은 찬양을 받으시기에 합당하도다! "이름이 거룩히 여김을 받으시오며!"

그분을 존중할 때, 우리는 그분의 이름을 높이게 된다. 그분을 높이는 태도는 삶에 지대한 영향을 미친다. 우리의 생각과 행동에 변화가 생긴다는 뜻이다. 우리가 주님을 높일 때, 하나님의 눈에 '잘못된 행동'이 우리의 눈에도 고스란히 '그릇된 행동'으로 비치기 시작한다. 우리가 드리는 예배는 우리의 마음에만 영향을 주는 것이 아니라, 우리의 행동에도 영향을 끼친다. 이 사실을 기억하라. 하지만 오해하지 마라. 해야 할 일, 하지 말아야 할 일의 목록과 이를 수행해야 하는 부담감이 의사 결정을 좌우하는 것이 아니다. 예수님의 이름을 존중하는 마음의 태도가 우리의 의사 결정을 좌우한다.

다윗은 "이름이 거룩히 여김을 받으시며" 속에 숨겨진 비밀을 알았다. 큰 칼을 쥔 거인 앞에서 다윗은 말했다. "도대체 이 할례 받지 못한 블레셋 사람이 누구이기에 살아계신 하나님의 군대를 대적하며 이스라엘의 하나님의 이름을 모욕하는가?"(삼상 17:26 참조) 다윗은 하나님의 이름을 열정적으로 사랑했다. "너 골리앗이여, 너는 네가 위협하는 것이 '우리'라고 생각할지도 모르지만, 너는 지금 이스라엘의 하나님의 '이름'을 모욕하고 있다. 내가 존귀하게 여기는 그 이름을 모욕했기 때문에, 지금 나는 너의 머리를 칠 것이다." 그리고 그는 그렇게 했다.

마음으로 하나님의 이름을 높이면 높일수록 점점 더 많은 수의 골리앗이 패배당할 것이다. 하나님의 이름을 높인다고 해서 당신이 거룩한 체하는 사람이나 율법주의적인 사람으로 보이지는 않을 것이다. 오히려 하나님의 이름을 높이는 태도가 당신을 자유롭게, 거룩하게 만들 것이다-하나님이 거룩하신 것처럼 말이다! 종교적인 태도를 취하는 것과 하나님의 이름을 존중하는 태도 사이에는 큰 차이가 있다.

아브라함은 하나님의 이름을 존귀하게 여겼다. 그러자 하나님께서는 그분의 이름에 담긴 높고 깊은 영광을 그에게 나타내셨다. 그것은 마치 하나님께서 이러한 말씀을 전하신 것과 같다. "그래, 네가 나의 이름을 존귀하게 여겼으니 이제 나의 모습을 네게 나타내리라. 살아있는, 생생한 진리를 네게 계시해주리라. 나는 여호와 이레, 너의 공급자인 하나님이다." 모세 역시 하나님의 이름을 소중히 간직했다. 그러자 하나님께서는 그에게 치유하시는 하나님, 곧 '여호와 라파'라는 이름을 계시해주셨다. 여호수아도 하나님의 이름을 존귀하게 여겼다. 그러자 하나님께서 그에게 '여호와 차바'(수 5:14에 나오는 표현으로 원래는 '사르 차바 야훼' [아도나이]이다-역자 주), 곧 살아계신 하나님의 군대 장관이라는 이름을 나타내셨다.

경외심의 회복

우리에게 하나님과 그분의 말씀에 대한 경외심이 회복될 때, 하나님은 그분의 영광을 보여주실 것이다.

예수님께서 아버지의 음성을 들으셨듯이 우리는 예수님의 음성을 듣는다. 예수님은 구원의 새로운 시대-하나님과 함께 파수하며 연합의 기도를 통해 하나님의 나라를 확장하는 시대-로 들어가기 위한 입구다. 그발 강가에 서있던 에스겔 선지자에게 하나님께서 영광을 보내신 것은 에스겔을 당대의 파수꾼으로 세우시기 위해서였다. 영광을 체험한 순간, 그의 운명은 확실해졌다. 하나님의 우선순위가 곧 에스겔의 우선순위가 되었다. 하나님의 말씀이 에스겔의 언어가 되었다. 하나님의 능력이 에스겔의 힘이 되었고 하나님의 승리가 에스겔의 승리가 되었다.

…사방이 빛으로 환해졌다! 그 빛은 비 갠 날 하늘에 드리운 무지개와 같았다. 자세히 보니 그 빛은 하나님의 영광이었다! 이 모든 것을 본 후, 나는 얼굴을 땅에 묻은 채 자리에 쓰러지고 말았다. 그때, 어떤 음성이 들려왔다. 급한 목소리, 화난 목소리였다. "너 사람의 아들아! 무엇하느냐? 당장 일어서거라. 지금 내가 네게 말하리라."…"너는 그들에게 '이것은 주 여호와의 말씀이니라' 라고 외쳐라. 하지만 그들은 패역한 족속이다. 네 말을 듣든지 아니 듣든지 그들은 자신들 중에 선지자가 있

는 줄은 알 것이다…그러므로 너 사람의 아들아, 너는 내가 하는 말을 듣고 그 패역한 족속같이 행하지 말라. 지금 네 입을 벌리고 내가 네게 주는 것을 먹으라"(겔 1:27-28, 2:1, 4-5, 8, 메시지 성경 번역).

하나님은 우리를 부르신다. 아들이신 그리스도께서는 아버지의 집을 짓고 계신다. 모든 성도는 이 영화롭고 흥미진진한 공사에 동원되어 각자 맡은 역할을 담당하게 된다. 오래전과 같이 지금도 큰 빛과 영광을 대동하여 하나님이 이 땅에 내려오실 수 있도록, 우리는 하나님의 제단을 보수해야만 한다. 제단의 보수 공사는 우리의 마음에서 시작되어 그리스도의 몸 된 교회로 이어져야 한다. 이러한 순서로 차례차례 완공될 때, 우리는 참된 연합을 기대할 수 있다.

각자의 역할을 담당한다고 해서 소위 '개인주의'라고 불리는 사상을 견지해야 한다는 뜻은 아니다. 또한 사적인 견해를 통해 맡은 일을 수행해야 한다는 뜻도 아니다. 사실 우리 각자가 담당할 몫은 각 사람의 역량에 따라 분화된 일이 아니라, '하나님의 영광'이라는 전체 덩어리다. 우리는 그 전체 덩어리의 다양한 측면에서 각자 맡은 일을 수행한다. '우리'라는 연합을 통해 그리스도의 형상이 나타날 때 비로소 주님께 영광을 올려드릴 수 있다. 우리는 모두 한 덩어리의 커다란 보석을 이룬다. 각 사람은 그 보석의 세공된 각 면(刻面)을 나타낸다. 그 큰 보석을 돌린다면, 그리스도의 찬란한 빛이 사방으로 퍼져 나가 세상 곳곳을 비출 것이다. 이에 사람들은 그 빛을 보고 주님께 나아갈 것이다. 하지만 기억하라. 우리는 하나님의 영광을 머금었다가 다시 반사하는 반영체일 뿐 자체 발광하는 보석이 아니다. 이 땅에서의 공생애를 통해 먼저 예수님께서 모범을 보여주셨다. "나는 내 아버지께 영광을 돌린다. 나는 내 영광을 구하지 않는다."

경외심의 기반을 회복하는 것-이것은 하나님께서 방문하실 제단을 보수하는 것과 같다. 하나님께서 방문하실 때 우리는 승리를 체험할 것이다(계 21:2-3, 10-12, 14, 22:14-15 참조). 경외심의 기반을 회복하려면 입술의 고백과 행동으로 하나님을 향한 경외심을 보여드려야 한다.

그렇다면 우리는 누구를 경외해야 하는가? 성경이 제시한 경외의 대상을 살펴보라.

1. 하나님을 경외하고 그분의 명령을 존중하라(신 30:15-16 참조).
2. 성경을 존중하라(시 138:2 참조).
3. '예수 그리스도'-이 이름을 존중하라(행 4:10-12 참조).
4. 성령님을 경외하라(행 2:38-39).
5. 서로 존중하라(빌 2:3-4 참조).
6. 자신의 몸을 소중히 다루라(고전 6:19-20 참조).
7. 일(직업)을 존중하라(딤전 4:11-12 참조).
8. 교회를 존귀하게 여기라(고후 8:23 참조).
9. 부모를 존중하라(엡 6:2 참조).
10. 교회의 어른(지도자)들을 존중하라(히 13:17 참조).

11. 자유를 존귀하게 여기라(갈 5:1, 13-14 참조).
12. 믿음의 선조들을 존경하라(창 18:17-19 참조).

당신은 위에 열거된 열두 항목 중 어느 것에 대해서도 말씀을 선포할 줄 알아야 한다. 그중 특히 어떤 항목이 당신의 눈에 들어오는가?
어떻게 해야 거룩하신 하나님을 향한 경외를 잘 나타낼 수 있겠는가? 이를 위해 특별한 방법을 생각해낼 수 있는가?

기도의 산

산(변화산)에 오르신 예수님께서 변화된 모습으로 나타나셨을 때, 그 곁에는 주님과 함께 정기적으로 기도하며 파수의 일에 동참했던 세 명의 제자가 있었다(마 17장, 막 9장, 눅 9장 참조). 그들은 평소처럼 예수님과 함께 산에 올라가 밤을 지새웠다. 그런데 이번에는 무언가 달랐다. 예수님께서 그분의 영광을 나타내신 것이다. 천국이 그곳에 임했다! 주님과 함께했던 제자들은 그 옛날에 하나님의 도구로 쓰임 받았던 위대한 종들도 볼 수 있었다.

그들은 이 세상을 향한 하나님의 계획에 대해서도 알게 되었다. 하나님께서 이같이 황홀한 경험을 허락하신 데에는 나름의 이유가 있었다. 그때, 그곳에서, 이 경험을 통해 제자들은 예수님이 누구이신지 깨달을 수 있었다. 그들은 예수님이야말로 진정 이 세상을 주관하시는 참된 주인이심을 깨닫게 되었다. 그리고 자신들이 하나님의 원대한 계획 중 일부를 차지하고 있음을 깨달았다.

지금도 하나님께서는 기도의 산으로, 그분의 임재가 가득한 그곳으로 우리를 초청하신다. 그분의 영광을 나타내시기 위해서다. 하나님께서는 우리가 하나님의 모습을 볼 수 있기를 원하신다. 그래서 우리가 변화되기를 바라신다. 부름 받고 준비되어 지상명령을 성취하기를 바라신다.

하나님은 우리가 전보다 더 많이 손뼉 치기를 원하신다. 전보다 더 큰 기름 부음 가운데에 더 크게 탄성하기를 바라신다. 우리가 하나님의 이름을 존귀하게 여기며 큰 소리로 찬양하고 춤추기를 원하신다. 그 이름에 담긴 더 깊은 계시를 깨닫기 원하신다. 우리가 예수님의 이름을 높이며 찬양할 때, 우리가 밟고 선 땅이야말로 '거룩한 곳' 이리라. 우리는 성령님을 환영하며, 자유를 맛보는 가운데에 뛰며 춤추며, 외치고, 탄성을 지른다. 이 모든 행위는 거룩한 주님을 경외하는 마음에서 비롯된다.

각성의 때에 우리의 마음속에 경외심이 자리할 것이다. 하나님을 향한 경외심을 갖게 될 때, 영광이 도래할 것이다. 영광이 도래하면, 우리는 매 순간 하나님의 승리를 맛보게 될 것이다. 그분의 현존 앞에 우리가 밟는 땅은 '거룩한 곳' 이리라.

기도의 산에서 깨어 기도하며 주님의 임재를 생생하게 맛본다면, 그 영광스러운 황홀감에 점점 더 깊이 들어가고픈 욕구를 떨쳐낼 수 없게 될 것이다. 하지만 기도 중에 진정 하나님을 만난다면, 정말 하나님께서 그분의 모습을 계시하신다면, 우리는 그분이 우리 안에 거하신다는 것을 깨닫게 될 것이다. 또한 하나님께서 우리가 기도의 산을 떠나 세상으로 나아가기를, 그래서 가정과 교회, 도시와 국가, 전 세계를 위한 파수꾼의 역할을 감당하기를 원하신다는 점도 인식하게 될 것이다.

친밀한 교제의 처소에서, 깊음이 깊음을 부르는 그곳에서 주인 되신 하나님의 음성이 들려온다. "누가 우리를 위해 갈꼬?" 우리의 마음이 하나님의 음성에 민감하게 반응한다면, 이렇게 대답할 것이다. "주여, 제가 여기 있습니다. 제가 가겠습니다. 주의 이름이 거룩하나이다!"

제3장

이 땅을 바로잡으소서

Set the World Right

(주의) 나라가 임하시오며
Your Kingdom Come

이 땅을 향한 하나님의 의도를 깨닫다

1977년작 '미지와의 조우'(Close Encounters of the Third Kind)라는 영화는 작고 평범한 일상에서 훨씬 더 큰 세계로 초청받은 한 남자의 이야기를 그린다. 전선 설비공인 로이 니어리(Roy Neary)는 평범한 남자다. 하지만 외부 세계로부터 그에게 어떤 메시지가 전달된 후로 그의 삶에 변화가 생겼다. 전달된 메시지의 의미를 찾는 일에 집착하면서부터 그의 평범한 일상이 무너진 것이다. 메시지의 의미를 찾기 위한 로이의 여정은 그가 어떤 산에 오를 때에 절정에 이른다. 바로 그 산에서 선의를 품은 외계인이 지구인과 만나는데, 로이가 도착했을 때 이미 그곳은 각국에서 모여든 사람으로 가득했다. 모두 로이처럼 외계 생명체에게 초청을 받은 것이었다. 외계 생명체와 지구인 사이의 의사소통 수단은 연속 오 음계로 구성된 가락이었다. 외계에서 들려온 다섯 음계를 과학자들이 그대로 따라 '연주' 하여 송신하자 갑자기 커다란 비행접시가 나타나 그 음계를 반복하여 방사했다. 우주선에서 방사된 소리는 그곳에 축조되어있던 전력 공급 시설을 산산이 부서뜨렸다. 하지만 사람들은 건물이 파괴된 것에는 아랑곳하지 않았다. 외계 생명체와의 만남이 성사되었기에 그곳은 이미 축제 분위기였다.

쉬지 않는 기도의 삶을 통해 우리가 천국의 하모니와 조화를 이루어낸다면 드디어 '보좌' 와의 만남이 성사될 것이다(하나님의 보좌에서는 '순간' 과 '영원' 을 담은 모든 것이 방사된다). 그뿐만이 아니다. 우리는 보좌에 앉으사 모든 것을 능력의 말씀으로 붙들고 계신 그분과 동역(Due-t)하게 된다. 일상을 뛰어넘는 위대한 일에 동참하도록 하나님께서 우리를 초청하신다. 우리의 평범한 인생은 이제 '비범함' 으로 변화된다.

믿음으로 드리는 단순한 기도가 천국을 이 땅으로 끌어내린다. 하나님께서 우리의 말을 들으신다는 사실보다 더 놀라운 일은 그리 많지 않다. 아니, 없다! 하나님께서 우리의 말에 대답하실 때, 그 음성의 강력이 이 땅을 뒤흔든다. 이러한 '조우' (close encounters)야말로 우리가 바라왔던 것이 아닌가?

1세기 그리스도인들은 기도할 때 서서 하늘을 향해 얼굴을 들고 기대하는 마음으로 두 팔을 벌렸다. 그들의 기도는 헛되지 않았다. 믿음을 가지고 거룩한 곳(성소)에 들어간 사가랴는 천사와 '조우' 했다. 날마다 성전에서 기도했던 안나와 시므온은 그날도 여느 날과 마찬가지로 기도하기 위해 성전으로 향했다. 하지만 그날 아침, 그곳에서, 그들은 평생토록 기다렸고 고대했던 '그분'과 '조우' 했다.[1] 파수하며 기도한다면, 영광스러운 주님과의 지속적인 만남을 위한 분위기가 조성될 것이다.

하늘에서 땅으로

주기도문의 "나라가 임하시오며"라는 문구로 기도했다면, 당신은 하나님의 나라가 이 땅에 임하기를 기도한 것이다.

'하나님의 나라'에 대해 우리가 알아야 할 첫 번째 항목은 모든 만물의 주인으로서 하나님이 갖고 계신 '절대 권위'와 '능력'이다. 그러므로 "(하나님의) 나라가 (이 땅에) 임하시오며"라고 기도했다면 당신은 "제가 하나님의 권위에 순종하겠습니다. 하나님의 종이 되겠습니다"라고 고백한 것과 같다. 하나님의 뜻과 계획을 묵묵히 따르겠다고 다짐한 것이다.

또한 "나라가 임하시오며"라고 기도할 때, 우리는 수동적인 태도에서 능동적이고 공격적인 태도로 변한다. 이 기도를 드릴 때 하나님의 강한 능력을 빌려 천국을 확장시키는 '폭력'적인 군사가 되기 때문이다. "세례 요한의 때부터 지금까지 천국은 침노를 당하나니 침노하는 자는 빼앗느니라"(마 11:12).

파수하며 기도하는 사람들은 참된 인성을 회복하는 과정 중에 있다. 이는 태초에 창조되었던 인간 본연의 모습 그대로로 회귀(回歸)하는 여정이다. '마지막 아담'이신 예수 그리스도의 후손으로서 파수꾼들은 재가동되는 그분의 원대한 계획(인간을 그분의 형상대로 지으심) 안에 있다. 이들은 하나님의 동산을 지키고 다스리는 임무를 자신의 것으로 받아들인다. 그리고 그동안 중단되었던 이 임무를 재개한다. 아울러 어둠과 혼동 속에 갇힌 사탄의 동산을 파괴하고 말살하는 작업도 병행한다.

사실 하나님의 형상대로 지음 받은 인간이 하나님의 동산을 지키고(watch) 관리(tend)하는 것은 본래 하나님의 뜻이었다. 하지만 최초의 인간은 에덴동산을 지키고 관리하는 일에 실패했다. 아담과 그의 아내는 유혹에 빠지고 말았다. 이들의 실패는 겟세마네 동산에서 예수님의 제자들에 의해 다시 한 번 반복된다. 동산에서, 예수님은 제자들에게 당부하셨다. "유혹에 빠지지 않기 위해(그래서 나를 배반하지 않기 위해) 근신하고 깨어 기도하라." 만일 최초의 파수꾼인 아담이 근신하고 깨어있었다면 뱀이 하와와 위험한 대화를 나누고 있을 때, 뱀의 야비한 목덜미를 낚아채 동산 밖으로 집어던졌을 것이다!

느부갓네살이 온 천하를 통치하고 있을 때였다. 하나님은 그가 잠든 어느 밤, 그를 찾아가 '참된 왕'이 누구인지를 알려주셨다. 꿈속에서 그는 육안으로는 볼 수 없는 영적 존재들을 보았다. 또한 그들이 영적인 일을 수행하고 있는 것도 보았다. 이 세상 왕국과 임금들에 대한 명령을 하나님의 보좌로부터 전달받고, 명령받은 그대로 수행하는 파수꾼(순찰자)들, 엄위한 천국의 사자들을 목격하게 된 것이다.

> 내가 침상에서 머리 속으로 받은 환상 가운데에 또 본즉 한 순찰자(watcher) 한 거룩한 자가 하늘에서 내려왔는데 그가 소리 질러 이처럼 이르기를…이는 순찰자들의 명령대로요 거룩한 자들의 말대로이니 지극히 높으신 이가 사람의 나라를 다스리시며 자기의 뜻대로 그것을 누구에게든지 주시며 또 지극히 천한 자를 그 위에 세우시는 줄을 사람들이 알게 하려 함이라 하였느니라(단 4:13, 14, 17)

순찰자(파수꾼)가 느부갓네살 왕에게 말한 내용은 이것이다. "하나님께서 인간사 전반을 다스리시고 또 원하시는 대로 통치자와 임금을 세우신다는 사실을 네가 깨닫기까지 너는 왕위에서 물러나 있게 되리라." 느부갓네살은 순찰자의 입을 통해 보좌로부터 흘러나온 거룩한 왕명을 들었다. 그리고 자신이 참된 통치자가 아니라는 사실을 깨달았다. 그뿐만 아니라 거룩한 사자들(messengers)이 있어, 그들이 하나님의 나라를 이 땅 위에 임하게 한다는 점도 배웠다.

우리 각 사람은 제사장(중보자)의 임무를 감당해야 한다. 이를 깨닫는다면 온 교회는 이 땅에 하나님의 나라를 임하게 할 것이다. 지금,

곧 이 세상 마지막 때에 교회는 하나님의 나라를 이 땅으로 끌어내리는 일을 위해 선택받은 그릇이다.

최초의 기독교 순교자였던 스데반을 기억하는가? 그는 산헤드린 공회에서의 변론을 통해 이스라엘 민족이 하나님의 나라를 열방에 전파하는 도구로 선택받았다고 전했다. 출애굽과 광야의 여정 당시, 이스라엘 민족이 지났던 모든 땅 모든 나라의 백성, 이스라엘의 소문을 들었던 모든 임금은 하늘 보좌에 앉으신 가장 위대한 왕이 이 땅의 통치자이심을 깨닫게 되었다. "하늘은 나의 보좌요 땅은 나의 발등상이니…"(사 66:1, 마 5:35 참조).

부름 받음

예수님께서는 이렇게 말씀하셨다. "또 내가 네게 이르노니 너는 베드로라 내가 이 반석 위에 내 교회를 세우리니 음부의 권세가 이기지 못하리라"(마 16:18). 처음으로 '교회'에 대해 예수님께서 언급하신 말씀인데, 여기서 '교회'에 해당하는 헬라어는 '에클레시아'(ekklesia) 이다. 에클레시아를 문자 그대로 번역하면 '부름 받아 나온 사람들'(the called out ones)이다. 당시에는 권위자들을 지칭하는 표현이었다. 이를테면 백성을 심판하고 다스리기 위해 '부름 받은 이들'을 뜻한다.

하늘과 땅의 모든 권세로 이 땅을 통치하시는 예수 그리스도야말로 진정한 반석이시다. 이 계시의 기반 위에 교회가 세워졌다. 교회를 그저 '사람들의 모임'이 아닌 이 땅을 '다스리는 성도들의 공동체'로 보아야 하는 이유가 여기에 있다.

처음으로 '교회'를 언급하신 후에 예수님께서 취하신 행동은 천국을 임하게 하는 '권위(기도를 통한 권위)의 증여'였다. "내가 천국 열쇠를 네(교회)게 주리니 네가 땅에서 무엇이든지 매면 하늘에서도 매일 것이요 네가 땅에서 무엇이든지 풀면 하늘에서도 풀리리라"(마 16:19). 교회는 하나님의 나라가 이 땅에 닿을 수 있는 유일한 통로다. 그리고 기도와 복음 증거는 교회의 승리 비결이다. "이제 교회로 말미암아 하늘에 있는 통치자들과 권세들에게 하나님의 각종 지혜를 알게 하려 하심이니…"(엡 3:10)

유대교의 전례 중에는 신도 열 명(정족수, 히브리어로는 '미냔'이라고 한다)이 모여 기도하자는 의견에 동의할 때까지, 입을 떼는 것조차 허락되지 않는 기도 예식이 있다. 이처럼 정족수(미냔)를 채우는 예습은 유대교의 공예배를 시작할 때에도 동일하게 적용된다. 유대의 전통에 의하면 한 사람의 영성은 결코 그 당사자만의 전유물이 아니기 때문이다―히브리인들은 '개인의 영성'을 공동체 안에서 이루어지는 '집단적 경험'으로 이해한다.

오순절 사건의 기록에서 성령님을 통한 하나님의 임재와 영광을 깨달을 수 있다. 그런데 그날 성령님께서는 어떤 상황 중에 임하셨는가? 온 교회가 한자리에 모여 한마음 한뜻으로 깨어 기도할 때였다. 이교적 타락 문화의 강압적인 배경을 뒤로하고 탄생한 교회, 로마제국의 압제 아래서 핍박받던 교회, 아무런 힘이 없던 교회, 세상과 비교하면 너무도 적은 수의 무리, 백이십여 명의 성도로 구성된 그 작은 교회 위에 하나님 나라의 영광과 능력이 닿았다. 그들은 요동하기 시작했다. 그러더니 몇 세대 지나지 않아 세상 나라들을 하나하나 뒤엎기 시작했다. 이 모든 일은 '연합 기도'를 통해 완수되었다.

길게 늘이다

오늘날 우리가 '사도적 사역'이라고 정의하는 것들, 곧 복음 전파와 함께 기적과 이사와 표적이 병행되던 사건들은 초대교회가 합심하여 한마음 한뜻으로 기도하고 파수할 때 일어난 일들이었다. 사도적 사역의 열쇠는 바로 '연합 기도'였던 것이다.

요즈음 많은 사람이 '사도적'인 교회의 일원이 되려고 한다. 많은 이가 입을 열어 "우리가 바로 사도적인 교회입니다"라고 말은 하지만, 그들은 사도적인 교회에 대해 언급해놓은 성경 구절에는 그다지 주의를 기울이지 않는 듯하다. 이를테면 다음과 같은 사도 바울의 고백에는 별로 신경 쓰지 않는다(사도 바울의 사역과 삶은 여러 형태의 사도적 교회 중 한 가지 형태를 대변한다). "나는 수고하며 애쓰고 여러 번 자지 못하고 주리며 목마르고 여러 번 굶고 춥고 헐벗었노라"(고후 11:26-28 참조). 사람들은 사도적 교회의 일원이기를 소망하지만 사도적 사역에 병행되는 금식이나 경야, 파수 기도 등은 꺼린다. 사도 바울이 "여러 번 자지 못하고"라고 고백했을 때, 그것은 다름 아닌 '파수 기도'에 대한 언급이었다.

마지막 때를 살아가는 이 시대의 교회가 진정 사도적인 모습을 나타낸다면, 이것은 파수 기도를 수행하도록 하나님께서 교회 위에 베푸신 은혜임이 틀림없다. 나는 그렇게 믿는다. 오늘날에도 이적과 기사가 나타난다. 성령의 폭발적인 임재가 나타난다. 하지만 이 모든 은혜는 말씀 전파 사역 및 가족, 교회, 도시를 위한 중보 기도를 전제로 한다. 그러므로 우리는 파수꾼이 되어야 한다. 하나님께서는 모든 성도에게 성벽의 파수꾼이 될 것을 명하신다. 만일 우리가 더욱더 연합하는 태도로 하나님의 부르심에 순종한다면, 우리는 더 훌륭한 파수꾼이 될 것이다. 연합하여 기도하고 파수한다면 더 강력한 능력이 그곳에 임하기 때문이다.

베드로의 기적적인 출옥 사건에서 훌륭한 모범을 볼 수 있다. "이에 베드로는 옥에 갇혔고 교회는 그를 위하여 하나님께 기도하더라"(행 12:5). 베드로는 끔찍한 곤경에 처했다. 그런데 사도행전 12장의 말씀을 주목하여 보라. 곤경에 빠진 당사자, 베드로는 기도하지 않았다- 미련하게도 잠을 자고 있었다. 이제 기도로써, 오직 기도로써 베드로를 구출해내는 임무는 성령 충만한 교회의 몫이 되었다. 당시 성도들은 합심하여 기도할 때 천국의 권세를 얻는다는 것을 잘 알고 있었다. 이 세상(물질계에서든 영계에서든)의 어떤 통치자도 범접할 수 없는 권세! 그래서 교회는 쉬지 않고 파수하며 기도했다. 그들이 기도하는 모습은 '사도적인 기도'의 전형이었다. 열정적인 기도, 쉬지 않는 기도, 환경에 영향을 받지 않는 기도, 실망하지 않는 기도, 최후 승리를 얻기까지 지속되는 기도.

그들은 하루, 특정한 날을 잡아 단 몇 시간 정도 기도한 것이 아니었다. 실로 오랫동안 기도했다. 성경의 기록대로라면 그들의 기도는 '끊임없는 기도'였다. 천사들이 베드로를 구출할 즈음에는, 이미 수일 동안(적어도 몇 날 며칠 동안은) 끊임없이 기도를 지속한 상태였으리라. 심지어 몇몇 성도는 베드로의 목숨을 위해 기도하고자 한밤중에 모이기까지 했다.

초대교회 성도들에게 파수 기도(혹은 밤샘 기도)는 전혀 새로운 예습(禮習)이 아니었다. 예부터 유대인들은 대적으로부터의 구원을 놓고 밤을 지새우며 기도하곤 했다. 참으로 오랜 전통이다.

양을 잡고 그 피를 문설주와 지방에 발랐던 최초의 유월절은 파수 기도의 탄생 원년이다. 하나님께서는 이스라엘 백성에게 "구원이 임박했으니 이를 준비하기 위해 옷을 갖춰 입으라"라고 명령하셨다. 그 날 밤 그들은 언약의 음식을 먹었다. 하나님의 구원을 기도하며 또 기대하며 명령에 따라 깨어있었다. 약속하신 대로 그들이 깨어 기다리는 동안 놀라운 표적과 함께 하나님의 구원이 임했다. 이 사건 후에 해마다 유월절 절기가 돌아오면 명절 바로 전날 밤 유대인들은, 어디에 있든 상관없이 밤을 새워 기도하며 이 사건을 기념한다. 최초의 유월절 이후 이처럼 기도하면서 또 구원(메시아)을 대망하면서 밤을 지새우는 태도는 수많은 유대인(아브라함의 후손들)의 생활 습관으로 자리 잡았다.

다윗은 이처럼 파수하는 사람 중 한 명이었다. 그가 지은 수많은 시편에는, 그가 밤을 지새우며 하나님을 찬양하고 또 하나님의 말씀을 묵상하며 기도했던 모습이 기록되어있다. "내가 주의 의로운 규례들로 말미암아 밤중에 일어나 주께 감사하리이다"(시 119:62).

예루살렘에 입성하신 예수님께서는 제자들과 유월절 만찬(최후의 만찬)을 드신 후 한밤중에 자리에서 일어나 제자들 몇을 데리고 감람산에 오르셨다. 그들과 함께 '깨어 기도하기' 위해서였다. 하지만 문제가 있었다. 예수님은 그분의 사명이 무엇인지 알고 계셨지만 제자들은 이에 대해 무지했던 것이다. 그래서인지 매우 중요한 순간에 제자들은 깨어 기도하지 못하고 잠에 빠져버렸다. 파수 기도는 언제나 그렇듯이 여러 사람이 합심하여 수행해야 할 영적 전술이다. 파수 기도는 오늘날의 성도들에게도 필요한 영적 훈련이다. 주님은 또 다시 감람산에 오르실 것이다. 성도들을 데리고 기도의 산으로 향하실 것이다. 이번에는, 부디, 주님 홀로 기도하는 일이 생기지 않기를!

다시, 초대교회로 가보자. 성도들은 베드로의 안전을 위해 수일 밤낮을 끊임없이 기도했다. 어느 날 밤, 주의 천사가 베드로 앞에 나타났다. 찬란한 빛이 그가 수감되어있던 감옥을 가득 채웠다. 이처럼 사도적인 기도는 하늘과 땅을 움직인다. 천사들을 대동시켜 그들로 하나님의 말씀을 전하게 한다. 하나님의 보좌로부터 말씀을 받고 내려온 천사는 거룩한 쉐키나 영광을 이 땅에 전한다.

거룩한 영광의 빛은 '평형상태'를 무너뜨리는 성질을 갖고 있다. 우리 파수 기도 모임 식구들은 이러한 영광의 빛을 보았던 경험이 있다. 그 빛은 살아있다. 하나님의 현존으로부터 발원하는 천국의 빛이기 때문이다. 그 빛이 땅에 닿으면 평형상태가 깨진다. "(주의) 나라가 임하시오며"라고 기도했는가? 그렇다면 당신은 세상의 어둠을 비추기 위해, 이 땅의 평형상태를 깨기 위해 천국의 빛을 초청한 것이다.

구원은 영광의 빛과 함께 이 땅에 임한다. 천사는 베드로를 흔들어 깨웠다. 베드로는 깜짝 놀라 잠에서 깼다. 이후 그의 발을 묶었던 차꼬가 떨어져 나갔다. 이처럼 연합하여 드리는 열정적인 기도는 부정과 불의와 어둠과 압제의 차꼬를 깨뜨린다. 올무가 끊어지고 묶였던 포로가 자유케 된다. 베드로의 발에서 족쇄가 풀어진 이 사건은 장차 기도의 능력을 통해 종교성, 인본주의, 이 세대의 정사와 권세, 군사정권의 억압, 철의 장막에 묶여있던 교회가 사슬을 풀고 본연의 사명을 감당하게 되리라는 청사진을 제시해준다.

하나님의 영광에 더 많이 노출될수록, 또 더욱 깊은 기도로 하나님께 가까이 나아갈수록 우리의 발목을 죄던 차꼬는 더 많이 떨어져 나갈 것이다. 파수하며 기도하여 하나님의 영광 안으로 들어갈 때 우리 가족, 우리 이웃, 우리가 살고 있는 도시와 국가에서 수많은 멍에와 사슬이 풀어지는 것을 목격하게 될 것이다.

천사가 베드로를 데리고 옥문을 나섰다. 보초 근무 중이던 간수들까지 지나자 시내로 통하는 문이 저절로 열렸다. 당신은 예수님께서 하신 말씀 "내가…내 교회를 세우리니 음부의 권세(대문)가 이기지 못하리라"(마 16:18 참조)를 기억하는가? 원수가 당신을 향해 무엇을 던지든 상관없이, 억누르는 자가 당신의 앞길을 무엇으로 가로막든지 상관없이, 이 말씀은 온 교회를 향한 예수 그리스도의 굳건한 약속이다.

마침내 베드로는 요한 마가(요한이라고도 불리고 마가라고도 불리는)의 어머니, 마리아의 집에 도착했다. 이곳에서는 "여러 사람이 거기에 모여 기도하고 있었다"(행 12:12 참조). 이 구절이 담고 있는 교회의 그림은 오늘날의 교회가 보여주는 모습과 사뭇 다르다. 그들은 보혈을 통해 구원을 얻고 거기에 만족하며 안주하는 성도들이 아니었다. 예수 그리스도의 보혈을 각자의 삶에 적용시킨(보혈을 힘입어 구원을 얻은) 군중, 그 이상이었다. 그들은 '군중'이 아닌 '에클레시아'였다. 에클레시아는 성령님의 인도하심을 따라 머리 되신 그리스도께 순종하며, 천국의 권세로 세상을 통치하는 성도들의 공동체다. 사도적인 교훈에 순종하며 서로 교제하고 떡을 뗄 때, 또 끊임없는 기도로 스스로를 무장할 때, 교회는 결속력이 약한 '군중'의 모습에서 탈피하고 본연의 모습 곧 '에클레시아'의 모습으로 성장한다.

사도행전 12장에서 '기도'라는 명사와 함께 '꾸준한' 혹은 '간절한' 등의 형용사가 같이 나오는 것을 볼 수 있다. '꾸준한'과 '간절한'으로 번역된 헬라 원어는 '엑텐스'(ektense)이다. 그 뜻은 '길게 늘이다'이고 여기서 길게 늘인 시간 즉 '긴 시간 동안'의 의미가 파생되었다. 그러나 무엇보다도 이 단어에 내포된 영적 의미를 살피는 것이 중요한데, '엑텐스'는 하나님을 향한 영혼의 간절함이 극도에 달한 상태를 뜻한다. 제자들에게 버림받던 날 밤, 동산에서 기도하시던 예수님의 모습이 바로 '엑텐스'였다. "예수께서 힘쓰고 애써 더욱 간절히 기도하시니…"(눅 22:44) 이러한 기도의 열정이야말로 사도적인 권위를 세워가는 방법이다-손을 뻗어, 있는 대로 길게 늘여 하나님의 존전에까지 나아가는 기도.

하지만 여기에는 단서가 붙는다. 아무리 힘쓰고, 애써 간절히 기도하더라도 성령의 기름 부음이 없으면 아무 소용이 없다. 육신의 힘으로 애걸하는 기도가 아닌, 성령 안에서 파수하는 기도이어야만 한다.

연합 파수 기도는 하나님이 사용하시는 놀라운 비밀 병기다. 개인적으로 수행하는 말씀 묵상, 개인적으로 드리는 찬양과 기도-물론 이 모두 강력한 무기다. 하지만 만일 성도들이 한마음 한뜻으로 연합하여 기도한다면 하룻밤 만에 도시를 점령하는 권세가 그 자리에 임할 것이다. 마지막 때에 믿음을 견지한 교회는 수백만의 영혼을 구하게 될 것이다. 이것이 '믿음' 있는 교회의 사명이다. 우리는 모두 각자의 가족 구성원을 모두 구하는 임무를 수행해야 할 것이다. 더 나아가 위대한 구조대원으로서 각자의 나라를 참된 '부흥'의 장(場)으로 이끌어 가야 한다. 이를 위해 복음의 진정성을 증명할 기적과 이사와 표적이 다시금 그리스도의 교회 안에 회복되어야 한다. 우리는 하나님의 놀라운 역사를 교회 안에 회복시킬 구조대원이다.

계속 전진하다

파수꾼의 역할은 기도로 하늘과 땅을 연결하는 '교량축조'에만 국한되지 않는다. 파수꾼은 스스로 '다리'가 되어 예수님이 걸으실 길을 마련한다. '중보자'(intercessor)라는 단어의 의미를 아는가? 중보자는 하나님과 인간 사이를 잇는 교량 중 무너진 틈을 메우기 위해 직접 그 틈으로 들어가, 그곳에 서있는 사람이다. 그러므로 중보자 역할을 하는 교회는 한 손으로는 하나님을, 다른 손으로는 실패의 구덩이로 떨어지는 이웃을 단단히 붙잡고 있다. 중보자의 아름다운 면모를 여실히 드러내는 예가 있어 이곳에 소개하고자 한다. 모니카(Monica)라는 여성의 이야기인데, 그녀는 우리 믿음의 공동체에 소속된 자매다.

저는 12월 25일에 태어났습니다. 부모님의 성함은 호세(Jose), 마리아(Maria)입니다(조셉[Joseph]과 매리[Mary]라는 영어 이름에 해당하는 스페인어 이름입니다). 이름에서 보듯 부모님은 기독교적인 이름을 가지고 계셨습니다. 하지만 신앙인이 아니었지요. 감사하게도 몇 해 전, 어머니는 예수님을 영접했습니다. 하지만 아버지는 여전히 기독교에 대해 아무런 관심이 없으셨어요. 게다가 알코올중독과 폭력적인 습성 때문에 가족들은 아버지를 멀리했습니다. 결국 우리는 모두 아버지를 떠나야 했습니다. 아버지는 전화도 연결되지 않는 곳에서 홀로 사셨습니다. 그렇기에 저로서는 아버지와 연락할 방법도, 이야기를 나눌 방법도 없었습니다. 그렇게 7년이라는 세월이 흘렀어요.
2007년 하반기, 어느 주일 예배 때였습니다. 차브다 목사님께서 "아버지로부터 거절감의 상처를 받았거나 버림받은 여성들은 지금 강단으로 오십시오. 기도해드리겠습니다"라고 말씀하셨어요. 저는 앞으로 나아갔습니다. 목사님은 저를 향한 하나님의 특별한 계획이 있음을 말씀하시며 격려해주셨습니다. 그 일이 있은 후 얼마 지나지 않아 크리스마스가 되었습니다. 저는 어머니와 여동생에게 안부를 전하고자 전화를 걸었습니다. 하지만 그들은 집에 없었습니다. 수화기에서 들려온 것은 아버지의 목소리였습니다! 아버지께서 아내와 딸을 만나려고 방문하셨던 겁니다.

그날 저는 아버지에게 사랑한다고 말씀드렸습니다. 아버지의 목소리는 평소보다 더욱 온화한 느낌이었습니다. 곁에 있던 제 남편도 처음으로 아버지와 인사를 나누었답니다. 모든 일이 하나하나 순조롭게 진행되었습니다. 그리고 바로 그 성탄절, 전화 통화 중에 아버지는 죄 고백의 기도를 올렸고 예수 그리스도를 구주로 영접했습니다. 얼마나 놀라운 성탄 선물-생일 선물이었던지요!

우리 모임에 참석했던 모든 사람은 금요일 밤마다 열리는 파수 기도 집회에서 모니카가 얼마나 많은 기도와 눈물로 자신의 가정을 중보하고 파수했는지를 알고 있다. 모니카의 아버지가 예수 그리스도를 영접했던 그 영광스러운 성탄절로부터 지금까지, 그 아버지의 기쁨은 곧 딸의 기쁨이 되었고, 모니카의 기쁨은 우리 모두의 기쁨이 되었고, 우리 모두의 기쁨은 이내 예수님의 기쁨이 되었다.

사도적인 중보 기도는 결코 중단해서는 안 된다. 금식의 결단과 더불어 우리는 전진할 것이다. 계속 기도할 것이다.

얼마나 오래

마지막 때의 교회는 부흥의 경계선에 점점 가까이 다가서고 있다. 우리는 지금 인종과 국경, 교단의 벽을 넘어서는 부흥, 어둠의 심장부를 무너뜨려서 죄의 노예들을 자유케 하는, 그러한 부흥을 기대한다.

리히터 지진계를 고장 낼 정도의 강력한 영적 진동을 기대하는 마음으로, 우리는 그렇게 '사도적으로' 기도한다.

부흥을 위해 얼마나 오랫동안 기도해야 하는가? 답은 간단하다. 부흥이 임할 때까지다! 부흥이 우리 가정에, 교회들 위에, 우리 각 사람의 나라 위에, 이스라엘에, 예루살렘에 임할 때까지 우리는 기도해야 한다.

야고보서에는 "너희가 받지 못한 것은 구하지 않았기 때문이다"(약 4:2 참조)라는 말씀이 있다. 기도의 용사 조지 뮐러(George Muller)는 이렇게 말했다.

> 기도를 시작하는 것으로는 부족하다. 올바르게 기도했다고 해도 그것으로는 부족하다. 일정 기간 꾸준히 올바르게 기도했더라도 여전히 부족하다. 우리는 믿는 마음으로 참고 견디며 끈질기게 기도해야 한다. 응답을 받을 때까지 쉬지 말고 기도해야 한다. 그뿐만 아니라, 끝까지 기도해야 한다. 하나님께서 우리의 기도를 들으시고 또 우리의 기도에 응답하신다는 사실을 믿어야 한다. 우리 대부분은 복을 얻을 때까지 참고 견디지 못한다. 복 받기를 포기한 채, 중도에서 너무도 자주 기도를 멈춰버린다.[2]

깨어 기도하고 즐거운 마음으로 파수하는 태도는 기독교 정체성의 핵심이리라! 그리고 이러한 태도의 정수(精髓)는 단연 응답에 대한 '기대감'이다. 그 응답은 예수 그리스도 안에서 언제나 '예'(yes)가 된다

(고후 1:20 참조). 이 세상의 모든 가정과 모든 사람의 구원을 위해 하나님께서 예비하신 방주는 하나다-온 세상은 구원을 얻기 위해 그 희망의 처소를 향해 달려가야 하는데, 하나님이 손수 디자인하신 안전한 방주, 유일한 방주는 다름 아닌 그리스도의 '교회'다.

두세 사람이 모이든, 수십, 수백 명이 모이든 상관없다. 파수 기도의 회복(특히 연합하여 드리는 파수 기도)은 하나님의 등불을 새롭게 밝혀낼 것이기에 그 빛에 노출된 '산 위의 마을들이 숨지 못할' 것이다. 어쩌면 사람들은 당신의 기독변증이나, 설교, 혹은 정치적 행위들을 금할지도 모른다. 하지만 어떤 경우에도 당신의 기도는 막지 못할 것이다.

그리스도인의 유업, 파수

그리스도인이 물려받고 또 후대에까지 전수해야 할 파수 기도의 역사는 매우 깊다.

> 시편은 끊임없는 율법 묵상의 중요성과 더 자주 기도해야 할 필요성을 열정적인 유대인의 가슴속에 반복하여 각인시켜놓았다. 이를테면 시편 119편이 그렇다. 기도의 중요성을 기록한 시편 말씀은 이스라엘인들의 영성에 지대한 영향을 끼쳤는데, 시편은 단순한 의식(儀式) 차원의 기도문이 아닌 종교적 가르침의 주제 및 개인 묵상의 자료로 인식

되었다. 예수 그리스도는 이같이 '기도하는' 백성 가운데에 나타나셨다.3)

초대교회 공동체의 모습을 잠깐 살펴보는 것만으로도 그들의 마음 한가운데에 파수 기도를 향한 끝없는 열정이 자리하고 있음을 알 수 있다. 매일같이 성전에서는 리듬에 맞춘 유대교의 기도 소리가 들려왔다—이를 배경으로 초대교회 성도들은 주인 되신 예수님의 선례를 따라 기도했다. 또한 사도들의 가르침대로 기도했다. 구약성경 말씀으로 무장한 성도들은(신약은 아직 집필되지 않았다—역자 주) 하늘을 향해 얼굴을 들고 예수 그리스도의 '재림'(parousia)을 갈망하며 기도했다.

그들이 서서 기도하는 모습을 머릿속에 그려보라. 십자가의 예수님처럼 두 팔을 벌려, 손바닥은 하늘을 향한 채, 하나님 계신 곳을 우러러 기도하는 그들의 모습… 팔라틴 언덕 궁궐(로마 황제가 최초로 궁궐을 세운 곳—역자 주)의 벽에, 카타콤(그리스도인들이 박해를 피해 숨어 지내던 동굴—역자 주) 동굴의 벽에, 또 예루살렘에서 로마로 이어진 길 곳곳에 세워진 모자이크 양식의 건물 외벽마다, 이처럼 서서 기도하는 초대교회 성도들의 그림자가 드리워졌다.

로마군이 예루살렘 성전을 점령하고 무너뜨렸을 때에도 '기도'는 사라지지 않고 보존되었다. 하루에 다섯 번씩, 기도는 삶의 리듬에 따라 매일같이 드려졌다. 어슴푸레 밝아오는 새벽녘부터 짙은 어둠이 드리워진 밤, 눈을 뜬 순간부터 잠자리에 들기까지 이들은 기도하면서 하나님과 교제했다. 기도를 통해 하나님이 주시는 생명의 성령의 숨을 들이마셨다. 또한 기도 중에 부활을 확신하며 하나님 앞에서 용감히 죽음을 결단하였다. 경건한 유대인들은 하루를 마감하는 밤, 잠들기 전에 이처럼 죽음을 작정하는 기도를 드리곤 했다. 그 내용을 보면 분명 죽음의 기도이지만, 이튿날 동틀 때 다시금 일어날 것(부활)을 기대하는 부활의 기도였다. 이처럼 기대하는 기도의 패턴은 십자가에서 예수님이 드리셨던 기도에도 잘 드러난다. "아버지! 아버지의 손에 내 영을 맡기나이다." 하나님께서 대적으로부터 구원해주실 것을 확신하면서 그리스도께서는 그분의 마지막 숨을 아버지 앞에 내어드렸다(포기하셨다). 죽음의 기도였지만 결국 이 기도는 최종 승리를 선포하는 기도가 되었다. 예수님은 그분이 죽음에서 일어나 부활할 것을 이미 알고 계셨기 때문이다.

주께서 재림하시기까지 우리가 모여 기도하며 파수하는 이유도 동일하다. 최종 승리를 기대하기 때문이다. 새벽녘, 태양이 동편에 오르는 시간 우리의 마음에 예수 그리스도의 부활이 떠오르듯이 한밤중에는 그분의 수난이 떠오른다. 아침은 간밤의 어둠을 제압하는 태양의 '떠오름'이 기대되는 시간이다. 마찬가지로 저녁은 등불 빛으로 만족해야 하는 시간이다. 이는 신랑이신 예수님께서 열 처녀 비유를 통해 언급하신 '기름'과 같다. 저녁은 하루의 일과가 끝나고 쉼을 얻는 시간이다. 집으로 돌아가 가족과 함께 식탁에 둘러앉는 시간이다. 또한 아침을 기다리는 마음으로 등잔에 기름을 채워 밤새도록 어둠을 밝혀야 할 시간이기도 하다.

다윗은 시편 141편 2절에서 "나의 기도가 주의 앞에 분향함과 같이 되며 나의 손드는 것이 저녁 제사 같이 되게 하소서"(시 141:2)라고 기도했다. 사도 바울이 디모데에게 교회를 세워나가는 방법을 가르쳤을 때, 그는 위와 같은 다윗의 고백을 염두에 두었다. 또 예수 그리스도의 사도적 사역을 마음에 떠올리고 있었던 것이 분명하다.

> 그러므로 내가 첫째로 권하노니 모든 사람을 위하여 간구와 기도와 도고와 감사를 하되 임금들과 높은 지위에 있는 모든 사람을 위하여 하라 이는 우리가 모든 경건과 단정함으로 고요하고 평안한 생활을 하려 함이라 이것이 우리 구주 하나님 앞에 선하고 받으실 만한 것이니 하나님은 모든 사람이 구원을 받으며 진리를 아는 데에 이르기를 원하시느니라 하나님은 한 분이시요 또 하나님과 사람 사이에 중보자도 한 분이시니 곧 사람이신 그리스도 예수라 그가 모든 사람을 위하여 자기를 대속물로 주셨으니 기약이 이르러 주신 증거니라…그러므로 각처에서 남자들이 분노와 다툼이 없이 거룩한 손을 들어 기도하기를 원하노라(딤전 2:1-6, 8)

수난당하시기 전날 밤, 예수님은 동산에 올라가 두 손을 들고 마지막 남은 땀방울, 마지막 남은 힘까지 다 쏟아 기도하셨다. 이튿날 번제단에 올려질 저녁 제사의 제물이 다름 아닌 자신임을 아셨기 때문이다.

예수님께서는 이 저녁 제사를 준비하는 일에 다른 사람도 동참하기를 바라셨다. 그래서 제자들을 데리고 기도하러 가셨던 것이다.

저녁 제사를 알리는 '쇼파'(shofar) 나팔 소리가 울리면 모든 유대인은 (어디에 있든지) 잠시 멈추어 성전이 있는 곳을 향해 몸을 돌리고 기도한다. 성전에서의 저녁 제사는 십자가에서 그리스도가 드리실 참된 저녁 제사의 그림자였다. 저녁 제사 때 제사장들의 '손드는' 행위는 십자가에 못 박히시기 위해 예수님께서 손을 뻗으시는 모습을 연상시킨다.

역사 속에서 이러한 저녁 제사는 만도(晩禱, 저녁 기도) 예식으로 변형되었다.

쉼 없는 기도의 삶은 예수님께서 이 땅을 걸으셨던 나날 동안 매일같이 반복되었다. 예수님께서는 바쁜 일정 중에도 항상 시간을 쪼개어 기도하셨다. 평범한 하루 일과가 진행되든지, 특별한 사건들로 가득 메워진 하루가 진행되든지, 예수님께서는 하시던 일을 멈추고 기도하셨다. 이러한 예수님의 모습 속에서 그분이 항상 아버지와 교제를 나누셨음을 알 수 있다. 게다가 예수님의 입에서 나온 모든 말씀은 그분이 하나님 아버지와 나누었던 대화 내용이었다. 이처럼 예수님은 홀로, 진지하게 기도하시는 모범을 보이셨다. 하지만 예수님은 연합하여 드리는 기도에도 헌신하셨다. 예수님의 기도 생활과 습관을 찬찬히 살펴보면 하루에 다섯 번씩 함께 모여 예배하고 기도하는 유대인의 습관과 비슷하다는 것을 발견할 수 있다. 이러한 관습은 7세기 아라비아 지역(교회가 닿은 지역)에까지 전파되었다(일을 하든지 쉬고 있든지 다 멈추고 하루에 다섯 번씩 엎드려 기도하는 이슬람의 관습은 교회를 통해 전달된 유대인의 전통을 답습한 것이다).

만일 교회가 선조들의 기도 습관을 이어받고 또 파수 기도를 향한 그들의 열정을 본받는다면, 하나님의 나라가 점점 다가오는 이 시대에 기도의 능력이 과연 어떤 역사를 이루어낼지 궁금하다!

연합하여 기도하기

하나님께서는 스스로가 성부, 성자, 성령이라는 위격들의 연합(삼위일체)임을 보여주셨다. 그리고 그분의 생명을 체험할 수 있는 유일한 통로로서 '그리스도의 몸'(교회)을 마련해주셨다. "세 위격이지만 본질상 한 분이신 하나님의 모습은 우리(인간)가 처한 상황을 심오한 언어로 설명해준다-삼위일체이신 하나님과의 연합을 통해 그리고 다른 사람과의 연합을 통해, 우리는 우리 각 사람의 개성(본질, 인성)이 사라지는 것이 아니라 오히려 완성되는 것을 체험하게 된다."4)

우리 각 사람은 자신의 영적 상태를 가늠할 수 있는 '빛'을 부여받았다. 이를테면 성경 말씀이나 성령의 음성이다. 우리는 말씀과 성령에 비추어 우리의 영적 상태를 가늠할 수 있다.

또 다른 영적 가늠자가 있는데, 바로 교회다. 하나님께서는 우리가 고립되어 홀로 살도록 만들지 않으셨다. 하나님은 우리가 공동체 안에서 살아가도록 계획해놓으셨다. 우리는 오직 그리스도의 몸인 교회에 연결되고 또 교회에 소속될 때에만 우리의 영적 상태를 진단할 수 있다. 교회 공동체는 인간이 하나님을 경험할 수 있는 근원지이자 도착지, 곧 시작과 끝이다. 그뿐만 아니라 교회는 그리스도께서 우리 중에 거하실 수 있는 처음과 마지막 거처다. 그러므로 성도들에게 교회 공동체는 건강한 신앙생활, 영적 성장을 위해 반드시 필요하다.

911 테러 이후, 바나 리서치 그룹(Barna Research Group)은 미국인의 영성을 조사했다. 그 결과가 흥미로워 여기에 소개한다.[5] 조사 결과에 따르면 테러 사태 직후 영성에 대한 미국인의 관심도가 증가했다. 물론 교회 출석률도 급증했다고 한다. 그러나 1년도 채 지나지 않아, 영성에 대한 관심도나 교회 출석률은 911 테러 이전 수준 이하로 하락했다.

대부분의 미국인이 기독 신앙을 고백하고 있다. 하지만 바나 리서치의 조사 결과 자칭 크리스천이라는 미국인 중 정기적으로 교회에 출석하는 사람은 예상보다 많지 않고, 또 그중 40퍼센트는 영적인 노숙자 즉, 이 교회에서 저 교회로 옮겨 다니는 '영적 유목민'인 것으로 드러났다. 그리고 이들 영적 유목민 중 29퍼센트는 향후 1년 안에 또다시 교회를 옮길 계획이 있다고 대답했다. 20퍼센트는 여러 교회에 등록한 상태라고 대답했는데, 그중 어떠한 공동체에도 소속될 의향은 없다고 전했다.

너무도 많은 사람이 교회 멤버십(교회 등록, 공동체 소속)을 선택 사양 정도로 생각한다. 마치 교회 공동체에 등록하는 것이 성경의 요구와는 아무 상관없는, 단지 실용적인 목적을 위해 인간이 고안해낸 방법인 양 폄하하기까지 한다. 그들은 종종 이렇게 말한다. "성경 어디에 특정 교회에 등록하여 출석하라는 말씀이 있습니까?" "특정 교회에 소속되는 것은 율법주의적인 일이 아닌가요?" "사람들을 통제하고 또 돈을 갈취하기 위해 교회라는 집단이 생긴 것 아닙니까?" "저는 사람의 손으로 지은 교회(제도)에 소속되지 않을 겁니다. 그래서 저는 집에서 예배를 드립니다." "나와 하나님과의 관계는 나만의 일이지 결코 남이 간섭할 일이 아닙니다. 여러 사람이 모여서 드리는 예배는 나와 구세주와의 관계를 그르칠 뿐이지요." "예수님을 영접했을 때 이미 전체 교회, 즉 영적이고 전 우주적인 교회 공동체에 소속된 것 아닌가요? 그러니 지역 교회의 일원이 될 필요는 없죠." "지금은 지역 교회 공동체에 들어갈 만큼 한가하지 않습니다."

예수님은 눈에 보이는 형제를 사랑하지 않으면서 보이지 않는 하나님을 사랑하기는 불가능하다고 말씀하셨다. 마찬가지로 눈에 보이는 지역 교회에 참여하는 것은 눈에 보이지 않는, 전 우주적인 교회(온 세계 성도들의 무리)에 당신이 속해있다는 사실을 표현하는 방법이다. 이것은 결국 하나님과 당신의 관계를 나타내주는 지표이기도 하다. 오늘날과 같은 신약시대에 성도가 지역 교회의 일원이 되는 것은 마땅한 일이다. 전 우주적인 교회는 그리스도를 머리로 둔 모든 지역 교회 공동체의 합(合)이기 때문이다. 신앙을 고백한 모든 성도는 참된 복음을 선포하는 지역 교회, 진정한 성례를 집행하고, 성경 교리를 올바로 가르치고, 영과 진리로 예배하는 지역 교회를 찾아 그 공동체에 소속되어야 한다.

초대교회의 삶을 기록한 '스냅사진' 한 장을 살펴보자. 주후 150년 즈음 초대교회 교부 중 한 사람이었던 저스틴 마터(Justin Martyr, 순교자 유스티누스-역자 주)가 남긴 글이다.

> 태양의 요일(일요일)이라 불리는 날, 도시와 촌에 거주하는 모든 이가 한 장소에 모였다. 그들이 모인 곳에서는, 시간이 허락되는 대로, 사도들의 회고록이나 선지자들의 글이 낭독되었다. 낭독자가 멈추면 그 모임의 대표는 낭독된 내용에 소개된 선한 행위들을 실제로 행하도록 사람들을 훈계하고 격려하였다. 이후 우리는 일제히 일어나 기도했다. 기도가 끝나면 빵과 포도주와 물이 마련되었다. 모임의 대표는 음식을 위해 감사 기도드리고 사람들은 아멘으로 화답하였다…부유한 사람들과 자원하는 사람이 적절한 양의 음식을 기부하였고 모임의 대표자는 이렇게 모인 음식을 고아와 과부들, 아픈 사람, 식량이 부족한 사람, 옥에 갇힌 사람, 방문객들에게 적절히 분배해주었다.6)

초대교회 성도들은 자주, 그리고 오랫동안 기도했다. 앞서 언급했듯이 그들이 기도할 때 취하는 전형적인 자세는 기대하는 마음으로 하늘을 향해 얼굴을 드는 것이었다. 그들은 철야 기도(vigil)를 고안해 냈는데 본질상 파수 기도와 같다(이 기도의 대표적인 예를 수난 주간의 의식에서 찾아볼 수 있다).

초대교회가 출범하기 훨씬 전부터 제자들은 예수님의 기도 생활을 보면서 끈질기게 기도하는 모범을 배울 수 있었다. 딸의 치유를 위해 예수님과 일종의 '언쟁'을 벌였던 여인을 기억하는가? 예수님께서 그 여인을 '개'에 빗대어 말씀하셨을 때에도 그녀는 자리를 떠나지 않고 끈질기게 매달렸다. 당시 교회의 리더들에게 전달되었던 신약의 서신서들(사도들이 기록한)을 읽어보라. "하나님의 뜻을 따라 성도를 위해 끈질기게 간구하라"는 당부의 언질이 수차례나 등장한다. 이 모든 예는 파수하는 자의 정체성을 말하고 있다. 파수꾼은 자신의 영적 능력을 다해 끈질긴 태도로 하나님의 뜻을 붙든다. 그들은 하나님의 뜻과 배치(背馳)하는 이 세상에 그분의 뜻을 임하게 하여 결국 아름다운 하모니를 일구어내는 사람들이다.

끈질긴 기도의 태도는 모든 세대, 모든 나라, 모든 사람의 마음, 모든 상황 속에서 믿음과 선행의 원동력 역할을 해왔다. 끈질긴 기도를 통해 그리스도께서는 장차 다윗의 장막을 일으키실 것이다. 하나님의 집을 기도로 가득 채우시며 우리 심령의 향기를 회복시키실 것이다.

파수하는 기도는 자신의 한계를 넘어 공동체로 나아가는 기도다. 공동체를 넘어 전 세계로 나아가는 기도다. 기도의 파수꾼들은 현재를 넘어 미래 구원의 경륜에까지 손을 뻗는다.

요한복음 17장은 성경에 기록된 기도 중 가장 긴 기도다. 대제사장으로서 예수님이 하늘 아버지께 드린 기도인데, 이는 레위기 16장에 소개된 '대속죄일'의 패턴을 따르는 기도다. 먼저 자신을 아버지께 드리신 후 예수님은 말씀하셨다. "…세상 중에서 내게 주신 사람들을 위하여…(기도하나이다)"(요 17:6 참조). 예수님은 그분에게 순종하며 그분의 명령을 지키게 될 제자들을 위해 기도하신 것이다. 그분과 한마음으로 연합할 때 제자들의 안전이 보장된다는 점을 그 누구보다 더 잘 알고 계셨기에 그들을 위해 중보하셨다. 이러한 연합이 지속된다면 그분의 승천 이후에도 제자들이 그분과 동행할 수 있음을 알고 계셨다. 마침내 예수님과의 연합을 통해 제자들은 하늘 아버지의 뜻 안으로 들어갈 수 있었다. 예수님은 다음과 같은 맺음말로 이 기도를 마무리 지으셨다. "이는 나를 사랑하신 (아버지의) 사랑이 그들 안에 있고 나도 그들 안에 있게 하려 함이니이다"(요 17:26). 이 맺음말은 마치 계약서의 약속 내용을 보증하는 직인(職印)과도 같다. 하나님은 그분의 아들 예수 그리스도의 모든 사역 위에 이 도장을 찍으셨다.

요한복음 17장의 기도를 통해 예수님은 아버지와 아들과 성령의 '연합 공동체' 속으로 우리를 초청하셨다.

산으로

관습처럼 예수님께서는 한밤중에 기도하러 산에 오르셨다(눅 22:39 참조). 언제나 제자 중 두세 사람을 데리고 가셨는데, 대부분 야고보와 요한과 베드로였다.

하나님께서는 유월절을 지키라는 명령과 더불어 유월절 전날 밤, 밤을 새워 기도하라는 지침도 건네셨다. 사실 밤을 새워 파수하는 기도 습관의 영적 뿌리는 이러한 유월절 지침에서 찾을 수 있다. 그러나 예수님은 유월절뿐만 아니라 평상시에도 밤새워 기도하는 모습을 보여주셨다.

이러한 기도가 바로 온 세상의 구원을 완성시키는 기도다. 예수님의 측근마저도 예수님께서 이렇게 기도하시는 모습에 매료된 나머지

"주여 우리에게 기도를 가르쳐주소서"라고 간청할 정도였다. 우리도 주인 되신 예수님께 기도를 배우고 있다. 주님은 "나와 함께 파수하자"라고 권면하신다.

우리는 오늘도 '밤'이라는 시간을 사수한다. 과거 초대교회가 점령했던 영역들을 회복하고 있다. 온 세상이 잠든 사이, 파수꾼은 눈을 뜬다. 그들은 적진에 침투한다. 적의 소유물을 약탈하고, 포로들을 자유케 하며 전리품을 취한다.

사도적 교회의 기도인 "나라가 임하시오며"는 연합 공동체만이 발할 수 있는 포효다. 그리스도의 재림까지, 우리 각 사람은 개인적으로 그리고 연합 공동체로서 그리스도의 임재를 기대하며 기도한다. 우리는 예수님께서 우리에게 당부하신 말씀을 온전히 성취할 것이다. "깨어 있으라(Watch) 내가 너희에게 하는 이 말은 모든 사람에게 하는 말이니라"(막 13:37).

초대교회 사도들의 때부터 계속된 시간의 흐름 가운데, 모든 성도가 드린 기도에 대한 최종 응답은 '주 예수 그리스도의 재림'일 것이다. 모든 성도의 기도는 주님의 도래에 대한 기대와 갈망으로 충만하기 때문이다. 우리는 하나님의 뜻이 완성되기를 기도한다. 하나님의 뜻은 하나님의 나라가 건설되는 것이고, 새 하늘과 새 땅이 하나님의 나라에 들어서는 것이며 새 피조물들이 그 나라를 가득 메우는 것이다.

주 |

1. 눅 1:8-20, 눅 2:25-38 참조.
2. D. M. McIntyre, *The Hidden Life of Prayer*(London: Marshall, Morgan & Scott, n.d), 86.
3. A. G. Martimort, I. H. Dalmais, P. Jounel eds., *The Church at Prayer: Liturgy and Time* (Collegeville, MN: Liturgical Press, 1986), 160. (Translated from the French.)
4. Ralph Martin, *Hungry for God: Practical Help in Personal Prayer*(Ann Arbor, MI: Servant Publications, 2006), 31.
5. The Barna Group, "Half of All Adults Say Their Faith Helped Them Personally Handle the 9-11 Aftermath" (The Barna Update, Sept. 3, 2002); http://www.barna.org/FlexPage.aspx-?Page=BarnaUpdate&BarnaUpdateID=120.
6. Justin Martyr, *The First Apology*, quoted in Robert A. Baker, John M. Landers A Summ -ary of Christian History(Nashville: B&H Publishing Group, 2005), 15.

제4장

최고의 것을 행하소서

Do What's Best

주님의 뜻이 이루어지이다
Your Will Be Done

하늘에 있는 것을 활성화시켜서 이 땅에 풀어놓음

성탄절이 이틀 지난 12월 27일, 다중경화증(multiple sclerosis)을 앓고 계시던 어머니의 병세가 갑자기 악화되었다는 전화를 받았다. 위급한 상황이라 의료진들은 서둘러 어머니의 병실로 가족을 호출한 것이다.

복음 전파 사역에 몸담았던 지난날 동안, 남편과 나(보니)는 수많은 중증 환자가 질병으로부터 즉시 치유되는 기적을 목격해왔다. 말기 암환자부터 에이즈 환자에 이르기까지, 이처럼 기적적인 치유를 경험한 환자만 해도 수천 명이 넘었다. 나는 병중에 계신 어머니를 위해 항상 기도했다. 그러나 하나님께서는 그처럼 놀라운 치유를 허락하지 않으셨다. 도리어 어머니의 증세는 시간이 지남에 따라 점점 더 악화될 뿐이었다. 결국 팔다리를 움직이지 못하는 것은 물론, 말도 못하고 의사소통 능력조차 점점 사라지는 상태에까지 이르게 되었다. 하지만 어머니는 단 한 순간도 믿음의 끈을 내려놓지 않으셨다. 사실 병상에 누워계신 동안 어머니는 주님에 대한 믿음과 기대감으로 충만했다.

어렸을 적에 어머니는 매주, 때로는 매일 똑같은 성경 구절을 읽어주시곤 했다. 그 구절에는 밑줄까지 그으셨는데, 위대한 사랑의 가르침이 기록된 고린도전서 13장의 말씀이었다. 어머니는 그 말씀대로 사셨다. 어디를 가든지 그리스도의 향기를 뿜어내셨다. 삶의 마지막 순간, 어머니를 아는 모든 사람은 그들이 알고 지냈던 사람 중 내 어머니가 가장 친절하고, 가장 인내심이 깊고, 가장 온화하고, 가장 오래 참고, 가장 이타적인 사람이었다고 고백했다. 어머니가 평생토록 품었던 사명은 자신의 친구, 온 가족, 사랑하는 모든 사람, 특히 자녀와 손자, 손녀가 예수 그리스도를 구세주로 영접하도록 돕는 것이었다. 결론부터 말하자면 어머니는 자신의 사명을 완수하셨다.

어머니가 가장 좋아했던 시는 로버트 프로스트(Robert Frost)의 '눈 내린 저녁 숲가에 멈춰서'(Stopping by Woods on a Snowy Evening)였다.

이 숲이 누구의 것인지

나는 안다고 생각하네.

하지만 그의 집은 마을에 있지.

그래서 그는

여기에 서있는 나를 보지 못해.

지금 나는 여기

눈 덮인 숲을 바라보는데.

내가 탄 작은 말은 기이히 여길 텐데

농가 한 채 없는 곳에 멈추어 섰으니,

숲과 얼어붙은 호수 사이에.

한 해 중 가장 어두운 저녁이라네.

그는 끈 달린 종을 손에 쥐고 흔들겠지.

누군가 길을 잃었으려나.

종소리 외에 귓전에 닿는 것은

고요한 바람이 훑는 소리,

사뿐히 내려앉은 눈송이 소리뿐

숲은 사랑스럽고, 밤은 어둡고 깊은데

하지만 내겐 지킬 약속이 있어.

잠들기 전에 가야 할 길이 있어.

잠들기 전에 가야 할 길이 있어.

어머니의 삶은 이 시의 비유와 상징이 그려낸 삶의 모습과 일치했다. 한동안 어머니는 이 치열한 삶의 '숲' 앞에 멈추어 섰다. 하지만 때가 이르렀다. 이제 어머니는 하나님의 약속 안으로 걸어가야 한다. 나는 마지막으로 이 시를 어머니에게 읽어드렸다. 마지막 연, "하지만 내겐 지킬 약속이 있어. 잠들기 전에 가야 할 길이 있어"를 읊조렸을 때, 말을 하실 수 없던 어머니는 그저 고개를 끄덕이는 것으로 반응하셨다.

어머니가 흔히들 말하는 '죽음 직전의 고통'을 감내하고 있을 때, 우리 가족은 그 모습을 안타깝게 지켜보며 기도했다. 쉬지 않고 기도했다. 우리가 기도할 때 물리적인 '현실'의 법칙 앞에 또 다른 법칙이 작용하기 시작했다.

어머니의 몸은 점점 기력을 잃어갔고 결국 혼수상태(coma)에 들어갔다. 바로 그때였다. 하나님의 영광이 임했다. 곧 그 영광은 병실을 가득 채우기 시작했다. 그분의 임재는 매우 생생했다. 현장에 있던 모든 사람이 그 영광을 느낄 정도였으니까 말이다 — 하나님의 거룩한 임재, 그 온화함, 이 세상의 시간과 공간, 그리고 세상 나라들 위에 하나님의 현존이 충만하게 임하는 느낌이었다. 생의 마지막 순간, 하나님의 영광이 임하자 어머니는 갑자기 혼수상태에서 깨어 두 눈을 크게 뜨셨다. 기대감으로 가득 찬 눈이었다. 마치 꿈만 같았다. 수년간 자기 몸을 가누지 못하셨던 어머니가 갑자기 병상에서 일어나더니 두 팔을 크게 벌리시는 것이 아닌가? 얼굴에는 기쁨과 환희가 넘쳤다. 우리 눈에는 보이지 않는 누군가를 맞이하고 계신 모양이었다. 우리 가족은 놀란 눈으로 어머니의 몸짓 하나하나를 바라보았다. 기쁨으로 충만했던 우리는 모두 그 자리에 서서 울음을 터뜨리고 말았다. 분명히 물리법칙이 아닌 또 다른 법이 작용하고 있었다. "나는 죽었으나, 살았고 영원히 살리라"라고 말씀하신 그분의 법이 어머니의 병실 안에 임했던 것이다! 물론 잠시 동안이었다. 짧은 시간의 환희가 지난 후 어머니는 다시금 깊은 혼수상태로 들어가셨다.

우리는 어머니가 누우신 침대에 다시금 둘러섰다. 시편을 읊고 어머니가 좋아하는 찬송을 불러드렸다. 위대한 구원의 약속과 부활의 영광, 영생의 찬란함을 담고 있는 성경 말씀을 읽어드렸다. 나는 어머니를 향해 손을 뻗은 후 축복을 전했다. 어머니가 죽어가는 육신을 벗고 영화로운 새 육신, 질병이 없는 새 피조물이 될 것을 기도했다. 사망의 쏘는 침에 아랑곳하지 않는 새 피조물이기를 간구했다. 그동안 내 곁에 있어주신 어머니의 삶에 대해 하나님께 감사드렸다. 충성스럽게 달려온 어머니의 경주에 감사드렸다. 어머니의 사명이 완수되었음에 감사드렸다.

수년간 어머니를 지켜보았고 또 하나님께서 일으켜주시기를 간구해왔던 우리 가족이었다. 그런데 바로 우리의 눈앞에서 그 기도가 응답되었다. 마침내 하나님께서는 '죽음'으로써 어머니를 일으키셨다- 장차 어머니는 새로운 몸을 입게 될 것이니까, 그리고 새로운 삶을 살게 될 것이니까!

나는 간단한 말로 기도드렸다. "주 예수님, 주님의 자비하심으로 지금 오셔서 제 어머니를 안아주세요." 주님께서 즐겁게 춤을 추시며 병실 안으로 들어오시는 느낌이었다. 그분의 영원한 영광이 침대 위에 닿았다. 무척 생생했다! 그 영광 앞에 우리의 슬픔은 모두 사라져버렸다. 예수님께서 슬픔과 절망을 거두어 가신 것이다. 그리고 죽음도 가져가셨다. 어머니가 평안한 숨을 세 차례 쉬셨을 때, 병약한 육체는 영원한 잠 속으로 사라져버렸다. 우리는 영광의 왕께 경배드렸다. 그리스도께서 모든 악을 물리치시고 승리하셨다. 마침내 하나님의 뜻이 이루어졌다.

그리고 월요일 아침에 어머니의 추모 예배를 드리려고 가족이 한자리에 모였을 때였다. 살포시 내리던 눈이 곧 온 땅을 하얗게 뒤덮었다. 실로 하나님의 나라가 이 땅을 어루만진 것이리라! 죽음 앞에서도 쉬지 않고 기도했던 우리의 기도에 하나님께서 '영광'으로 응답하신 것이리라!

하나님의 뜻을 구하기

이 책의 원고를 집필하기 시작할 즈음, 우리는 레슬리(Leslie)라는 친구의 집에서 머무르고 있었다. 그녀는 하나님의 뜻을 위해 기도했던 1984년의 일을 회고하며 다음의 이야기를 들려주었다. 당시 레슬리의 어머니는 췌장암에 걸려 죽음을 앞두고 있었다. 61세라는, 아직은 '젊은' 나이였기 때문에 레슬리는 어머니를 살려달라고 하나님께 간구하였다. 깊은 시름에 잠긴 채, 현관 앞을 거닐던 그녀는 이윽고 하나님께 질문을 던졌다.

"하나님, 제 어머니를 위해 어떻게 기도해야 할까요?"

"내 뜻이 이루어지도록 기도해라." 갑자기 듣게 된 응답에 레슬리는 깜짝 놀랐다.

"네?"

"'하나님의 뜻이 이루어지이다' 라고 기도해라." 동일한 응답이 돌아왔다.

"알았어요. '하나님의 뜻이 이루어지이다.'" 이렇게 레슬리는 대답했다.

간단한 기도였지만 그 즉시 자신의 영혼을 누르던 무거운 짐이 벗겨지는 느낌을 받았다. 또한 그녀는 하나님이 주시는 평안을 맛보게 되었노라고 고백했다. 이후 몇 주 동안 레슬리는 하나님의 뜻이 이루어지기를 기도했다. 설령 그것이 어머니의 치유에 대한 간구에 하나님께서 "No"라고 대답하시는 것을 의미할지라도 개의치 않았다. 그녀는 계속해서 하나님의 뜻이 이루어지기를 기도했다. 한 달 후, 어머니는 주님 품으로 돌아갔다. 하지만 이때도 레슬리는 낙심하지 않았다.

갈보리에서 예수님이 완성하신 일이나 혹은 공생애 동안 사람들을 치유하신 사건들로 미루어볼 때, 모든 압제로부터 우리를 구원하는 것은 확실히 하나님의 뜻이다. 그밖에도 우리를 고통으로부터 해방하여 평안을 누리게 하는 것, 우리의 죄를 용서하시는 것, 질병을 치유하시는 것, 이는 모두 하나님의 뜻이다(사 53장 참조). 하나님의 성품은 어제도 오늘도 내일도 변하지 않으신다. 하나님은 구약시대에도 사람들을 구원하시고 치유하셨다. 신약시대에도 구원하시고 치유하셨다. 오늘날에도 동일하게 구원하시고 치유하신다. 그리스도께서는 "우리를 부요케 하시려고 스스로 가난해지셨다." 그러므로 만일 우리가 "당신의 뜻이 이루어지이다"라고 기도한다면, 이는 하나님의 구원과 자유, 용서와 치유에 대해 확실한 믿음을 갖고 기대하는 마음으로 올려드리는 기도이어야 한다.

암과 같은 질병에서 사람들이 치유되는 것을 목격하는 것은 영광스러운 일이다. 하지만 이 땅에서의 삶을 다하고 본향으로 돌아가는 사람들을 지켜보는 것 역시 영광스러운 일이다. 죽음을 맞이하는 사람들을 지켜보며 우리가 경험했던 영광 역시 매우 아름답고 달콤한, 기도의 응답이었다.

수동적인 기도는 안 된다

"하나님의 뜻이 이루어지이다"라는 기도는 결코 수동적인 기도가 아니다. 이것은 하늘에 속한 것을 활성화시켜 이 땅으로 끌어내리는 기도다.

> 그를 향하여 우리가 가진 바 담대함이 이것이니 그의 뜻대로
> 무엇을 구하면 들으심이라 우리가 무엇이든지 구하는 바를 들

으시는 줄을 안즉 우리가 그에게 구한 그것을 얻은 줄을 또한 아느니라(요일 5:14-15)

우리 대부분은 한 번 이상, 크나큰 곤경에 빠진 경험이 있을 것이다. 또 그러한 때에 누군가가 곁에서 아무런 도움이 되지 않는 기도를 해주었던 것도 경험해보았을 것이다-"하나님, 주님의 뜻이라면 제발 우리를 좀 도와주세요!" 세상에! '하나님의 뜻이라면' 이라니? 물론 하나님은 '뜻'(의지)을 갖고 계신다. 그리고 그분의 뜻은 우리를 돕는 것이다. 문제는 우리다. 평상시에 우리는 하나님의 뜻이 '어떻게 생겼는지'를 도통 모른다. 게다가 하나님의 뜻에 대해 아무런 관심도 없이 지내기 때문에 위기의 순간, 그와 같은 기도를 드리게 된다.

모든 만물이 보좌에서 흘러나오는 생명의 노래에 맞추어 기쁘게 춤을 춘다-이것이 하나님의 뜻이다. 그러므로 "하나님의 뜻이 이루어지이다"라고 기도한다면 우리는 하나님의 거룩한 뜻에 우리의 전 존재를 의탁하게 된다. 이 땅을 향한 하나님의 열정에 "아멘"으로 화답하게 된다. 하나님의 뜻을 구하는 기도는 하나님께 "최선의 것을 행하시옵소서!"라고 간구하는 기도와 같다.

사실 하나님의 보좌는 '심판대'다. 어떤 대가를 치르고서라도 하나님의 심판만큼은 피하고 싶은 것이 우리의 본성이다. 이처럼 우리는 하나님의 심판을 기피한다. 그런데 우리가 종교색이 짙은, 검은 안경을 쓰고 있기 때문에 심판하시는 하나님의 참된 영광을 못 보는 것은 아닌가? 안타깝게도 심판하시는 하나님의 공의를 모른다면, 하나님의 참사랑을 체험할 수 없다. 우리도 마찬가지다. 만일 누군가를 진정으로 사랑한다면, 그 사람의 세세한 치부까지 알면서도 그를 사랑할 것이다. 그의 행동이나 성품 중 옳은 면과 그릇된 면을 다 판단(심판)하면서도 그와 함께 영원히 거하기를 바라고 즐거워하는 것, 이것이 참된 사랑이다. 하나님의 심판이 위대한 이유가 여기에 있다. 하나님은 우리의 모든 치부를 아시면서도 열정적으로 또 온전히 사랑하신다. 이것이 바로 하나님의 뜻이다.

하나님의 위대한 심판에 담긴 또 다른 요소는 '공의'다. 성경은 하나님의 보좌가 놓인 기초를 '의'(righteousness)와 '공의'(justice)로 소개한다. 다른 말로 하자면, 공의는 하나님의 뜻이다. 만일 누군가가 당신이 사랑하는 사람에게 치명적인 손해를 가했다면, 그 누군가에게 내려질 공의와 심판은 마땅한 처사이며 심지어 달콤하다고까지 생각할 것이다. 아동학대 사건, 혹은 한 국가의 국민 전체가 위협을 받거나 억압을 당하는 사건, 혹은 인종 학살이 자행된다면, 이 모든 일은 '공의'의 심판을 받을 대상이다.

십자가에서 그리스도는 하나님의 진노를 당하셨다. 십자가 사건은 하나님의 공의가 이 땅 위에 쏟아진 사건이다. 그리스도가 대신 진노를 받으셨기에, 그리스도를 영접하는 모든 사람은 죄에 대한 최종 심판을 피할 수 있게 되었다. 세상 죄를 짊어지신 어린양께서 공의와 관련된 하나님의 말씀을 선포하셨다.

아버지께서 자기 속에 생명이 있음 같이 아들에게도 생명을 주어 그 속에 있게 하셨고 또 인자됨으로 말미암아 심판하는 권한을 주셨느니라 이를 놀랍게 여기지 말라 무덤 속에 있는 자가 다 그의 음성을 들을 때가 오나니 선한 일을 행한 자는 생명의 부활로 악한 일을 행한 자는 심판의 부활로 나오리라 내가 아무것도 스스로 할 수 없노라 듣는 대로 심판하노니 나는 나의 뜻대로 하려 하지 않고 나를 보내신 이의 뜻대로 하려 하므로 내 심판은 의로우니라(요 5:26-30)

바로 이러한 맥락에서 하나님의 뜻을 구하는 기도는 결코 수동적인 기도가 아니라고 말하는 것이다. 그러므로 우리는 더 이상 "만일"(그것이 하나님의 뜻이거든)이라고 기도하지 않고 다만 "하나님의 뜻이 이루어지이다"라고 기도해야 한다. 하나님의 뜻대로 사시고, 아버지의 명령대로 죽으셨던 순종의 삶을 통해, 예수님은 천국 문을 여시고 우리를 하나님의 나라로 인도하셨다. 지금도 예수님은 하나님의 우편에서 우리를 위해 파수하고 기도하신다-재림의 때까지 하나님의 뜻이 이 땅을 살아가는 우리 안에 이루어지도록 계속해서 기도하신다.

"주여, 나를 꿇리소서"(내 뜻을 꺾으소서)

1904년 웨일즈 부흥 이전, 에반 로버츠(Evan Roberts)라는 젊은이가 다음과 같이 간단한, 그러나 열정적인 기도를 하나님께 올려드렸다.

"주여, 내 뜻을 꺾으소서!"

어느 화창한 날, 헤더(Heather)와 나(보니)는 부흥에 관한 책의 마무리 작업을 하고 있었다(헤더는 원고 집필을 비롯하여 여러 작업을 도와주었다). 나는 다음과 같이 원고의 마지막 줄을 타이핑하면서 책을 끝맺었다. "여기, 당신이 영원토록 부흥 안에 머물 수 있는 열쇠가 있다. '주여, 내 뜻을 꺾으소서.'" 그리고 마우스로 '저장' 단추를 클릭했다. 바로 그때였다. 그토록 화창하던 바깥 날씨가 갑자기 돌변하더니 거센 비바람이 몰아쳤다. 약 삼 분 동안, 시야를 가릴 정도의 무서운 기세로 폭풍우가 쏟아졌다. 그 삼 분여의 시간에 얼마나 많은 횟수의 번개와 천둥이 우리 집을 위협했는지 모른다. 헤더와 나는 무릎을 꿇었다. 엎드린 채, 탁자 밑으로 기어들어 갔다. 집 안까지 들어온 거센 바람은 이 방 저 방의 출입문을 거세게 닫고 열고를 반복했다.

당시 서재에서 공부를 하던 남편이 밖으로 나와 "대체 이게 어찌된 일이요?" 하고 물었다.

나는 농담 삼아 이렇게 대답했다. "방금, 에반 로버츠의 기도문 '주여, 내 뜻을 꺾으소서'를 맺음말로 ≪100 Year Bloom≫(100년 동안 핀 꽃)의 원고를 완성했어요. 그랬더니 이렇게 폭우가 쏟아지고 거센 바람이 불더라고요. 하나님이 이 책을 그렇게 마무리한 것에 대해 기뻐하시나 봐요!"

하나님의 백성이 하나님 앞에 엎드리는 것(뜻을 꺾는 것)은 하나님이 기뻐하시는 뜻이다. 그분의 사랑에 승복하는 것, 하나님이 원하시는 모든 것을 내 것으로 받아들이는 '엎드림' 이야말로 하나님의 뜻이리라. 이처럼 자신의 뜻을 꺾고 엎드려 기도한다면, 우리는 결코 그릇된 길로 갈 수가 없다.

정부를 축복하기

금요일 정기 파수 기도 모임에서 우리는 항상 미국과 여러 다른 나라의 정부를 위해 기도한다. 물론 다른 나라의 정부를 향한 하나님의 뜻을 아는 일은 결코 쉽지 않다. 만일 어떤 국가 안에서 잘못된 일들이 너무도 많이 자행되는 것을 보게 된다면, 우리는 어떻게 기도해야 하는가?

우리의 멘토이자 친구인 데릭 프린스(Derek Prince)는 제2차 세계대전 당시 그에게 일어났던 일들에 대해 이야기하곤 했다. 당시에 그는 영국군에 소속되어 수단(Sudan)에서 복무하고 있었다. 롬멜(Rommel) 장군은 이미 아프리카로 진격할 준비를 완료했다(에르빈 롬멜 Erwin Johannes Eugen Rommel: 제2차 세계대전 당시 독일 군대를 이끌고 아프리카에서 연승을 거두던 명장-역자 주). 독일군의 손아귀에서 북부 아프리카를 지켜낼 최종 방위선에는 영국 군대가 주둔하고 있었다. 데릭은 곧 전장으로 파병되었는데, 그곳의 상황은 너무도 혼란스러웠다. 뜨거운 사막, 사병들의 수통에는 마실 물조차 모자랄 지경이었다. 하지만 술 취한 장교들은 본인의 사리사욕을 채우고자 보급품을 남용하고 있었다. 실로 '엉망진창' 이었다. 당시는 데릭이 주님을 영접하고 성령으로 세례받은 지 얼마 안 되었을 때였다. 그는 이렇게 기도했다. "하나님, 어떻게 기도해야 합니까?" 그때 하나님께서 다음과 같이 기도하라고 가르쳐 주셨다. "주여, 우리에게 올바른 지휘관들을 주십시오. 그들을 통해 승리하는 것이 주님께 영광이 되게 하옵소서." 이것은 성령님께서 가르쳐주신, 하나님의 뜻으로 충만한 기도였다. 데릭은 주저하지 않고 그렇게 기도하기 시작했다.

이렇게 기도한 후 얼마 지나지 않아서였다. 데릭은 라디오에서 충격적인 뉴스를 들었다. 영국 총 군사령관의 명을 받아 아프리카 방어선으로 파견된 지휘관이 갑작스럽게 사망했다는 소식이었다. 그가 탑승했던 비행기는 활주로에 부딪혀 날개가 꺾이고, 전복되었다. 지휘관은 추락한 곳에서 즉사했다. 이 소식에 데릭은 소스라치게 놀랐다. 지휘관의 사망이라는 절박한 상황 속에서 영국 총 군사령관은 몽고메리(Montgomery)를 선택하여 전선에 파견하였다(버나드 몽고메리 Berna-rd Law Montgomery: 제2차 세계대전에서 활약한 영국군의 명장).

몽고메리 장군은 도착과 동시에 전장을 한 번 '획' 둘러보고는 모든 장교와 사병을 한자리에 집합시켰다. "온 세계가 우리를 의지하고 있다. 하지만 우리는 이 전쟁을 수행할 힘이 없다. 그러므로 전쟁을 승리로 이끄실 하나님께 전적으로 의지해야 한다. 이제 우리는 하나님과의 언약을 지키기 위해 총력을 다할 것이다." 바로 그 시점에서 영국의 승리는 이미 떼놓은 당상이었다. 결국 롬멜의 독일 군대는 패배하였다. 이 사건으로 인해 세계의 역사 판도가 달라졌다.

국내 혹은 국제적인 사건들을 향한 하나님의 뜻을 간구하고 싶다면, 성령님께 여쭈어라. 세계의 역사 속, 아주 중요한 순간에 성령님께서 데릭에게 기도하는 법을 가르쳐주셨듯이 당신에게도 기도하는 법을 가르쳐주실 것이다.

하나님의 안건을 내 것으로 삼다

참된 기도는 하나님과 느린 템포의 춤을 추는 것과 같다. 하나님의 리드에 따라 우리의 마음이 그분께 연결된다. 그리고 하나님의 스텝에 맞추어 발을 움직이기 시작한다. 이는 하나님의 뜻을 내 것으로 받아들이는 과정이다. "하나님의 리드를 따른다"는 말은 날마다 성령님의 통치를 받는다는 뜻이다. 또한 삼위 하나님과의 끊임없는 교제를 추구한다는 의미이기도 하다. 이러한 기도야말로 하늘의 문을 열고 하나님의 뜻을 이 땅 위에 임하게 하는 기도다. "하늘에서 하나님이 보좌에 앉으셨듯이 (즉, 하늘에서는 오직 하나님의 뜻만 이루어지듯) 땅에서도 하나님의 뜻이 이루어지이다!"라고 기도했다면 정확히 하나님의 뜻에 맞게 기도드린 것이다.

하나님의 뜻대로 기도하려면 먼저 성부 하나님과 두터운 친밀함을 쌓아야 한다. 이러한 친밀함을 얻을 획기적인 방법 한 가지는 '기도가 거주할 장소', 다시 말해 '기도의 처소'를 마련하는 것이다. 정기적으로 들어가서 기도할 수 있는 당신만의 장소를 마련하라. 그곳에서 당신은 기도의 연습과 훈련을 통해, 하나님 안에서 자신을 내려놓는 '대

사건'을 체험하게 될 것이다.

여럿이 모인 장소에서는 이러한 친밀함과 자유를 얻을 수 없다고 많은 사람이 생각한다. 하지만 가장 친한 제자들을 데리고 기도의 처소로 향하셨던 예수님의 모습을 보라(그것도 정기적으로 그렇게 하셨다). 예수님과 제자들은 함께 파수하고 기도하면서 하나님과 친밀해지는 '조화'를 경험했다. 이것이 바로 우리가 연합 파수 기도 모임을 조직하고 시행하는 실질적인 이유다.

"하나님의 뜻이 이루어지이다"라고 기도할 때, 우리는 굳게 서서 하나님의 뜻에 반(反)하는 모든 것을 중단하게 된다-심지어 그것이 우리의 열정, 소망, 비전, 의사, 생각, 계획일지라도 말이다. '하나님의 나라'를 우리에게 건네시는 것은 하나님께서 그토록 소망하시는 일이다. 매우 명백한 사실이다. 하나님께서는 그분의 이러한 소망을 갈보리에서 펼쳐 보이셨다. 성령의 은사와 능력을 '보증'으로 인(印)치신, 바로 그 '천국'을 우리에게 유업으로 건네시는 일은 하나님의 커다란 기쁨이다(장차 우리가 천국을 유산으로 물려받게 된다는 증거가 바로 우리 안에 계신 성령이시다). 하지만 조건이 있다. 만일 '먹는 자'가 하나님이 베푸신 승리의 잔치에 참여하려 한다면, 먼저 그의 마음속에 '예수님의 잔'을 함께 마시고자 하는 갈망이 있어야 한다.

"나의 마시려는 잔을 너희가 마실 수 있느냐?" 예수님은 제자들에게 물으셨다. 그분의 죽음에 대해 말씀하신 것이다. 그분을 따르기로 결심한 사람이라면 무엇보다 먼저 스스로의 삶을 '미워해야' 한다는 점을 강조하셨다-예수님을 따르는 사람이라면 예수님을 위해 날마다 자신의 십자가를 져야 한다.

파수꾼은 날마다 '영원'이라는 시간을 곱씹으며 그 의미를 시시각각 깨닫는 사람이다. '영원'을 이해하면 복음과 온전한 복음의 전파가 우선순위가 된다. 그 복음을 주신 위대한 승리자에게 충성을 다하는 행위가 삶의 우선순위로 자리 매김 될 것이다.

세상과 육체와 사탄은 고집스럽게도 하나님으로부터 멀어져 스스로 통치자의 자리에 앉고자 한다. 우리를 유혹하여 하나님과의 관계를 와해시키려고 한다. 하지만 죄와 죽음을 이기신 그분과 동행할 때, 우리는 성령의 인도함을 받게 된다. "너희가 육신대로 살면 반드시 죽을 것이로되 영으로써 몸의 행실을 죽이면 살리니 무릇 하나님의 영으로 인도함을 받는 사람은 곧 하나님의 아들이라"(롬 8:13-14).

성령님의 인도를 받는 사람은 하나님의 성숙한 '자녀'다. 성숙한 자녀는 죄 가운데에 머물지 않는다. 지속적으로 죄에 머무는 문제를 데릭 프린스는 다음의 말로 간결하게 표현했다. "하나님의 뜻을 상실함."

데릭 프린스가 쓴 글 중, 죄의 정의가 잘 표현된 문장이 있어 여기에서 발췌한다. "하나님에 대한 반항의 태도. 하나님의 의로운 통치를 거절하는 행위. 모든 상황과 사건 속에서 다음과 같이 말하기를 거절하는 행위 - '하나님의 뜻이 이루어지이다.'"[1]

하나님의 뜻-아니면 내 뜻

이 시대는 개인의 의견이 숭앙되고 있다. 개인의 뜻을 '신성한 가치'인 양 받아들여야만 '정치적으로 옳다'는 판단을 받는다. 상대주의의 무대에서 개인의 의견은 칭송받을 대상이다. 게다가 오늘날과 같은 시대에 개인의 의견은 마치 오랜 시간을 두고 검증된 진리처럼, 결코 타협점을 찾을 수 없는 절대 진리처럼 중요하게 여겨진다. 그러므로 블로거들의 영역(blogosphere)은 '성역'(聖域)으로 자리 매김 된다(blogosphere: 인터넷 상에서 개인의 의견을 피력할 수 있는 공간을 블로그[blog]라고 하는데 blogosphere는 blog와 sphere[지구, 영역]를 합성한 신조어다-역자 주).

루터(Luther)가 제안했던 '만인 제사장설'이나 "모든 성도가 성경을 스스로 읽고 이해할 권리가 있다"는 주장은 조금도 문제가 없다. 다만 기독교인들에 의해 다소간 곡해되어왔다. 수많은 사례를 통해 볼 때, 크리스천들은 루터가 제안한 내용을 오해하여 마치 스스로가 '작은 신'이 된 양, 모든 것에 대해 자신이 호불호(好不好)를 결정할 수 있다고 생각하는 것 같다. 이를테면, '성(性)적 선호'로부터 '교회 선택' 문제에 이르기까지 그 모든 사안을 결정할 권한이 자신에게 있다고 주장한다. 지금은 교회 로비에서 막무가내 소란을 피우는 세 살배기 아이를 대할 때에도 신중을 기해야 하는 시대다. 조그마한 허파에 담긴 자신의 '의견'을 귀청이 떨어져나갈 정도의 고음으로 마음껏 질러대는 아이를 다루기 위해, 엄마들이 7단계 협상법을 배워야만 하는 시대가 된 것이다!

이처럼 '내 뜻이 이루어지이다'를 앞세우는 분위기가 이 시대 '문명' 사회 전반을 휩쓸고 있다. 모두 '제 소견에 옳은 대로 행할' 권리를 요구한다. 이러한 풍조가 신학을 수렁에 빠뜨렸다. 안타깝게도 현대 영성은 개인의 '의견'과 '욕구'에 뿌리를 내리고 있다.

≪Christianity's Dangerous Idea≫(기독교인들의 위험한 생각)에서 저자 알리스터 맥그래스(Alister McGrath)는 다음과 같이 말한다.

> 개신교의 기저에 자리한 '위험'한 생각이 있다. "성경 해석이 개인의 의무이자 권리다"라는 생각이다. 물론 이러한 원칙의 파급이 긍정적인 결과를 낳기도 했다. 지난 500여 년 동안 사회 혁신과 개작 가능성을 시사해주었기 때문이다. 하지만 제멋대로의 성경 해석이 문화적 부조리와 사회적 불안을 야기하기도 했다. 만일 '제멋대로'인 생각을 제어할 만한 권위자가 존재하지 않는다면, 첨예하게 대립하는 문제 앞에서 쌍방 모두 의뢰할 수 있는 유일한 해결 방안은 성경뿐이리라. 그러나 성경이 다양한 해석의 위험에 노출되어있다. 이것이 문제다.[2]

이 시대의 사람들은 마치 오래된 것에는 어떠한 지혜도, 어떠한 진리도 담길 수 없다는 듯, '정통의'(orthodox), '신성한'(sacred), '전통적인'(traditional) 등의 형용사 꼬리표가 달린 모든 것에 의심을 표한다. 이러한 풍조는 하나님의 뜻대로 기도하지 못하도록 우리를 방해하는 요소 중 하나다.

하나님의 뜻은 '하나님의 뜻에 대한 누군가의 의견'과 다를 수 있다. 사실 하나님의 뜻은 종종 베일에 가려져 있거나 파악하기 어려운 것처럼 느껴질 때가 많다.

답보다 많은 질문

예수님께서 하늘 아버지의 뜻에 대해 '평서문'으로 말씀하신 것을 성경 기록에서 찾아볼 수 있다. 하지만 평서문의 직접 설명 외에도(다른 형식의 문장에서도) 하나님의 뜻을 발견할 여지는 많다. 공생애 기간 중 예수님은 유대 전통 문형에 따른 의문문으로 사람들에게 수많은 질문을 던지셨다. 그중 백오십칠 개의 의문문이 복음서에 기록되어있다. 복음서에 기록된 예수님의 의문문(질문) 대부분은 사람들의 질문에 대한 대답으로 예수님께서 제시하신 것들이다-그러니까 질문에 대한 답변을 질문으로 하신 것이다.

예수님을 따르고자 하는 두 사람이 있었다. 그들에게 던지신 예수님의 질문을 살펴보자. "무엇을 구하느냐?"(요 1:38) 잠시 멈추고 생각해보라. 매우 심오한 질문이 아닌가? 당신은 무엇(혹은 누구)을 찾는가? 왜 그것을 찾는가? 어떻게 찾으려 하는가?

J.R.R. 톨킨(Tolkien)의 ≪반지의 제왕≫(Lord of the Rings)에서 골룸(Gollum)은 샤이어(Shire)에 사는 범부로 등장한다. 그러나 그릇된 물건을 갈구하는 과정 가운데에서 비루하고 추악한 존재로 변모해간다. 그가 찾으려는 '절대 반지'는 매우 중요한 물건이기는 하다. 그러

나 골룸은 그 반지의 가치를 자신의 생명보다 더 중요하게 여기는 우를 범했다. 사실 그의 주된 소망은 '반지의 소유'가 아닌 자신의 정체성과 영광을 찾는 것이었다. 하지만 욕망에 집착한 나머지 그는 그 모든 것을 잃어버린 채 생을 마감하게 된다.

안드레와 거명되지 않은 또 다른 제자가 예수님의 질문을 들었다. "무엇을 구하느냐?"는 예수님의 질문에 그들은 또 다른 질문으로 대답한다. "주님은 어디에 머무십니까?"(요 1:38 참조) 예수님과 동행하겠다는 의지를 보인 것이다. 아마도 자신들이 바라는 것을 찾는 데에 다소간의 시간이 소요될 것을 직감했던 모양이다. 예수님이 어떤 분이신지를 알기 위해 그들은 충분한 시간 동안 동행해야 했다. 새로운 모습으로 변화되기 위해 오랫동안 소망과 기대를 품어야 했다. 우리도 마찬가지다.

그들의 질문에 대한 예수님의 답변은 무엇이었는가? "와서 보라"(요 1:39)였다. 그들은 예수님이 머무시는 곳을 향해 나아갔다. 예수님과 동행했다. 예수님과 동행하는 노상에서 그 두 제자와 예수님 사이에 어떤 대화가 오갔는지 상상할 수 있겠는가? 평생 메시아를 기다려 왔건만 이 두 선량한 유대인은 메시아가 어떤 모습일지 혹은 그가 도래할 때 어떤 일을 하실지, 아는 바가 없었다. 그도 그럴 것이, 예수님께서 역사 속에 등장하셨을 때 그분이 메시아임을 알아챈 사람도 거의 없지 않았는가?

우리의 삶 속에서도 마찬가지다. 예수님은 우리가 기대한 모습대로, 꼭 그렇게 나타나시지는 않는다. 그러나 예수님께서 어디에 계신지를 여쭙는다면, 그분은 분명 "와서 보라"라고 말씀하시며 우리를 초청하실 것이다. 그러면 우리는 예수님의 거처를 찾을 수 있다. 비록 그분과의 동행이 우리의 소망, 야망, 혹은 기대하던 바가 무너져 실망감을 안게 되는 것을 의미할지라도 우리는 예수님과 함께 머물러야만 한다. 살아계신 주님께 우리의 삶을 고정시키고 계속해서 그분을 좇는 여정에 오른다면, 그분과 함께 머물면서 우리는 자신도 모르는 사이에 변화될 것이다. 하나님의 일하심을 통해 옛것은 지나고 새것이 되리라!

예수님이 말씀하신 또 다른 질문(의문문)을 살펴보자. 이는 가나의 혼인 잔치에서 나온다. 모친 마리아가 예수님께 말했다. "저들에게 포도주가 없다"(요 2:3). 이에 예수님께서는 의문문으로 대답하셨다. "여자여 나와 무슨 상관이 있나이까 내 때가 아직 이르지 아니하였나이다"(요 2:4). 마리아는 모자(母子)라는 관계를 앞세웠던 것 같다. 자신이 부탁한다면 예수님께서 '무한한' 능력을 '유한한' 목적에 사용하리라고 지레짐작했던 모양이다. 우리는 예수님께서 기적을 베푸신 이유가 사람들로 하여금 그분이 메시아임을 깨닫게 하고 또 믿게 하기 위해서였음을 알고 있다. 하지만 가나의 혼인 잔치에 초청받았을 당시 예수님께서는 아직 사람들에게 그 사실이 알려지기를 원치 않으셨다. 그러므로 마리아의 요청은 시기적절하지 않았다.

물론 우리가 보기에 포도주의 기적은 아름답기 그지없다. 장차 이루어질 어린양과의 혼인 잔치를 떠올리게 하기 때문이다. 우리는 상상도 못할 최상급 포도주를 맛보게 될 것이다. 게다가 '다음 날 아침'

에 숙취로 고생하는 일도 없을 것이다— '하루' 가 계속될 것이기에 '다음 날 아침' 이라는 것 자체가 없다.

포도주를 넉넉히 준비하지 못했다는 이유로 마을에서 평판이 나빠질 친구를 걱정하는 모친 때문에 예수님은 인간의 유한한 순간에 개입하셨다. 이러한 예수님의 모습을 생각해본다면, 그분이 얼마나 인자하신 하나님인지 깨달을 수 있다. 관대한 마음으로 예수님께서는 60갤런 상당의 포도주를 만들어주셨다!

나는 실제로 가나를 방문한 적이 있다. 그곳은 예나 지금이나 규모가 작은 마을이다. 그 작은 마을의 얼마 되지도 않는 주민이 60갤런이나 되는 최상급 포도주를 실컷 맛보았다! 한 번 상상해보라.

예수님이 행하신 이 첫 번째 표적은 하나님의 성품과 그분이 행하시는 기적에 대해 무언가를 말해준다. 물론 하나님은 우리의 긴박한 필요를 채우시고자 언제든지 기적을 행할 '용의' 가 있으시다. 하지만 가나의 혼인 잔치 중 최상급 포도주를 맛본 사람 중 몇 명이나 '마가의 다락방' 까지 이르렀겠는가? 그중 몇 명이나 마지막 날 열리는 공중 혼인 잔치에 참여하게 될 것인가? 앞서 말했지만 하나님은 우리의 필요를 채우기 위해 기적을 행하기도 하시지만 이는 기적을 베푸시는 궁극적인 목적이 아니다. 하나님은 사람들에게 예수 그리스도의 왕 되심을 알리기 위해 기적을 베푸신다. 또한 우리의 복음 전파와 기도를 통해 그리스도의 나라가 확장된다는 사실을 알리고자 기적을 베푸신다. 이것이 기적의 궁극적 목표다. 그러므로 당신이 '유한한' 기도 제목으로 하나님께 나아가 기적을 요구할 때, 이 점을 명심하기 바란다. 하나님이 기적을 베푸시는 궁극적인 이유는 그리스도와 그분의 왕국을 알리는 데에 있다.

"주여! 우리에게 지혜를 주사 우리의 날을 계수하게 하소서(시 90:12). 지금 이 시간, 주님께서 일하시는 방법을 이해하게 하소서. 그래서 우리가 기대하고 기도하는 것이 모든 사람에게 주님을 알리고자 하시는 그 뜻에 부합하기 원합니다. 마치 아무것도 모르는 양, '하나님, 주님의 영광을 보이소서'라는 허망한 기도를 드리지 않게 하소서. 사람들을 주님께로 이끄는 것과 아무 상관없는 기도 제목들, 그들을 마지막 때의 혼인 잔치에 참여하게 하는 것과는 아무런 상관없는 이 땅의 기도 제목들로 기도하지 않게 하소서. 대신, 주님의 나라가 이 땅에 임하도록 간구하게 하소서. 우리의 생각과 이해는 유한합니다. 하지만 이러한 생각과 이해를 총동원하여 주님의 나라를 위해 간구하겠나이다."

하나님께서 함께하신 모든 역사, 성령의 다양한 은사들, 그분의 기름 부으심… 이 모두는 사람들을 그리스도께로 인도하는 영향력의 발로다. 하나님께서 주신 영향력과 더불어 우리가 몸소 성도로서의 모범을 보일 때, 사람들은 마음에 용기를 얻고 우리처럼 그리스도를 따르게 될 것이다.

내 영혼 평안해

우리 각 사람은 저마다 하나님으로부터 받은 거룩한 부르심(목적)이 있다. 그리고 마치 무언가에 사로잡힌 양 열정적으로 그 부르심을 붙들려는 경향이 있는데, 정말로 중요한 것은 '열정'이 아니다. '과연 거룩한 부르심'을 창조하신 하나님이 우리의 열정 중심에 계신가?- 정말 중요한 것은 이 질문에 대한 우리의 대답이리라.

거룩한 부르심을 창조하신 하나님이 1873년, 선박의 난간을 붙잡고 서있는 한 남자의 열정 속에 굳건히 서계셨다. 그 남자는 오래된 찬송가 '내 영혼 평안해'(It Is Well with my Soul)의 작사가였다.

호라시오 스패포드(Horatio Spafford)가 탄 선박은 대서양의 한가운데를 지나고 있었다. 과거에 그와 그의 가족이 탔던 배가 난파되었던 그 자리… 그와 아내는 가까스로 목숨을 건졌지만 네 명의 어린 딸은 현장에서 익사했다. 배는 네 딸을 앗아간 아픔의 장소를 또 다시 지나고 있었다. 이러한 사건이 있기 훨씬 전, 그의 아들은 성홍열(scarlet fever)로 세상을 떠났다. 드와이트 무디(D.L. Moody)의 친구였던 스패포드와 애나(Anna)부부는 이렇게 다섯 자녀를 모두 잃었다. 부부는 선한 사람들이었다. 게다가 훌륭한 그리스도인들이었다. 만일 당신이 이들을 만났다면 "이 정도로 선한 그리스도인이 나쁜 일을 당한다는 것은 말도 안 돼. 하나님께서 어떠한 슬픔과 고통으로부터도 안전하게 보호해주실 테니까!"라고 생각했을 것이다. 그러나 당신의 예상과 달리 참기 힘든 고통과 슬픔이 이들의 삶을 휘감았다.

스패포드는 하나님을 원망하지 않았다. 물론 자신에게 닥친 고난의 이유를 알지 못했다. 고난을 허락하신 하나님의 뜻을 이해하지도 못했다. 하지만 그 이유, 그 뜻을 알아내려는 시도마저 포기했다. 대신 그는 '무언가'를 꼭 붙들었다. 이러한 그의 태도는 우리가 모두 눈여겨보아야 할 중요한 가르침을 전해준다. 하나님의 뜻을 알고, 행하고, 또 그 뜻대로 기도하기 위해 반드시 그분의 뜻을 이해해야만 하는 것은 아니다. 우리는 단지 하나님을 신뢰하기만 하면 된다.

당신은 무엇을 찾고 있는가? 당신이 찾는 것이 부디 '예수님'이기를 원한다. 그분에게 당신의 삶을 정박하라. 그러면 삶의 모든 환경과 제약을 뛰어넘게 될 것이다. 예수님 때문에, 당신은 확신을 갖고 이렇게 말할 수 있으리라. "이 짧은 삶 가운데 아무리 큰일이 닥친다 해도, 나의 영혼은 평안할 것이다!"

물론 모든 것이 '이유를 알 수 없는' 상태로 남지는 않을 것이다. 하나님은 '맹신'을 원치 않으신다. 그러므로 어떤 경우에는 "이것은 변함없는 하나님의 뜻임이 분명해"라고 확신하며 편안한 마음으로 그분의 뜻에 따라 기도하게 될 것이다.

오래된 길

우리가 자주 인용하는 시편 23편의 셋째 절을 보라.

> 내 영혼을 소생시키시고 자기 이름을 위하여 의의 길로 인도하

시는도다(시 23:3)

　이 시의 화자는 영혼을 소생시키는 통로로서의 하나님을 노래하며 그분께 회귀(回歸)하는 행동의 중요성을 언급한다. 회개는 하나님과의 화해를 불러온다. 이어서 하나님과의 교제가 회복되면 우리의 마음과 영혼에 각성이 일어난다. 우리가 하나님께로 돌아가면, 하나님께서는 태초에 의도하셨던 원형대로 우리를 재창조하신다. 이러한 '회복'(소생)의 과정은 우리가 의의 길로 회귀할 때에만 가능하다.

　위 시에 '길'로 번역 표기된 히브리 원어는 '마갈'(ma'gal)이다. 그 뜻은 '파놓은 호' 혹은 '(마차, 수레 등이) 지나간 자국'이다. 이 단어의 어원은 '운행하다, 회전하다'의 의미다. 단어 설명을 들었을 때, 혹시 왕래가 잦아 닳고 닳은 길의 모습이 떠오르지 않는가? 수많은 사람이 오갔기에 눈에 보일 정도로 움푹 팬 자국이 군데군데 선명한, '오래된 길'의 모습 말이다. 이러한 모양을 하고 있는 '의의 길'은 제멋대로 난 길의 모습이 아니다. 결코 찾기 힘든 길이 아니라는 뜻이다. 의의 길은 우리보다 앞선 사람들의 발자국이 선명한, '곧은 길'이다-대목자장이신 예수님의 뜻대로 발걸음을 내디뎠던 선조들의 오랜 옛길이다.

　'영혼의 소생'은 단지 신선한 공기를 호흡하는 것도, 제 뜻대로 가던 중에 잠시 멈춰 쉬는 것도 아니다. 영혼의 소생은 아버지의 '길'로 회귀하는 것이다. 그 길은 우리보다 앞선 사람들이 그리스도와 함께 밟으며 걸었기에 아주 '매끈'하게 닳았다. 주님께서는 우리에게 그 길의 지도를 주셨다. 우리는 그 길을 안다. 그러므로 한 발자국 앞으로 내딛고 두 발자국 뒷걸음치는 일은 없어야 한다. 게다가 주님은 도로 중간 중간에 표지판과 지침 안내표를 달아두셨다. 경계선도 그어두셨다. 이 모든 것은 하나님의 영원한, 변치 않는 뜻의 일환이다.

앞서 말한 표지판에는 어떤 것이 있는가? 현재 하나님께서는 그분의 영광을 위해 이 세상의 질서를 다시(재창조) 잡고 계신다. 오늘날 일어나는 모든 일의 궁극적인 결과는 장차 임할 새 하늘과 새 땅 위에 펼쳐질 것이다. 마찬가지로 이 땅에서의 삶과 우리가 드렸던 기도의 결과―이 모두 하나님이 책정하신 '마지막 때'의 스케줄에 걸려있다. 그뿐만이 아니다. 우리가 살아가는 현재는 장차 다가올 새 시대의 영향을 받는다. 하나님 나라의 영원한 영적 요소들이 현재 우리의 삶 속에, 그리고 우리를 통해 이 세상 곳곳에 영향을 끼친다.

그렇다면 마지막 날, 하나님의 뜻에 부합되는 기도는 무엇이겠는가? 어떻게 해야 오늘의 기도를 마지막 날의 '하나님 뜻'에 연결시킬 수 있는가? 아래 열거한 기도는 하나님의 뜻을 반영한 기도다.

• **하나님의 말씀을 가지고 드리는 기도.** 하나님의 말씀으로 기도를 드린다면, 우리에게 말씀을 주신 하나님의 뜻대로 기도하게 된다. 이렇게 기도하는 것은 아주 오래전부터 믿음의 선조들이 행했던 방법이다. 당신이 성경을 읽을 때, 당신의 기도에 생명력을 불어넣어 줄 것 같은 구절들에 집중하라. 특히 고민하던 문제에 해결책을 제시해주는 구절을 찾으라. 그리고 기도하고 싶은 영역과 관련된 구절들을 주목하여 그 말씀을 가지고 기도하라(당신의 언어로 바꾸어도 된다).

신약과 구약에 기록된 위대한 기도문으로 기도할 수도 있다. 우리는 성경에 나오는 대로, 하나님의 마음에 담긴 열정들을 놓고 기도할 수 있다. 이를테면, 이스라엘 나라의 회복을 위해서, 그리고 유대인들의 복을 위해서 기도할 때 우리는 하나님의 뜻대로 기도하게 된다(시 122:6 참조).

• **교회를 위해 드리는 기도.** 이 땅에 하나님이 거주하실 교회(지역 교회, 전체 교회)가 굳건히 서가기를 간구한다면, 그것은 하나님의 뜻대로 드리는 기도다. 열매를 맺으며 기쁨으로 하나님의 교회 안에 단단히 뿌리 박혀야만 하나님의 뜻 중심에 설 수 있다.

• **교회에 성령의 은사가 회복되기를 간구하는 기도.** 온 교회에 성령의 은사가 회복되는 것은 하나님의 뜻이다. 하나님께서 교회에 주신 오중 사역(은사)이 이 시대의 교회에 회복되는 것-당신의 다섯 손가락을 생각해보라-은 정확히 하나님의 뜻이다. 그중 하나 혹은 여럿을 제거한다면 그리스도의 몸 된 교회는 불구가 되어 맡은 바 사명(특히 전도)을 감당하지 못할 것이다. 교회에 교사가 있다면 목사도 있어야 한다. 목사가 있다면 복음 전하는 자도 필요하다. 복음 전하는 자가 있다면, 선지자도, 사도도 필요하다. 여기에서 주의할 점이 있다. 스스로를 사도, 선지자, 복음 전하는 자, 목사, 교사로 천거하는 사람 모두 그 직임에 합당한 사람인 것은 아니다. 이 점에 대해서는 다음에 논의하겠다.

과거 수십 년 동안의 경험으로 비추어 볼 때, '끈질긴 기도'를 한다면 '역사적 사실로서의 기적'을 부인하는 신학생, 지금도 기적이 일어날 수 있다는 것을 못 믿는 신학생의 수가 점점 줄어들 것이다. 지금, 기적(혹은 은사) 종결주의는 그 자체가 종결을 맞이하고 있다! "뜻이 하늘에서 이룬 것처럼 땅에서도 이루어지이다"라고 기도할 때, 우리는 기적의 본적(本籍)인 천국의 영향력과 분위기를 이 땅으로 달아 내릴 수 있다. 기적을 기대하고 또 이를 위해 기도하는 것은 하나님의 뜻이다!

• **모든 성도가 생득권(生得權, birthright)을 온전하게 소유, 활용하기를 구하는 기도.** '하나님의 뜻'이라는 나무에는 수많은 가지가 달려 있다. 나(마헤쉬)는 내 조국 케냐의 속담을 원어로 기억한다. "빈티 와 심바 나 심바"–"사자의 딸도 여전히 사자다." 거듭나는 순간 여성들도 '하나님의 아들'로서 생득권을 받게 된다. 이를 이해하는 것은 하나님의 뜻이다. 여성이라고 절반만 받는 법은 없다. 아들과 마찬가지로 딸 역시 동등한 상속인이 되는 것이 하나님의 뜻이다. 남자 형제와 일반으로 여자들 역시 동일한 구원, 동일한 성령, 동일한 영적 은사, 영원한 상속을 받게 된다. 성령님을 '교회에 거주하시는 주인'으로 온전히 인정하는 교회라면, 여성이 믿음과 사역과 교회 전반에 걸쳐 남성과 동등한 파트너라고 인정할 것이다.

• **"주님의 뜻이 이루어지이다"라는 단순한 기도.** "뜻이 하늘에서 이룬 것처럼 땅에서도 이루어지이다"라고 기도할 때 우리는 하나님의 뜻대로 기도하게 된다. 파수 기도는 예수님이 계신 하늘에서 시작되었다. "뜻이 하늘에서 이룬 것처럼 땅에서도 이루어지이다"라고 기도의 운을 뗀다면 우리는 기름 부음 받은 왕, 예수 그리스도와 함께 기

도를 시작하게 된다. 이때 하나님의 현존에서 흐르는 기름, 그분이 부으시는 기름이 예수님의 머리에 닿아 이내 흘러내려 그분의 온몸을 적신다. 그리스도의 몸 된 교회가 그 기름에 젖는다.

은혜의 리듬

예수님은 모든 것에 대한 '위대한 응답'(the Great Amen)이시다. 마지막 날 그분이 오셔서 온 세상을 바로잡으실 것이다. 그때까지 우리는 파수하며 기도하는 가운데에 전진해야 한다. 우리의 뜻을 내려놓으며 하나님의 나라가 임하기를 간구할 때, 갈보리에서의 예수님처럼 우리는 우리의 두 팔을 넓게 펼 수 있다. 마음을 다해 하나님의 말씀에 순종하면, 하나님의 뜻이 우리의 뜻이 되리라. 겟세마네에서 하나님의 뜻이 그리스도의 뜻이 되었던 것처럼 말이다.

하나님의 뜻은 '강요하지 않는 은혜의 리듬' 처럼 우리에게 임한다.

예수께서 다시 사람들에게 말씀하시되, 이번에는 부드럽게 말씀하셨다. "아버지께서 이 모든 것을 내게 행하고 말하라고 맡겨 주셨다. 이것은 아버지와 아들이 서로를 잘 아는 친밀한 관계에서 비롯되는, 부자간의 독특한 일이다. 아무도 아버지가 아는 것처럼 아들을 아는 이가 없고, 아들이 아는 것처럼 아버지를 아는 이도 없다. 하지만 나는 이것을 나 혼자만 누릴 생각이 없다. 누구든지 들을 마음만 있으면, 나는 차근차근 가르쳐 줄 준비가 되어 있다. 너희는 피곤하고 지쳤느냐?

종교생활에 탈진했느냐? 나에게 오너라. 나와 함께 길을 나서면 너희 삶은 회복될 것이다. 내가 너희에게 제대로 쉬는 법을 가르쳐 주겠다. 나와 함께 걷고 나와 함께 일하여라. 내가 어떻게 하는지 잘 보아라. 자연스런 은혜의 리듬을 배워라. 나는 너희에게 무겁거나 맞지 않는 짐을 지우지 않는다. 나와 함께 있으면 자유롭고 가볍게 사는 법을 배울 것이다"(마 11:27-30, 메시지 성경).

예수님께서 "아버지의 뜻이 이루어지이다"라고 기도하셨을 때, 그 기도는 하나님이 무엇을 원하시는지 전혀 감을 잡지 못한 채로 허공을 치듯 드렸던 기도가 아니었다. 아들은 아버지가 행하실 일을 알고 있었다. 예수님의 일상은 아버지의 뜻대로 순종하며 또 그분의 뜻에 동의하는 삶이었다. 매일같이 반복되는 순종의 삶이었다. 그러므로 예수님의 삶을 통해 하나님의 나라가 파격적으로 확장될 수 있었다. 예수님께서 행하셨던 일련의 기적은 날마다 아버지의 뜻과 목적을 따르며 사셨던 삶의 결과물이었다. 여기에는 의심의 여지가 없다.

(변화)산에서 제자들 앞에 모세와 엘리야가 나타났다. 그들은 하나님 나라의 계획에 대해 예수님과 논의하고 있었다(마 17장, 눅 9장 참조). 물론 예수님은 자신을 향한 아버지의 계획을 이미 알고 계셨다. 천상의 존재들은 다만 그 계획을 확인시켜드렸을 뿐이다. 동시에 예수님께서 사명을 완수하시도록 격려해드렸다. 그 사명이란 다름 아닌 십자가였다. 전략적으로 이 땅에 가장 위대한 승리(이 땅이 단 한 번도 경험해보지 못한)를 안겨주려고 하늘에서는 예수님과 모세와 엘리야가

나누는 대화를 주의 깊게 듣고 있었다. 그 어떤 누구도 상상조차 해보지 못한 승리를 이룰 예정이었다. 모세와 엘리야가 그리스도와 함께 대화하는 동안 제자들은 "뜻이 하늘에서 이룬 것처럼 땅에서도 이루어지이다"라는 기도의 영적 실체, 즉 그 기도가 어떻게 응답되는지를 직접 체험할 수 있었다. 하나님께서는 지금도 그분의 아들들과 딸들을 통해 이 기도에 응답하실 준비가 되어있으시다. 만일 우리가 모든 상황 속에서 자신의 뜻을 내려놓고 하나님의 뜻을 붙잡기만 한다면, 그것을 자신의 사명으로 받아들이기만 한다면 이 기도의 응답을 목도하게 될 것이다.

이미 언급했듯이 하나님의 뜻을 알고, 그 뜻대로 기도하고, 이를 행하는 것은 하나님과 함께 춤을 추는 것과 같다. 하나님께서는 성령님의 따스한 품에 우리를 안으시고 마치 아버지가 딸에게 춤을 가르쳐 주듯이 우리를 그분에게 가까이 이끄신다. 춤은 수동적인 행위가 아니다. 기도도 마찬가지다. 그래서 하나님의 뜻을 알려면, 먼저 하나님의 '댄스 스텝'에 익숙해져야만 한다. 댄스 스텝, 이는 성경에 기록된 하나님의 말씀이다. 하나님의 뜻을 분별하려면 지속되는 '믿음의 친밀한 관계'를 유지하며 하나님의 성품을 하나하나 알아가야 한다. 하나님의 뜻대로 기도하면 하나님의 통치를 확신하게 된다—즉, 우리의 기도가 응답되리라는 확신을 얻게 된다.

하나님의 뜻대로 드리는 기도는 어둠의 왕국을 몰아내며 급격한 하나님 나라의 확장을 야기한다. 그러므로 기도하라. 그리고 절대 포기하지 마라.

주|
1. Derek Prince, "The Completeness of the Atonement", *New Wine Magazine*, June 1969.
2. Alister McGrath, *Christianity's Dangerous Idea*(New York: Harper Collins, 2007), book jacket.

제5장

위에서와 같이 아래에서도

As Above, So Below

하늘에서처럼 땅에서도
On Earth As It Is in Heaven

하늘의 기도에 동의하다

호숫가에 앉아있으면 잔잔한 물에 비친 나무들의 물그림자를 볼 수 있다. 나무나 물그림자 모두 실재(實在)다. 하지만 둘 중 하나는 다른 하나의 본질(本質)이다. 호수 위를 지나는 다리가 있다면 물그림자 때문에 마치 공중에 매달린 다리의 위 아래로 하늘이 펼쳐진 것처럼 보인다. 이러한 물그림자는 위에 있는 천국과 아래에 있는 땅의 관계에 대해서 깊이 생각하게 만든다.

파수꾼이 "하늘에서처럼 땅에서도 (하나님의 뜻이 이루어지이다)"라고 기도한다면, 그는 이 땅이 하늘을 그대로 담아내는 물그림자이기를 간구한 것이다. 자신이 기도한 내용이 이루어지기를 진심으로 바란다면 그는 먼저 하늘이 어떤 곳인지에 대해 생각해야만 한다. 천국에는 밤이 없다. 질병도, 슬픔도, 속박도 죄도 없다. 천국에는 눈물도, 고통도, 죽음도 없다. 그렇기 때문에 예수님께서는 귀신을 쫓으시고 병을 치유하셨을 때 "하나님의 나라가 네게 임하였다"라고 말씀하신 것이다. 우리 역시 주님이 하셨던 것처럼 동일한 성령의 동일한 능력 가운데에 일어나 악한 영을 쫓으며 이 땅의 어둠을 향해 천국의 빛을 발할 수 있다. 치유와 축사는 하나님의 나라가 임했다는 방증이다.

"성령이여 오셔서 지면을 새롭게 하소서!"—이는 시편 104편에 기록된 말씀인데(교황 요한 바오로 2세가 기도와 강론에 자주 인용했던 말씀이다) 우리에게 파수하며 기도할 것을 종용하는 사도적 명령이기도 하다. 이 시는 땅이 하늘의 영광과 은혜 안에 잠기기를 바라는 간구의 기도다. 이 시의 화자는 성령님께서 주도하시는 회복에 대한 기대와 자신감으로 운을 뗀다.

> 내 영혼아 여호와를 송축하라
> 여호와 나의 하나님이여 주는 심히 위대하시며
> 존귀와 권위로 옷 입으셨나이다
>
> 주께서 옷을 입음같이 빛을 입으시며
> 하늘을 휘장같이 치시며

물에 자기 누각의 들보를 얹으시며

구름으로 자기 수레를 삼으시고

바람 날개로 다니시며

바람(영)을 자기 사신으로 삼으시고

불꽃으로 자기 사역자를 삼으시며

땅에 기초를 놓으사

영원히 흔들리지 아니하게 하셨나이다

그가 그의 누각에서부터 산에 물을 부어 주시니

주께서 하시는 일의 결실이 땅을 만족시켜 주는도다

여호와여 주께서 하신 일이 어찌 그리 많은지요

주께서 지혜로 그들을 다 지으셨으니

주께서 지으신 것들이 땅에 가득하니이다

주께서 낯을 숨기신즉 그들이 떨고

주께서 그들의 호흡을 거두신즉 그들은 죽어 먼지로 돌아가나이다

주의 영을 보내어 그들을 창조하사

지면을 새롭게 하시나이다

(시 104:1-5, 13, 24, 29-30)

시인이 하나님의 '사자'와 '사역자'에 대해 언급한 부분을 주목하라. 사도 요한의 묘사에 따르면(요한계시록 중) 보좌를 둘러선 참모들이 하나님의 정부 시스템을 구축하고 있다. 여기서 참모 조직은 사람과 천사의 무리 중 대표자들로 구성되어있다. 위대한 보좌에 앉으신 영광의 주님께 끊임없이 간구하는 장로들은 스물 네 개의 작은 보좌에 앉아있다. 그들은 하나님의 명령에 따라 자신의 맡은 바 본분을 수행한다.

교회는 천국의 정부가 이 땅 위에 좌정하는 보좌다. 그리고 우리 각 사람은 거룩하신 주님의 거처, 곧 주님의 집이 서있는 산과 같다. 상상하기 힘든가? 그렇다면 성령님께서 우리가 가진 영적 상상력의 내부도(內部圖)를 개정하시도록 허락해드리라. 성경 말씀이 우리 삶의 전략과 동기와 방향에 영향을 미치도록, 그래서 실패하지 않는 기도의 삶, 결코 패배하지 않는 적극적 기도의 삶이 시작되도록 하나님의 말씀을 받아들이라.

사도 요한이 천국 환상을 보게 된 경위를 살펴보자. 먼저 어떤 목소리가 그의 귓전에 들려왔다. "이리로 올라오라. 내가 네게 앞으로 일어날 일을 보여주겠다"(계 4:1 참조). 요한은 하늘에 열려있는 문이 있음을 보았고, 또 그 틈새로 무언가를 보았다. 모든 좋은 것의 근원이신 그분-바로 보좌와 보좌 위에 앉으신 '그분'을 보았다.

요한은 열린 문을 통과하여 하나님의 보좌 앞으로 나아갔다. 그 문은 우리의 구원을 비유하는 예화에 자주 인용되는 말씀 한 구절을 떠오르게 한다. "볼지어다 내가 문 밖에 서서 두드리노니 누구든지 내 음성을 듣고 문을 열면 내가 그에게로 들어가 그와 더불어 먹고 그는 나와 더불어 먹으리라"(계 3:20). 우리가 성령님의 뜻을 향해 우리의 마음을 열 때, 그분은 우리의 주의를 환기시켜서 하나님의 보좌로 향하도록 이끄신다. 하나님의 보좌를 바라보면, 우리의 지각(understanding)이 변화되고 기도 내용에 변화가 생긴다. 더 이상 늦 하늘 아래에서 기도하는 것이 아니라 하늘에 앉아서 기도하게 될 것이다(우리는 하늘에 앉은 사람이다-이것이 우리의 실체다). 눈이 열려 볼 수 있게 된 사람들을 향해 예수님께서 하신 말씀에 주목하라. "이기는 그에게는 내가 내 보좌에 함께 앉게 하여…"(계 3:21)

처음 믿은 그 순간 우리 마음의 문이 그분을 향해 열렸다. 그러나 기도하지 않았기 때문에, 우리는 그 문 안으로 들어가지 못했다. 너무도 자주 그 문 안으로 들어가기를 주저했다. 우리는 단지 이 땅에 앉아 하늘나라에 대해 생각할 뿐이다. 하늘나라에 앉아 이 땅을 다스릴 수 있다고는 도통 믿지를 않는다. 하지만 어린양 예수님께서 우리를 보좌로 인도하신다. 그곳에서 우리의 기도가 풀어지면 이 땅이 변화되고 이 땅에 거주하는 사람들이 창조주 하나님의 형상대로 회복될 것이다.

어린양의 보혈이 십자가를 타고 흘러내렸을 때, 성소의 휘장이 위아래로 찢어졌을 때 분리되었던 하늘과 땅이 처음으로, 그리고 영원히, 연결되었다. 예수님은 우리를 자신에게로 인도하셨다. 하늘의 보좌와 그 주변은 다양한 선포와 선언의 목소리, 예수님의 공로로 완수된 일들에 대한 보고 내용으로 시끌벅적했다. "인간의 모든 필요가 충족되었다." "모든 악의 세력이 정복되었다." "인간에게 공급할 모든 것이 준비되었다." "모든 희망이 재개되었다." 하나님의 보좌의 재료는 의(righteousness)이다. 그분의 보좌는 정의(justice)로 완성되었다. 그 보좌는 십자가에 위에 세워졌다.

하늘에 앉아 이 땅을 내려다보며 기도하는 것은 우리가 고안해낸 기도 방법도, '환상적인 여행'도 아니다. 기도가 신비주의자들의 전유물이라는 생각은 버리라. 지금 마음을 열라. 성경을 펼치라. 입을 열고 기도하라!

핵심은 보좌다

요한계시록의 핵심 주제는 보좌다(나와 당신을 포함한 모든 성도는 천국의 보좌와 관련이 있다). 그러므로 요한이 받은 계시는 통치-곧 온 세상을 다스리는 통치의 비밀에 관한 계시라 할 수 있다.

기도하면서 이 보좌 앞에 선다면, 우리는 이 세상 사람들이 볼 수 있도록 그리스도의 형상을 비춰내는 '거울'이 될 것이다.

요한계시록 1장 4-5절을 보라. "…이제도 계시고 전에도 계셨고 장차 오실 이…로 말미암아 은혜와 평강이 너희에게 있기를 원하노라…" (계 1:4-5) 이 말씀은 예수 그리스도의 보좌로부터 흘러나와 당신에게 닿는 은혜와 평강에 대해 이야기한다. 우리는 모두 이 문안 인사를 받아야만 한다. 열린 문을 통과하여 은혜와 평강이 넘치는 보좌의 방으로 들어가야 한다.

"이 일 후에 내가 보니 하늘에 열린 문이 있는데"(계 4:1 참조). 당신이 열고 싶지 않다거나, 문이 닫혀있거나 혹은 잠겨있거나, 당신을 막아서는 문지기가 존재하는 경우를 제외한다면, '문'은 언제나 매력 있는 물건, 참으로 놀라운 물건이 아닐 수 없다. 그런데 이 말씀에 등장하는 문은 "열린 문"이다. 이에 대하여 주님께서는 요한에게 다음과 같이 말씀하셨다. "볼지어다 내가 네 앞에 열린 문을 두었으되…"(계 3:8 참조)

"또 보좌에 둘러 이십사 보좌들이 있고 그 보좌들 위에 이십사 장로들이 흰 옷을 입고 머리에 금관을 쓰고 앉았더라"(계 4:4). 그들이 머리 위에 금관을 썼다는 것은 그들 모두 통치하는 위치에 있다는 뜻이 아닌가? 그렇다면 이 장로들은 누구인가? 우리로서는 그들의 정체를 파악할 수 없다. 다만 장로들이 앉은 이십사 보좌의 한가운데에, 모든 것을 통치하는 보좌가 놓여있다는 것만을 알 뿐이다. 이 장면을 보면, 중앙에 앉은 최고 통치자 한 명이 스물 네 명의 대리자에게 권한을 대행시킨다는 것을 알 수 있다. 장로들이 그곳에 왜 있는가? 그들은 권한을 대행해서 통치하려고 보좌에 앉아있다. 장로들은 하나님의 보좌로부터 권한을 받아 통치하는 임무를 담당한다.

이 통치 체제의 본질이 무엇인지 알고 싶은가? 그렇다면 주변 배경을 살펴보라. 보좌를 둘러싸고 있는 배경에 통치 체제의 본질이 고스란히 반영되어있다—보좌를 둘러싼 에메랄드 무지개 속에 하나님의 언약이 드리워져 있다. 이 무지개는 평화와 안식과 축복을 보장하는 하나님의 약속이다. 거기서 여러 생명체를 볼 수 있다. 모든 종류의 생물, 스물 네 명의 장로, 모든 피조물을 볼 수 있다. 보좌를 둘러싼 무지개, 생물, 장로들, 피조물… 이 모든 것이 전하는 메시지는 무엇인가? 하나님의 통치가 '생명'(생명체)을 통해 이루어진다는 것이다. 이 통치 체제의 본질은 '생명'이다.

요한계시록 1장 18절을 보면 보좌의 한가운데에 서신 분께서 다음과 같이 말씀하셨음을 알 수 있다. "나는 곧 살아 있는 자라 내가 전에 죽었었노라 볼지어다 이제 세세토록 살아있어…" 이 말씀을 들은 후 요한은 눈을 들어 바라보았다. "내가 또 들으매 보좌와 생물들과 장로들을 둘러선 많은 천사의 음성이 있으니 그 수가 만만이요 천천이라"(계 5:11). 이 보좌의 핵심은 생명이다!

핵심은 그분의 빛이다

다시 요한계시록 1장으로 돌아가서 이 통치 체제에 대한 몇 가지 특징을 살펴보자. 요한은 자신이 본 환상의 도입부로 첫 번째 장을 기술하고 있는데, 이 장에서 각종 빛의 근원과 대면하게 된다(계 1:12-16 참조).

> …**일곱 금 촛대**를 보았는데 촛대 사이에 인자 같은 이가 발에 끌리는 옷을 입고 가슴에 **금띠**를 띠고 그의 머리와 털의 희기

가 흰 양털 같고 눈 같으며 그의 눈은 불꽃 같고 그의 발은 풀무 불에 단련한 빛난 주석 같고 그의 음성은 많은 물소리와 같으며 그의 오른손에 **일곱 별**이 있고 그의 입에서 좌우에 날선 검이 나오고 그 얼굴은 **해가 힘있게 비치는 것** 같더라(계 1:12-16, 굵은 글씨는 저자 강조)

이 통치 체제의 핵심은 생명과 빛이다.

핵심은 그분의 의다

위 구절에 묘사된 "인자 같은 이"는 영광스러운 모습을 하고 계신다. 그분의 머릿결, 그분의 손과 발, 그리고 눈동자… 그분의 모습을 볼 때, 우리는 감탄하게 된다. 또한 "아, 내가 그분의 형상대로 지음 받았지!"라며 이 놀라워한다. 그분의 입 안에는 매우 독특한 혀가 있는데 마치 좌우에 날이 선 검과 같아 무엇이든지 자를 수 있다. 그분은 '진리'이시다. 그러므로 이 통치 체제의 핵심은 생명과 빛과 진리다.

로마서 14장 17절에는 이 통치 체제를 묘사한 문장이 나온다. "하나님의 나라는 먹는 것과 마시는 것이 아니요 오직 성령 안에 있는 의와…"(롬 14:17 참조) 여기서 말하는 의는 도덕적인 의다. 바른 것을 생각하고 바른 것을 행하는 '의'다. 이 세상에는 의로운 길이 있다. 또한 옳고 그름이 있다.

하나님의 보좌(통치)는 진리와 심판으로 다스린다. 심판을 달리 표현하면 '공의' 혹은 '정의'다. 물론 우리는 모두 심판에 대해 말하는 것을 꺼린다. 심판 이야기를 꺼낼라치면 사람들은 긴장하기 시작한다. "당신은 종교성이 짙은 사람이군요!" 혹은 "당신이야말로 율법주의자예요!"라는 비난도 서슴지 않는다. 하지만 우리가 살펴보고 있는 성경의 맨 마지막 책, 요한계시록은 통치와 심판의 보좌에 관한 이야기로 가득하다. 일곱 인의 심판, 일곱 나팔의 심판, 그리고 일곱 진노의 대접 등, 심판과 관련된 다양한 내용이 책의 곳곳에 기록되어있다.

하지만 이 모든 심판의 시작과 끝을 주관하는 분이 누구이신지 기억하라. 인자와 같은 이, 연약한 인간의 몸으로 태어나신 이, 언약을 지닌 분, 영원한 언약 그 자체이신 분….

핵심은 평강과 희락이다

요한계시록을 읽으면 권위의 보좌이자 모든 통치 체제의 핵심에 앉으신 아버지로부터 빛과 생명과 능력이 방사되어 마치 동심원을 그리듯 점점 더 멀리, 점점 더 멀리 퍼져 나가는 것을 볼 수 있다. 빛과 생명과 능력의 이 위대한 파노라마와 더불어, 그곳에는 노래가 있다. 노래는 어디에서 연유하는가? 누가 노래를 부르는가? 행복한 사람들이 노래를 부른다. 요한계시록은 노래로 가득하다. 매번 새로운 심판이 등장할 때마다 보좌를 둘러선 빛과 생명의 군중이 하나님의 공의를 노래하고 경배한다. 의와 평강과 희락, 그리고 노래! 그러므로 이 통치 체제의 핵심은 희락이다! 복음이다! 승리다! 압제 받는 모든 이를 위한 공의다! 마침내 온 세상과 열방에 임하는 구원이다!

이 통치 체제의 핵심은 유리 바다와 같은 평강이다(계 4:6 참조). 온전한 평강! 모든 파도가 잠잠해졌다. 모든 바람과 풍랑도 고요하다. 보좌가 깊은 잠에 빠졌기 때문은 아니다. 번뜩이는 섬광과 우렁찬 천둥소리가 보좌에서 흘러나온다. 보좌에 앉으신 이로부터 생명이 분출되어 그 주변에 모여든 수많은 이에게 닿는다. 그 생명은 사랑으로 가득하다. 그래서 이 생명에 닿은 모든 족속, 모든 나라, 모든 언어와 방언의 수많은 사람은 보좌로부터 나오는 능력의 임재 앞에 잠잠히 머물게 된다. 완벽한 고요가 그곳에 있다.

보좌로부터

보좌의 통치는 대표(대리)들을 통해 이루어진다. 그들은 각 나라 출신의 하나님 백성으로 구성되어있다. 이들은 하나님의 보좌 앞으로 나아간다. 보좌에 앉으신 이는 이들의 목소리에 귀를 기울이신다. 그리고 보좌로부터 나온 권세는 성도의 기도에 힘을 입어 이 땅 위에서 일어나는 사건들을 주관한다(이 땅의 사건들은 성도들의 기도를 들으시고 하나님께서 응답하신 결과물이다).

주님께서는 우리를 보좌 가까이로 이끄셨다. 어린양의 보혈로 우리는 더 가까이 나아갈 수 있다. 우리는 모두 의와 평강과 희락의 하나님 나라를 분깃으로 받는다. 그러므로 어려움이 닥쳤을 때, 그것이 경제적인 문제이든, 질병이나 대인관계 등의 개인적 문제이든, 자녀나 부모의 문제이든 상관없이 우리는 통치하시는 이의 보좌에 나아가 그분으로부터 능력의 말씀을 받을 수 있다. 주께서 흘리신 보혈을 힘입어 은혜의 보좌로 더 가까이 나아갈 수 있다. 믿음의 기도를 드리며 보좌에 가까이 나아가면 우리의 모든 필요를 채우시는 하나님에게 참된 도움을 얻을 수 있다.

겟세마네에서 제자들에게 하신 예수님의 통렬한 한마디 외침을 기억하는가? "너희가 나와 함께 한 시간도 이렇게 깨어있을 수 없더냐"(마 26:40). 오늘날, 우리는 모두 이 동일한 말씀을 듣고 있다. 자정 즈음, 예수님께서는 감람나무 숲을 거닐며 함께 기도할 친구를 찾으신다. 그때, 이 말씀이 우리의 마음을 두드릴 것이다. 밤이 깊었지만 예수님은 그분의 친구들이 깨어있기를 기대하시며 우리를 찾아 나선다. 이번에는 예수님을 실망시키지 않기를 바란다.

예수님을 힘입어 우리는 권위의 자리로 나아간다. 보혈로 대가를 치르셔서 우리에게 허락하신 권위의 자리, 곧 하나님의 보좌 앞으로 우리는 담대하게 나아간다. 그곳은 세상의 모든 풍랑에도 끄떡없는, 온전한 평강의 장소다. 거기서 우리는 그분의 빛을 본다. 압제와 어둠과 속박과 심판의 홀(scepter)은 사라지고 없다. 이제 치유, 기적, 믿음의 선물만이 흐를 뿐이다. 금향로에 담긴 성도들의 기도가 천사들, 장로들, 네 생물과 더불어 본연의 임무를 수행하기 시작한다.

우리와 함께 파수하는 천사들

한 번은 코벤트리(Coventry) 대성당 참사회의원인 앤드류 와이트(A-ndrew White)의 생일을 축하하려고 영국을 방문한 적이 있다. 앤드류는 내 친구이자 코벤트리 대성당 역사상 가장 나이 어린 참사회의원이기도 하다. 짧은 시간 동안이었지만 그는 우리를 대성당 곳곳으로 안내해주었다. 우리는 그의 안내를 받아 '겟세마네의 그리스도'께 헌정되었다는 예배실 안으로 들어갈 수 있었다. 그곳의 스테인드글라스, 조각상, 각종 상징물은 모두 십자가의 죽음을 앞둔 예수님의 모습, 특히 겟세마네의 밤을 묘사하고 있었다. 우리가 그 안으로 들어갈 때 앤드류가 말했다. "여기는 '겟세마네의 그리스도' 예배실입니다. 그리고 저기 보이는 것은 파수하는 천사입니다." 그는 손가락으로 어떤 예술품 하나를 가리켰다. 그것은 성당이 지어진 이후로 계속 그 자리에 있었던 천사의 조각이었다. 그런데 그것을 만든 예술가의 의도가 내게(보니) 큰 감동을 안겨주었다. 마치 예전에 내가 그것을 보았던 것 같은 느낌이 들었다.

1994년 어느 봄날, 나는 한밤중에 잠에서 깼다. 그때 천사 하나가 내 발치에 서있는 것을 보았다. 매우 특별한 천사였다. 흰옷을 입거나 흰빛에 둘러싸인 천사가 아니었다. 검은 몸에, 검은 날개를 가진 천사였다. 몸에서 금 섞인 용액(마치 살아 움직이는 액체와 같은 금빛) 같은 것이 흐르는 것을 제외하고는 전신이 다 검었다. 나는 천사의 특이한 용모에 담긴 의미를 깨달았다. 그는 깊은 어둠의 시간에도 하나님의 영광을 전달하는 메신저였다. 밤이 본래 어두운 색을 발하는 것처럼, 검은 색은 그 천사가 지닌 본연의 색깔이었다. 그러나 그의 몸에는 살아 움직이는 쉐키나 영광이 번쩍였다. "우리를 지키시는 하나님은 졸지도 주무시지도 않는다."-이 점을 깨닫고 또 믿어야 할 때는 모든 것이 불분명하고, 어둡고 또 가장 절망적일 때이리라. 예로부터 하나님께서는 가장 어두웠던 시간에 위대한 구원을 베푸시곤 했다. 오늘날도 마찬가지다. 하나님께서는 가장 어두운 시간에 그분의 이적을 행하신다(그 결과 사람들은 '가장 크게' 놀라워한다).

잠에서 깨어 허리를 세우고 앉았을 때도 천사는 여전히 그곳에 있었다. "용모가 어둡다면 필시 나쁜 징조일 텐데…" 하지만 나는 곧 그가 선한 존재이며 매우 강한 힘을 가졌음을 알 수 있었다. 그의 침착한 표정을 보며 그가 나의 편이라는 것도 깨달았다. 하지만 나는 그 천사가 어떤 천사이며 어떤 역할을 하는지 도무지 알지 못했다. 마헤쉬나 여러 다른 사람의 의견을 듣기도 했지만 그 어떤 것도 만족할 만한 답이 되지는 않았다.

가끔씩 그 천사가 내게 온 경위를 생각해보곤 했지만 나는 이 사건에 그다지 신경 쓰지 않았다. 성경은 천사들을 하나님의 사역자로 소개한다. 그들은 구원받은 성도들을 섬기는 사자로 보냄을 받는다. 나는 천사들이 우리에게 온갖 종류의 도움을 가져다주는 것을 알고 있었다(천사가 도움을 전할 때, 그것과 관련된 하나님의 구체적인 의도를 우리가 모를 수도 있다).

앤드류가 천사의 조각상을 손가락으로 가리키며 "저것은 파수하는 천사입니다"라고 말했을 때, 그제야 나는 깨달았다. 그것은 1994년에 내가 보았던 천사의 모습 그대로였다! 아마도 작가는 겟세마네 동산에서 예수님과 함께 경야했던 파수 천사의 모습—예수님께서 시련의 시간을 견디고 끝까지 기도하실 수 있도록 돕는 천사—을 묘사했을 것이다.

이 모든 일련의 사건은 우리가 사역하는 파수 기도 모임(The Watch)을 예수님께서 얼마나 귀하게 여기시는지, 또 예수님의 재림을 기대하는 이 시대의 사람들에게 이 모임이 얼마나 중요한지, 다시 한 번 깨닫는 계기가 되었다. 또한 장차 이 세상이 특정한 고난과 시련을 겪으면서 나름의 '겟세마네'로 나아가게 될 것이라는 점을 깨닫게 해준 사건이기도 했다. 하지만 무엇보다 내게 주어진 임무를 다시 깊이 생각할 수 있는 기회였다.

나는 어떻게 하나님께서 세계 곳곳에서, 또 서로 다른 환경으로부터 이 많은 사람을 우리의 모임으로 부르셨는지 알고 있다. 그리고 수많은 역경과 수많은 기쁨을 통해 무언가가 만들어졌다. 바로 파수꾼들의 연합이다. 우리의 영적 활동의 본거지로서 자리 잡은 이 기도 모임은 이제 '파수 기도 모임'이라 불린다. 나는 주님께서 우리와 함께하신다는 것을 안다. 그런데 지금은 예수님께서 특별한 사자들을 우리에게 보내신다는 것도 믿는다. '파수 기도 모임'의 천사, 어쩌면 겟세마네 동산에서 예수님과 함께했던 그 천사를 보내시는 것일지도 모른다.

주님의 사자들(하나님께서 불꽃으로 삼으실 천사들)은 구원받은 성도들에게 파견될 준비가 완료된 상태다. 한 나라의 대표였던 다니엘에게 당도했던 천사처럼, 소돔과 고모라를 파멸시키기 전에 롯을 구하려고 성읍을 방문했던 천사들처럼, 그리고 한밤중에 포도즙 짜는 틀에서 밀을 까부르고자 했던 기드온에게 나타났던 천사처럼, 천사들은 성도들을 만날 준비가 되어있다.

임무를 수행하는 천사들

아주 오래된 일이지만, 나(마헤쉬)는 아직도 미국에 처음 발을 디뎠던 때를 기억한다. 그 전까지 나는 단 한 번도 케냐를 떠난 적이 없었다. 그때가 처음이었다. 먼저 뉴욕에 도착한 후 댈러스행 비행기로 갈아타야 했다. 세상에나! 그렇게 큰 비행기를 본 적이 없었다. 게다가 그토록 거대한 공항도 생전 처음이었다.

탑승 수속을 밟으려고 공항 데스크에 다가섰다. "티켓을 어디에 두셨나요? 댈러스행 비행기 표가 없군요." 공항 직원의 말에 나는 무척이나 당황했다. 당시 나는 겨우 열여덟 살이었고 주머니에는 고작 5달러뿐이었다. 게다가 뉴욕에 아는 사람은 단 한 명도 없었다.

그때, 어떤 덩치 큰 남자가 옆으로 왔다. 그는 커다란 카우보이모자를 눌러 쓰고 긴 텍사스 부츠를 신고 있었다. 얼굴에 미소를 지은 채 그는 내 등을 툭 치며 말을 건넸다. "이봐 어린 친구. 문제가 생긴 모양이군?" "티켓이 없어졌어요." 나는 공항 직원이 말해주었던 내용 그대로 그 남자에게 이야기했다. "그래? 여기서 잠시 기다려 보거라."

그 남자는 안내 데스크로 갔다가 다시 내게로 돌아왔다.

"얘야. 넌 내 옆에 앉아서 가는 거다!"

"네? 아저씨는 어디로 가시는데요?" 나는 그에게 물었다.

"댈러스." 그가 대답했다. 댈러스는 내가 가기로 한 목적지였다.

그와 나는 나란히 앉아 댈러스로 향했다. 가는 길 내내 나는 그의 얼굴을 흘깃흘깃 쳐다보았다. 내가 본 사람 중 체구가 가장 큰 남자였다. 게다가 그의 카우보이모자는 거대했다. 비행기가 댈러스에 도착하자 사람들은 서로 밀치며 출구를 나섰다. 출구 앞에는 내 친구들이 마중 나와 있었다. 그들은 일전에 케냐를 방문했기에 나와 일면식이 있었다. 나는 그들에게 이 큰 체구의 카우보이를 소개해주고 싶었다.

그런데 이게 웬일인가? 뒤를 돌아보았지만 아무도 없었다. 그때 깨달았다. '하나님이 보내신 천사였구나.' 하나님께서 이러한 방법으로 우리를 돌보신다는 사실이 그저 놀라울 따름이었다.

개개인을 돕는 천사가 있듯이, 각 나라에는 하나님의 의와 명분을 위해 싸우는 천사들이 배정되어있다. 수많은 나라를 무대로 빛과 어둠의 세력이 전쟁을 벌이고 있다. 하나님께서는 그리스도인을 일깨우셔서 각 나라를 위해 기도하는 파수꾼으로 세우신다. 그들을 기도와 금식, 복음 전파의 일에 사용하신다. 하나님은 나라들의 경계를 정하시고 그 안에 거주할 사람들을 예정하셔서(거주의 경계를 한정하시어) 저마다 주님을 부르고 찾게 하셨다(행 17:26 참조). 능동적인 시민으로서 우리는 조국을 위해 기도하고 금식하는 것을 영적 사명으로 받아들여야 한다.

당신의 나라에서 일어나는 정치적 사건들은 당신에게 영향을 미친다. 또 당신에 의해 영향을 받기도 한다. 당신이 살고 있는 나라의 시민으로서 천국 대사의 권위를 대행하는 것은 당신에게 주어진 영적 부르심이다. 그러므로 당신이 거주하는 나라에 선한 사람들이 정부를 구성하도록 기도하라. 거룩한 천사들이 당신의 나라에 들어가 선한 영향력을 펼칠 수 있도록 도우라.

다니엘의 때처럼, 지금도 천사는 우리 주변에 있다. 많은 천사가 우리의 기도를 기다리고 있다. 우리가 하나님의 뜻에 따라 기도하면 천사들이 맡은 바 임무를 수행하게 된다. 시대의 마지막 폭풍의 장을 써 내려가는 지금, 우리는 천사들의 사역을 이 땅으로 '초청' 할 수 있다. 천군 천사의 하나님은 우리의 피난처이며 안전한 방주이시다. 하나님의 천군(天軍)은 하나님의 뜻을 수행하려고 항시 대기 상태다.

하지만 기억하라. 천사들이 가져다주는 보좌로부터의 '도움' 은 환영하되 천상의 존재에 대한 과도한 집착은 문제를 일으킨다. 천사들은 결코 자신에게 주의를 집중시키는 법이 없다. 그들은 부여받은 임무를 수행할 뿐, 사람들의 시선과 관심을 오직 예수님께로만 돌린다. 성경은 마지막 날, 적그리스도(들)가 일어날 것에 대해 경고한다. '적그리스도' 는 '그리스도를 대적하는 존재' 혹은 '그리스도 대신 그 자리에 서는 존재' 를 뜻한다. 만일 예수님 대신 특정한 초자연적 존재에게 기대기 시작한다면, 그래서 당신이 예수님께 도움을 요청하는 대신 초자연적 존재들에게 상담을 요청하거나 계시를 간구한다면 당신은 거짓 영의 영향력 아래에 놓일 수도 있다.

하나님의 산

교회는 피난처의 역할을 할 뿐인가? 우리의 생각에 변화를 줄 필요가 있다. 교회는 파송하는 곳이다. 하나님은 교회에 모인 사람들을 세상으로 파송하신다. 오늘날의 교회를 향한 하나님의 말씀은 "잃어버린 영토를 되찾으라!"이다. 나는 그렇게 믿는다. 교회는 수 세대 동안 이 땅의 문화를 이끌고 세상에 영향을 끼칠 수 있는 권위를 대적들에게 빼앗겼다.

약 300년 전, 복음 전도자들에게 높은 수준의 교육을 제공하기 위한 목적으로 예일과 하버드 대학이 설립되었다. 그런데 지금 이 학교들은 어떠한가? 무신론과 사회주의를 '무서울 정도로' 표방하며, 기독교적 사고 체계에 통렬한 비판을 가한다. 보수적 가치들의 위대한 옹호자였던 고(故) 윌리엄 F. 버클리(William F. Buckley)는 예일 대학의 졸업식에서 연설하기로 되어있었다. 하지만 연설 내용에 기독교적 메시지가 공공연하게 담겨있다는 이유로 학교 측에서 그의 연설 일정을 취소시켜버렸다. 하지만 그는 자신의 연설문을 출간하기로 결심했다. ≪God and Man at Yale≫(하나님과 예일 대학의 사람)이라는 책에서 버클리는 예일의 교가(校歌)에 지나칠 정도의 자유주의 사상이 담겨있음을 지적했다. 또한 공교육으로부터 시작하여 나라와 문화 전반에 걸쳐 유대-기독교의 기반을 회복하는 운동이 펼쳐져야 한다고 주장했다.

만일 우리 사회의 전반적인 영역 중, 어떤 특정 영역이 '진공' 상태라면 곧 누군가가 와서 그 빈 공간을 채울 것이다—누가 선점하느냐의 문제다. 지금은 새로운 목소리를 발할 때다. 잃어버렸던 영역을 회복할 때다. 이 일에 앞장 서야 할 주체가 바로 교회다.

성경은 마지막 날, 주의 성전이 서게 될 산이 이 세상의 모든 산 위에 우뚝 설 것이라고 증언한다. 그 산은 모든 언덕(작은 산)보다 높아질 것이다. 그리고 열방이 그 산으로 모여들 것이다(사 2:2 참조).

> 많은 백성이 가며 이르기를 오라 우리가 여호와의 산에 오르며 야곱의 하나님의 전에 이르자 그가 그의 길을 우리에게 가르치실 것이라 우리가 그 길로 행하리라 하리니 이는 율법이 시온에서부터 나올 것이요 여호와의 말씀이 예루살렘에서부터 나올 것임이니라(사 2:3)

내가 믿기로, 이 산은 영광 중에 나타날 마지막 때의 '교회'다. 마지막 때를 살아가는 우리는 장차 산꼭대기에 올라가 이 세상을 다스리고 통치하게 될 텐데, 지금은 이를 위해 준비하는 때다. 그러므로 이제는 교회가 피난처나 혹은 병원 정도의 기능만 할 것이라는 생각을 버려야 한다. 물론 교회는 우리에게 필요한 치유와 안정을 제공해야만 한다. 하지만 교회는 치유와 안정만을 제공하는 피난처가 아니다. 하나님께서는 그분의 나라를 확장시키기 위해 우리를 불러 모으시고 또 세상으로 파송하시는 교두보로서 교회를 선택하셨다.

그리스도의 십자가는 우리를 모든 산보다 더 높은 산(예수님께서 모든 정사와 권세, 심지어 죽음까지 이기셨던 그 장소) 위에 올려놓았다. "내가 땅에서 들리면 모든 사람을 내게로 이끌겠노라"(요 12:32 참조). 예수님의 말씀이다. 그리고 이사야 2장 3절을 보라. "만방이 그리로(산) 모여들 것이라." 교회에 주어진 선교 사명에는 단지 개개인에게 복음을 전하라는 명령만이 아니라 모든 나라 및 각계각층 사회 영역 전반의 고지(高地)를 점령하라는 명령도 포함된다. 교회는 변화의 에이전시다. 사람들을 하나님의 나라로 들이는 일뿐만 아니라 하나님의 나라를 이 땅 위에 달아 내리는 역할도 담당한다. 그러므로 교회의 역사는 사회의 문화를 다듬어가는 영향력의 역사라 해도 과언이 아니다.

민수기 27장 12절을 보면 하나님께서 모세에게 "너는 아비람 산에 올라가서 내가 이스라엘 자손에게 준 땅을 바라보라"라고 명령하셨다. 모세가 올랐던 아비람 산은 오늘을 살아가는 우리에게도 유리한 고지임이 틀림없다. 이 땅에서의 승리를 거머쥐는 일이 그곳에서 시작되기 때문이다. 하지만 너무도 자주 우리는 이 사회에 존재하는 여타의 '능력'과 '고지'를 바라보며 열등감을 키워왔다. 우리가 밟고 서 있는 아비람 산은 안중에도 없는 듯, 그저 세속적인 고지를 가리키며 "그래 저런 것이 진정한 능력이지…"라고 넋두리를 늘어놓았다. 그렇게 시야를 좁히면서 살아왔다.

이 사회의 문화를 조성하는 대중매체, 연예가(演藝家), 정부, 그리고 교육제도 모두 입을 모아 "교회는 현대적 감각을 상실했다. 게다가 사람들을 억압하기만 할 뿐, 아무런 능력이 없다"라는 메시지를 던지고 있다. 하지만 이사야를 보면 교회는 수많은 목소리에 섞인 하나의 목소리, 혹은 여러 언덕 중 하나의 언덕 정도가 아니다. 교회는 산 중의 산이요, 모든 다른 언덕에게 권위와 영향력을 휘두르는 주체다! 그러므로 교회에 주어진 임무를 완수하려면 우리는 우리의 사고 체계, 곧 패러다임이 변화되는 놀라운 역사를 경험해야 할 것이다. 우리는 천상의 영역에 자리한 사람이다. 우리가 영적 전쟁을 펼치는 것, 중보 기도를 하는 것, 우리의 문화와 사회 전반을 회복하는 것-이 모든 것이 우리가 밟고 서있는 높은 산, 곧 우리에게 유리한 고지에서 시작되는 일이다.

지금은 각 사람이 회복될 때요, 국가와 전체 교회가 회복될 시간이다. 당신이 어디에 있든지 어떠한 장애물이 당신을 괴롭히든지 당신은 지금 주님의 산에 올라서 있다. 이 점을 명심해야 한다. 당신의 정체성은 세속적 능력의 기준으로 가늠되지 않고 오직 '하나님의 산'에 의해 규정된다.

출애굽기 15장 17-18절에서는 하나님을 찬양하는 노랫말을 통해 언약 백성을 향한 하나님의 생각을 알 수 있다.

> 주께서 백성을 인도하사 그들을 주의 기업의 산에 심으시리이다 여호와여 이는 주의 처소를 삼으시려고 예비하신 것이라 주여 이것이 주의 손으로 세우신 성소로소이다 여호와께서 영원 무궁하도록 다스리시도다

우리는 그저 자신의 일만 돌보고, 또 자아를 실현하려고 이 산 저

산을 기웃거리는 일반인이 아니다. 우리는 동굴에 숨어 지내는 패배자도 아니다. 우리가 '하나'임을 깨닫게 하시는 하나님의 은혜 안에서, 우리 각 사람은 각자의 방패를 한곳에 모을 수 있다. 각 사람이 이 영역 저 영역에서 두각을 나타낼 수 있다. 어떤 사람은 마케팅이라는 산의 꼭대기에 올라가 있다. 어떤 사람은 컴퓨터라는 영역에, 또 어떤 이는 의학 분야에서 두각을 나타낸다. 그러므로 모든 산보다 더 높은 하나님의 산에 모였을 때, 하나 된 우리 각 사람은 그곳에서 영적 전쟁을 수행하며 각각의 영역을 정복할 수 있다. 중보 기도하며 다른 산들을 향해 영향력을 발하기 시작한다.

언약 백성을 위한 땅의 점령-승리의 원대한 비전은 어디에서 시작되는가? 하나님의 산 정상에 올라섰을 때, 점령할 땅을 내려다볼 때, 승리의 비전이 생긴다. 참된 관점을 얻으려면 높은 곳으로 올라가야 하는 법이다. 현실과 동등한 위치라면 자기 주변의 일들만 볼 수 있을 뿐이다. 발등에 떨어진 불을 끄기에만 급급할 것이다. 물론 현실의 관점을 갖고도 옆 동네에 무슨 일이 일어날 것인지(즉, 장차 어떤 일이 닥치게 될지) 당신에게 알려줄 사람들을 만날 수도 있다. 감사하기는 하지만 당신이 직접 높은 산으로 올라간다면 산 아래에 펼쳐진 땅의 전반을 당신의 두 눈으로 확인할 수 있을 것이다. 산 아래로 흐르는 강의 모습이 보일 것이며 적의 요새가 어디에 있는지 볼 수 있을 것이다. 높이 올라가면 당신은 그 모든 것을 볼 수 있다.

홀로 기도하던 중에 '지역 교회'의 정보를 알게 되었다면 그 정보는 아직은 '개인적인' 계시다. 하지만 당신이 하나님의 높은 산에 올라가 여러 지체와 연합한다면, 당신은 자신이 갖고 있는 정보를 다른 사람의 정보와 비교, 혹은 공유할 수 있다. 그러면 이제 당신이 가진 계시는 '불완전한 계시'라는 오명을 벗을 수 있다(더 이상 나 혼자 갖고 있는 계시가 아니기 때문에). 그렇게 수집된 계시는 시끄럽고 성가신 대중매체에 의해 수집되는 정보와는 분명히 차원이 다를 것이다.

이 땅의 미디어는 나름의 잣대를 들이대며 우리의 정체를 규정지으려고 한다. 그것은 결코 용납될 수 없는 일이다. 대중매체를 이끄는 사람들은 "이러이러한 것이 교회다"라고 정의 내린다. 그럴 수 없다! 그들은 우리의 가치를 책정할 수 없다. 오히려 우리가 높은 산에 올라가, 시야에 들어오는 모든 것의 가치를 매겨야 한다. 우리가 그들의 가치를 규정한다! 그들은 "배아를 인간이라고는 부를 수 없지. 배아는 그저 배아일 뿐이니까"라고 말하며 우리의 가치 체계를 뒤흔든다. 하지만 그럴 수 없다! 이를 용납해서도 안 된다. 만일 우리가 그들의 의도대로 언어의 변개를 허락하며 모태 안에 있는 생명체를 '아기'라는 이름 대신 '배아'라고 부르기 시작한다면, 그들은 마음 놓고 '배아'를 살해할 것이다. 만일 그들의 뜻이 관철된다면 배아를 없애는 행위와 결과에 대한 윤리적 판단은 설 자리를 잃는다(그들은 인간의 생명을 없앤 것이 아니라고 주장할 것이다). 우리 언어에 변화를 일으켜 사물의 정의(d-efinition)를 변개하는 인본주의적 발로는 절대 용납할 수 없다.

어느 날 아침에 주님께서 내게(보니) 말씀하셨다. "보니, 만일 군중 속에서 나를 찾고자 한다면 너는 절대로 나를 찾을 수가 없을 거란다." 아주 명쾌한 말씀이었다. 주님께서는 '여럿이 옳다고 판단하면 반드시 옳다'(동기와는 상관없이 결과적으로 다수에게 이득이 된다면 옳다고 판단하는 공리주의-역자 주)라는 우리의 사고 경향에 대해 지적하셨다.

우리는 지금 엄청난 규모의 전쟁을 치르고 있다. 전략적으로 파수꾼들은 주요 거점을 선점해야 한다. 그렇기 때문에 하나님께서는 이렇게 말씀하셨다. "너희는 천상의 영역에 앉아있다!" 권위는 교회에 있다. 특히 이 마지막 때에는 더욱 그러하다.

권위를 갖고 있기 때문에 오늘날 우리는 특정 악(惡)의 작인(作因, agency)을 향해 이렇게 선포할 수 있다. "너는 더 이상 가까이 올 수 없다. 거기서 멈춰라." "교회의 권위로 선포한다. 암(cancer)이여, 잠잠하고 거기서 나오라." 또한 여러 형태의 저주를 향해, 또 우리의 유업과 재정과 자녀를 도둑질하는 모든 것을 향해 선포할 수 있다. "멈춰라!" 마치 여호수아가 태양을 향해 "거기 멈추라"라고 말했던 것과 같다(수 10:12 참조). 우리는 당신의 축복을 빼앗아가려는 모든 저주의 끈을 향해 이렇게 외친다. "멈춰라!"

과거를 원망하지 마라. 다른 사람을 원망해서도 안 된다. 우리는 단지 권위와 권세의 자리를 고수해야 한다. 당신과 당신의 가정을 향해 다가오는 저주-그것이 어떤 종류의 저주이든, 가난이든, 질병이든, 여타 다른 형태의 저주이든 상관없다. 주님의 거처가 세워진 거룩한 산 위에 올라선 채 우리는 합심하여 그 저주들을 향해 명령한다. "예수의 이름으로 명하노니 멈춰라! 떠날지어다!" 그러면 구원이 임한다.

하늘에 있는 영원한 교회와 마찬가지로, 이 땅에 있는 예수 그리스도의 교회(에클레시아) 역시 위대한 입법부다. 하늘에서는 인간, 생물,

그리고 천사가 모두 어둠의 나라로부터 분리되어 각자의 위치에서 하나님을 섬기며 통치한다.

이 땅에서 아직 완수할 임무가 있음을 깨닫지 못한 사람들이 있기에 우리는 스스로를 가두었던 틀을 깨고 그들에게 다가가야 한다. 개인의 야망과 이를 이루기 위한 욕구, 이에 집착하는 태도를 버리고 왕 같은 제사장이 되어야 한다. 하나님의 명령에 따라 그들을 섬기는 '주의 종'으로 거듭나야 한다. 하늘에서 왕 같은 제사장이 드리는 기도는 사탄의 간계에 억눌려 있던 이 땅의 거주민에게 하나님의 공의를 선사하는, 시기적절한 사건들의 작인(作因)이다.

"하늘에서처럼 땅에서도"

예수님께서 그분만의 특별한 기도를 통해 능력과 권세를 행하시는 것을 보며 독일의 신약학 교수 페르디난드 한(Ferdinand Hahn)은 다음과 같이 말했다.

> '주기도문'의 내용뿐만 아니라 그 기도문의 원형(原型)에도 주목해야 한다. 주님은 이 기도를 히브리어가 아닌 아람어 방언으로 가르쳐주셨다―당시 유대교 문화권에서 히브리어 대신 아람어 방언으로 가르치는 일은, 물론 전무한 일은 아니었지만, 그래도 특이한 일이기는 했다. 이것은 무엇을 의미하는가? 예수님은 히브리어라는 성례언어의 제의(祭儀)적 테두리에 갇힌 '기도'를 건져내 일상생활의 현장 한가운데로 풀

어놓으셨다…성별된 장소에 따로 모여 드리는 예배와 성도들이 세상에서 드리는 일상의 예배 사이에 구분이 없어진 것이다. 이제 성도들에게 예배란 따로 구별된 장소에서 일어나는 제의적 사건이 아니라 세상 속에서, 곧 삶의 현장에서 일어나는 사건이 되었다. 그러므로 믿음의 사람들이 삶의 현장에서 드리는 예배도 '예배'에 포함된다.[1]

우리는 제단 위에 올라서야 한다. 기도하기 위해 모인 성도들은 세상으로 나아가 하늘이 땅에 임하도록 중재해야 한다. 기도는 시간과 공간의 제약을 넘어 하나님의 보좌에까지 닿기 때문에(하나님의 보좌에는 시간과 공간의 개념이 없다) 이러한 의미에서 기도를 '영원한' 능력으로 볼 수도 있다. 기도는 '영원'하신 모사(하나님)에게 상달되고 "아멘!"이라는 응답을 받아내어 시공의 현장으로 전달한다. 이것이 기도의 영원한 속성이다. 성경은 예수님이 우리를 위한 영원한 중보자라고 밝힌다. 그러므로 중보 기도하는 것은 천국의 뜻에 조화를 이루는 일이며, 예수님이 시작하신 일에 개인적으로 동참하는 것이다. 예수님의 중보 기도는 보혈을 통한 중재다. 교회가 파수와 기도에 눈을 뜨기 시작할 때, 특히 중보 기도에 눈을 뜨기 시작할 때, 천국에서 예수님이 수행하시는 사역에 동참하게 된다. 거울이 태양빛을 반사하듯, 우리 역시 이 땅에 진행되는 일들을 중재하기 위해 천국의 모습을 머금은 후 이 땅 위에 비춰낸다.

주 |
1. Ferdinand Hahn, *The Worship of the Early Church*(Philadelphia: Fortress Press, 1973), 22, 38, 106.

제6장

하루 세 끼, 풍성한 식사로 살다

Alive With Three Square Meals

오늘날 우리에게 일용할 양식을 주옵시고
Give Us This Day Our Daily Bread

| 십자가에서 제공되는 양식을 얻다
 -제사장 직임, 제사장의 분깃

"꼭 먹어야 하나요? 안 먹어도 되잖아요?" 맥(Mack)이 물었다.

"그렇게 말한다면 이 세상에서 '꼭 해야만 할 일'이란 것은 없지." 아빠(Papa)가 다소 강한 어조로 대답했다.

"그럼, 아빠는 음식을 왜 먹나요?" 맥이 다시 물었다.

"너와 함께 있으려고."[1]

≪오두막≫(The Shack)이라는 책에서 발췌한 대화다. 주인공인 맥 필립스(Mack Phillips)는 종종 '아빠'(Papa, 성부 하나님)와 함께 음식을 나눈다. 물론 아빠가 준비한 음식이다. 맥은 '아빠'가 자신을 위해 행하는 모든 일의 동인(動因)이 자신과 교제를 나누기 원하는 그분의 마음속 '갈망'임을 깨닫는다. 오직 맥이 그 만남을 필요로 할 때만 그 만남이 가능하다.

하늘에 계신 우리 아버지는 우리가 간구하기 전에 이미 우리의 필요를 아신다. 게다가 우리의 요구를 어느 수준 이상까지 인정해주신다. 하지만 우리가 무언가를 하나님께 되돌려 드릴 때, 하나님은 기뻐하신다. 함께 시간을 보내고 싶은 사람들을 떠올려보라. 당신을 가장 기쁘게 하고 또 당신에게 힘을 주는 그런 사람들 말이다. 아마 그들은 자기 이야기만 늘어놓거나 또 자신의 의견만을 관철하는 부류는 아닐 것이다. 당신이 함께하고픈 사람들은 무언가 당신에게 나눠줄 것이 있는 사람이지, 당신이 준비해온 것을 가져가기만 하는 사람은 아닐 것이다.

주기도문을 가르치시면서 주님은 '하늘'이라는 단어를 두 번 언급하셨다. '땅'이라는 단어를 언급하신 횟수만큼, 꼭 그만큼, '하늘'을 언급하셨다. 예수님은 '그림의 떡'(pie in the sky)을 구하라고도 혹은 단지 "제게 떡이 필요합니다"(I need pie)라고 말하라고도 가르치지 않으셨다.

예수님은 자신이 하늘에서 오셨고 또 그리로 돌아갈 것을 아셨다. 시작과 끝을 다 알고 계셨기에 '중간'을 위한 기도를 올바르게 가르치실 수 있었다. 예수님이 가르쳐주신 기도 중, '중간'을 위한 간구 속에는 '처음'과 '끝'이 녹아들어있다. 예수님은 제자들에게 "먼저 그 나라와 그의 의를 구하라(처음, 끝) 그리하면 이 모든 것(중간)을 너에게 더하시리라"(마 6:33)라고 말씀하셨다. 시작과 끝을 모두 알고 계셨던 예수님은 이 말씀이 무엇을 의미하는지 정확히 알고 계셨다.

예수님의 말씀을 정리해보면 다음과 같다. 만일 사람들이 삶의 방향을 재조정하여 '끝'의 관점을 가지고 '현재'의 삶을 살아간다면 그들을 최종 목적지까지 데려다줄 티켓에는 식사, 잠자리, 의복, 주거 환경 등 모든 것이 첨부될 것이다. 이 점을 깨닫는다면, 사람들은 자신이 가진 자원, 마음, 생각, 몸, 노동 등을 다른 사람에게 마음껏 빌려줄 것이다. 마귀의 전략은 우리의 기도가 자신에게만 집중될 뿐 절대 외부로는 나가지 못하도록 막는 것이다. "우리 가족 네 명만 잘되게 해주세요. 그것 말고는 바라는 게 없습니다."

나와 내 가족이라는 울타리를 넘어서자. 시작과 끝이 모두 "제게 무엇을 주옵소서"로 도배되는 악순환 기도의 고리를 끊으라. 그리고 참된 하늘의 양식인 예수 그리스도, 그분을 간구하라.

양식(떡)이신 목자

유진 피터슨이 각색한 메시지 성경에는 시편 23편이 다음과 같이 기술되어있다.

하나님, 나의 목자시여! 나는 아무것도 원치 않습니다. 당신이 나를 푸르른 초원에 눕히시고 마실 물이 있는 잔잔한 연못으로 인도하십니다. 당신은 약속을 지키시는 분입니다. 벅찬 숨을 고를 수 있도록 나를 안위하시며 올바른 길로 이끌어주십니다. 심지어 그 길이 사망의 골짜기로 향해 있을지라도 당신이 나와 동행하시기에 나는 두렵지 않습니다. 끝이 구부러진 당신의 지팡이가 내게 안정감을 줍니다. 내 대적이 보는 앞에서 당신은 내게 여섯 코스의 만찬을 차려주십니다. 축 처진 내 머리를 들어 올리시니 내 컵은 복으로 가득합니다(시 23:1-5, 메시지 성경 원문 번역).

시편 23편에 "목자"라는 명사로 번역된 히브리 원어는 '가축을 돌보고 음식을 먹이는 행위'를 지칭하는 동사다. 그러므로 목자는 "내게 상을 차려주신다"(5절 참조). 우리가 음식을 다 먹으면, 예수님께서는 이렇게 말씀하실 것이다. "네가 나를 사랑하면 가서 내 양을 먹이라"(요 21:17 참조).

이는 당시의 사람들이 듣기에, 무언가 특별한, 새로운 차원의 말씀이었다. 예수님은 우리가 이 세상 사람들을 위해 제사장의 직무를 수행할 수 있기를 원하셨다. 이 일은 가능하다. 예수님의 풍성한 임재가 우리 삶 속에 머물기 때문에, 예수님이 우리에게 하셨던 것처럼 우리도 다른 사람들을 먹일 수 있다.

먼저 우리가 먹어야 한다. 이스라엘이 먹었던 만나, 혹은 성막에 진설된 갓 구운 진설병(제사장의 음식)과 마찬가지로 우리에게도 생명을 유지하기 위한 음식이 제공되는데 그것은 다름 아닌 예수 그리스도의 임재다. 그리스도께서 우리를 먹이시고 우리를 강건케 하시므로 우리는 날마다 행하고 말하는 모든 것을 통해 그리스도를 증거할 수 있다.

> 기록된 바 하늘에서 그들에게 떡을 주어 먹게 하였다 함과 같이 우리 조상들은 광야에서 만나를 먹었나이다 예수께서 이르시되 내가 진실로 진실로 너희에게 이르노니 모세가 너희에게 하늘로부터 떡을 준 것이 아니라 내 아버지께서 너희에게 하늘로부터 참 떡을 주시나니 하나님의 떡은 하늘에서 내려 세상에 생명을 주는 것이니라 그들이 이르되 주여 이 떡을 항상 우리에게 주소서 예수께서 이르시되 나는 생명의 떡이니 내게 오는 자는 결코 주리지 아니할 터이요 나를 믿는 자는 영원히 목마르지 아니하리라…내가 하늘에서 내려온 것은 내 뜻을 행하려 함이 아니요 나를 보내신 이의 뜻을 행하려 함이니라(요 6:31-35, 38)

> (이스라엘 백성 모두) 다 같은 신령한 음식을 먹으며 다 같은 신령한 음료를 마셨으니 이는 그들을 따르는 신령한 반석으로부터 마셨으매 그 반석은 곧 그리스도시라(고전 10:3-4)

요한복음 6장에서는 예수님이 "내가 곧 생명의 떡이니"라고 말씀하시는 장면이 나온다. 그런데 예수님께서 이렇게 말씀하시게 된 배경 사건이 있었다. 당시에 수많은 무리가 예수님을 따라 광야로 들어갔고 예수님의 제자들은 그들에게 먹일 떡을 준비해야 했다. 문제는 엄청난 양의 떡이 필요하다는 것, 하지만 수중에 그만큼의 돈이 없다는 것이었다. 이러한 상황에서 예수님은 놀라운 표적을 보이셨는데, 제자들에게 세 가지 일을 명령하여 그들로 이 놀라운 역사에 동참하게 하셨다. 물론 제자들에게 부탁하셨던 세 가지 일 중 초자연적 능력을 요하는 것은 하나도 없었다. 1. 사람들을 자리에 앉히는 것(10절), 2. 예수님이 건네시는 음식을 사람들에게 배분하는 것(11절), 3. 먹고 남은 음식을 거두는 것(12절). 떡 덩이와 생선의 양을 배가(倍加)시키는 기적은 예수님의 몫이었다. 제자들은 그저 예수님이 시키는 일만 하면 되었다.

하나님께서는 제사장들과 동역하기를 즐거워하신다―여기서 말하는 제사장은 다름 아닌, 나와 당신이다! 우리에게 주어진 사역을 예수님의 제자들이 수행했던 대로의 사역으로 이해해도 무난할 것이다. 우리의 능력으로는 기적을 만들어낼 수도, 기적을 행할 수도, 기적을 창조해낼 수도 없다. 감사하게도 기적을 행하는 것은 우리의 몫이 아니다. 하나님께서 행하신다. 단지 우리는 예수님께서 시키신 임무만 행할 뿐이다. 예수님이 가시는 곳으로 가고, 그곳에서 주님의 지침을 듣고 섬기며 순종할 뿐이다. 이러한 일 중에 우리의 능력이 모자라서 못할 것은 하나도 없다.

'하나님의 임재'는 단지 '나'만의 배부름을 위한 '음식'이 아니다.

하나님의 임재를 먹고 그 임재가 우리 안에 가득 차게 되면, 이제 그리스도의 터치를 통해 우리 스스로가 세상을 향한 음식이 될 것이다. 그분의 기적을 통해 음식(우리)이 배가(倍加)되어 세상을 배불릴 것이다. 오병이어의 기적은 우리의 삶에도 적용될 수 있는 사건이다. 예수님께서 보이신 기적의 산물(그 남은 것을 열두 제자가 수거하였더니 열두 바구니에 가득 찼다) 즉, 열두 제자 모두 바구니 하나씩을 들고 남은 음식을 거두었다. 그들 모두 그리스도께서 행하신 놀라운 역사에 동참했듯이 우리 각 사람도 하나님의 뜻 안에서 그리스도가 하시는 일에 동참한다면, 하나님의 놀라운 역사를 목도하게 될 것이다. 예수님의 제자들처럼 우리 역시 배고픈 사람들에게 음식을 제공하게 될 것이다. 남은 음식을 열두 광주리에 모았던 것처럼 우리 역시 큰 승리를 거두고 전리품을 거두게 될 것이다. 오병이어의 기적은 이러한 가르침을 전해주는 표적이다. 열두 제자 각 사람은 이 세상을 배불리는, '한 광주리 가득한 축복'이 되기 위해 그 자리에 있었던 것이다.

"오늘날 우리에게 일용할 양식을 주옵시고"–이 기도는 단지 음식, 의복, 집세 등을 요청하는 기도가 아니다. 그리스도의 임재가 우리 안에 풍성히 임하여 먼저 우리가 배부르게 되고, 이어 우리 스스로가 일용할 양식이 될 것을 선포하는 기도, 주님을 알지 못하는 사람들을 배불리기 원한다는 기도다.

43,000톤의 하나님

여호와는 우리의 목자이시다. 그분은 모든 종류의 양식을 우리에게 제공해주신다—특히 우리가 그분의 공급을 간구할 때 하나님은 공급해주신다. 그래서 우리 역시 다른 사람에게 나눠줄 수 있도록 하신다.

지난 장(章)에서는 앤드류 와이트의 이야기를 언급했다. 그는 현재 이라크 바그다드에 있는 성 조지 성당(St. George's Church)의 대목(代牧, vicar)으로 사역 중이다. 아마도 이 지구 상에서 가장 위험한 교구를 담당하고 있는지도 모른다. 우리 교회는 앤드류의 사역을 재정적으로 지원하고 있다. 그뿐만 아니라 매번 파수 기도 집회 때마다 기도로, 또 금식으로 중보한다.

앤드류의 주된 사역 중 하나는 그곳의 수많은 과부와 고아를 먹이는 일이다. 지난 성탄절에는 여러 구호 단체에서 그 지역에 많은 양의 파스타와 쌀을 보냈다. 하지만 구호품 중 육류는 없었다. 이러한 사정을 들은 후, 우리는 그 주의 금요일 밤 교회에 모여 앤드류의 필요를 위해 파수하며 기도했다. 그 주의 주일 저녁, 앤드류는 다음과 같이 기도했다. "주님, 우리 고아들과 과부들을 먹일 고기가 없습니다. 도와주십시오."

다음 날 아침, 앤드류는 호텔에서 아침 식사를 하고 있었다. 당시에 그는 사제복을 입고 있었다. 그때 어떤 키 큰 남자가 그에게 다가와 말을 걸었다.

"신부님, 어떻게 지내십니까?"

"그럭저럭 괜찮습니다." 앤드류가 대답했다.

"혹시 이곳의 주민들을 돕고 계신지요?" 그가 물었다.

"네. 노력은 하고 있습니다만."

그 남자가 앤드류에게 더 가까이 다가왔다. 비로소 앤드류는 그 남자의 키가 생각보다 훨씬 더 크다는 것을 알아챘다. 거구의 남자는 계속 말을 이었다.

"신부님, 혹시 제가 육류를 드려도 괜찮을까요?"

"네? 괜찮다니요? 대환영입니다!" 앤드류가 대답했다.

"좋습니다. 그러면 고기를 좀 드리겠습니다."

"혹시 얼마나 주실 수 있으신가요?"

"약 43,000톤 정도 지원해드릴 수 있습니다."

하나님께 고기를 요청하며 앤드류가 기도하고 또 기대했던 양은 단지 몇 파운드에 지나지 않았다. 그런데 하나님께서는 43,000톤의 고기로 응답해주셨다. 게다가 대형 냉장고가 탑재된 트럭(운전수까지 딸린)도 제공해주셨다. 그 많은 양의 고기는 바그다드 전역은 물론 이라크 내 여러 지역까지 운송되었다.

앤드류는 놀랐다. "주일 저녁에 기도했는데, 월요일 아침에 이 거구의 남자를 만나다니. 혹시 천사가 아니었을까?"

그가 천사가 아니어도 상관없다. 이 사건은 하나님을 믿는 성도들에게 주어진 예언적 메시지임이 틀림없다. 하나님께서는 그분의 모든 부요함으로 우리의 모든 필요를 채워주시기 원하신다.

하나님께서는 온갖 복을 놀라운 방식으로 부어 주실 수 있습니다. 이는 여러분이 꼭 해야 할 일을 하도록 준비시키는 것에 그치지 않고, 무슨 일이든지 넉넉히 할 수 있도록 준비시키시려는 것입니다. 이는 시편 기자가 말한 그대로입니다.

그는 가난한 사람들에게
거침없이, 아낌없이 베푼다.
그가 사는 방식, 그가 베푸는 방식은 참되어서
결코 끝나거나 닳아 없어지지 않는다.

농부에게 먹을거리가 될 씨앗을 주시는 지극히 풍성하신 하나님께서, 여러분에게도 아낌없이 베푸십니다. 하나님께서는 여러분이 베풀 수 있도록 무언가를 주셔서, 그것이 하나님 안에서 튼튼하고, 모든 면에서 풍성하고 충만한 삶으로 자라게 하십니다. 이는 여러분이 모든 면에서 후히 베푸는 사람이 되어, 우리와 더불어 하나님을 찬양하게 하려는 것입니다(고후 9:8-11, 메시지 성경).

하나님이 능히 모든 은혜를 너희에게 넘치게 하시나니 이는 너희로 모든 일에 항상 모든 것이 넉넉하여 모든 착한 일을 넘치게 하려 하심이라 기록된 바 그가 흩어 가난한 자들에게 주었으니 그의 의가 영원토록 있느니라 심는 자에게 씨와 먹을 양

> 식을 주시는 이가 너희 심을 것을 주사 풍성하게 하시고 너희
> 의의 열매를 더하게 하시리니 너희가 모든 일에 넉넉하여 너그
> 럽게 연보를 함은 그들이 우리로 말미암아 하나님께 감사하게
> 하는 것이라(고후 9:8-11)

파수하며 기도하는 법을 배워갈 때, 하나님께서는 43,000톤의 돌파구를 베풀기 시작하실 것이다. '파수 기도'로 채워나갔던 지난 몇 해의 시간 동안 우리는 하나님께서 우리의 요구보다 더 많이 채우시는 것을 목격해왔다. 마치 당신이 뉴올리언스에 가서 식사한다면, 그 곳의 케이준 환대 관습(미 남동부 지역, 인디언-백인 혼혈인들의 관습을 지칭-역자 주)에 따라 주문한 양보다 더 많은 음식을 '덤'으로 대접받게 되는 것과 유사하다. 만일 뉴올리언스의 식당에서 연어 구이를 주문한다면, 사이드 메뉴로 접시 한 가득 담긴 케이준 새우 찜이 나올는지도 모른다. 한 번은 내(마헤쉬)가 새우 요리를 주문한 적이 없다고 말하며 종업원을 불렀는데, 내가 들은 대답은 "아, 그건 그냥 덤으로 드리는 거에요"였다. 하나님께서 '케이준' 스타일이신지도 모르겠다. 하지만 우리를 위한 '덤'을 굉장히 많이 예비해두신 것은 확실하다. 하나님은 우리의 기도에 대한 응답으로, 요구한 것보다 더 많은 것을 베풀어주신다.

예수님의 단순한 한 줄 기도 "오늘날 우리에게 일용할 양식을 주옵시고"가 시사해주는 바는 매우 크다. 하나님의 제사장으로서 우리는 매일의 양식을 전적으로 하나님께 의지해야 한다. 그 옛날, 하나님의

명령에 따라 성막에 드려진 예물을 자신의 음식으로 삼았던 레위 지파처럼 말이다.

아래에 실린 글들은 샬롯(Charlotte)에서 파수 기도하는 우리 지체들이 '하나님의 공급'을 직접 체험했던 내용의 간증들이다. 이 간증들을 읽으면 하나님께서는 매번 우리가 간구한 것보다 더욱 많이 주실 뿐만 아니라 남들에게도 나눠줄 수 있도록 넉넉하게 부어주신다는 것을 알 수 있다.

- **재정적인 공급.** 과거에 연료비의 상승 때문에 재정적으로 곤란한 처지에 놓인 적이 있었습니다. 매주 '헌신 주일'(교회 건축 캠페인의 일환) 캠페인이 진행되던 중, 저는 주님의 인도하심을 간구했습니다. 그때 제가 드릴 수 있는 것을 하나님께 드려야 한다는 내적 감동을 받았어요(물론 저는 제 능력 이상으로 하나님께 드리곤 했습니다). 첫 소산의 예물을 하나님께 드리면서 기도했습니다. "하나님, 제가 더 많은 것을 하나님께 드릴 수 있도록 제게 은혜를 베풀어주세요. 그리고 제 세공과금을 납부할 수 있도록 저의 재정을 넉넉하게 채워주십시오."

이후 한 주간 동안 하나님께서는 큰 간증거리가 될 만한 사건들을 일으켜 주셨습니다! 제가 어릴 적에 어머니께서 제 이름으로 저축성 채권을 사두셨는데 은행 금고에 보관해두었다는 것을 잊고 계시다가 그 주에 기억해내신 것입니다. 채권을 매도하여 현금화했더니, 제 은행 잔고가 두 배로 늘어났습니다! 게다가 도저히 환불받을 수 없을 거라고 생각했던 물건들을 상점에 되돌려주었는데 놀랍게도 주인이 환불해주었습니다. 하나님의 은혜지요! 첫 소산의 예물을 드렸던 주일을 기점으로, 그 주의 금요일까지 제 은행 잔고는 세 배로 불었습니다!

• **도둑맞은 물건을 되찾음-게다가 보너스까지.** 성탄절 기간에 강도가 우리 집에 들어왔습니다. 새로 산 TV, 노트북 컴퓨터, 아이팟 MP3 플레이어를 도둑맞았어요. 현실적으로 생각했을 때, 저는 그 물건들을 다시 만져볼 수 있으리라는 기대조차 할 수 없었습니다. 몇 주 후, 경찰서에서 전화 한 통이 걸려왔습니다. "저희는 귀하가 도난당하신 물건을 지금도 계속 찾고 있습니다." 경찰관의 말을 들었을 때, 이젠 정말 포기해야겠다고 생각했습니다. 몇 주가 지났지만 아무것도 찾아내지 못했으니까요.

그런데 갑자기, 그 도둑을 위해 기도해야겠다는 생각이 들었습니다. 그의 마음에 성령의 책망이 임하여 그가 훔쳐갔던 물건을 되돌려놓을 수 있기를 간구했습니다. 그리고 몇 주가 더 흘렀습니다. 저는 계속해서 동일한 제목으로 기도했습니다.

어느 주일 저녁이었습니다. 전화벨이 울리더군요. 수화기를 들었더니 발신 정보를 알리는 녹음 메시지가 들려왔습니다. "본 통화는 수신자 부담으로…" 보통 이러한 전화를 받게 되면 수신을 거부하곤 했습니다. 하지만 이번만큼은 왠지 모르게 통화해야겠다는 느낌이 들었습니다. 수화기에서 들려온 목소리는 한 번도 들어본 적이 없는 목소리였습니다. 다만 젊은 청년의 목소리라는 것만 알 수 있었습니다.

"혹시 빌(Bill)이라는 분 댁이 맞습니까?"

"네, 그런데요." 제가 답했습니다.

"당신은 기독교인이시죠, 그렇죠?" 그가 되물었습니다.

"네, 맞아요."

그러자 그가 이렇게 말했습니다.

"이상하게 들릴지 모르지만, 제가 선생님의 노트북 컴퓨터를 가지고 있습니다."

그는 자신이 3주 전에 이 도시로 이사를 왔고, 이사 온 지 얼마 지나지 않아 300달러 정도의 괜찮은 금액에 노트북 컴퓨터를 판매하겠다는 사람과 만났다고 전했습니다. 결국 그는 이 노트북 컴퓨터를 구매했습니다. 그런데 하드 디스크 깊숙한 곳에 아직 지워지지 않은 파일 폴더 하나가 남아 있었습니다(무슨 이유에서였는지 도둑은 그 파일을 지우지 않았습니다). 이상하다고 해야 하나요? 도둑이 지우지 않았던 파일에는 제 소망을 적은 내용과 연락처가 기록되어있었답니다. 청년은 제가 쓴 글을 읽고 제가 그리스도인임을 알게 되었습니다. 최근에 그는 주님과의 관계 회복을 갈망해왔습니다. 그리고 원래 주인에게 그 컴퓨터를 되돌려주라는 성령의 책망을 마음 깊이 느꼈습니다. 그래야만 하나님과의 관계가 회복될 것임을 잘 알고 있었습니다. 저는 그 청년과 근처 패스트푸드점에서 만나서 노트북 컴퓨터를 돌려받기로 했습니다.

식당으로 가는 도중, 주님이 제게 은행 ATM으로 가서 300달러를 찾으라고 명령하시는 것만 같았습니다. 제 컴퓨터를 사기 위해 그 청년이 지불했던 금액 말입니다. 제가 그 청년을 만났을 때, 그는 주님께 순종하기 위해 이미 감옥에 갈 준비가 되었다고까지 말했습니다. 주님의 명령대로 제가 그의 손에 300달러를 쥐어주자 그의 얼굴에는 놀라는 기색이 역력했습니다. 당시에 그는 주님을 갈망했고 등록할 교회를 찾고 있었습니다. 감옥에 가는 대신 그는 처음으로 성령 충만한 친구를 만나게 되었죠! 그렇게 주님은 우리 둘의 기도에 응답하셨습니다.

- **아이들을 위한 양식.** 우리가 자녀들을 위해 파수하며 기도했을 때, 놀라운 기적이 일어나는 것을 수없이 목격해왔습니다. 최근에 우리 교회의 여성 한 분이 이런 말을 전했습니다. "저는 제 아들의 삶에 큰 변화를 가져온 것이 파수 기도 모임을 통한 기름 부음과 기도였음을 알고 있습니다. 이곳으로 이사 오기 전, 제 아이의 상태는 조금도 호전되지 않았습니다. 그런데 지금은 의사들이 놀라고 있습니다."

3년 전, 그녀가 이곳으로 이사 왔을 때, 그녀의 아들은 발육부진 진단을 받았습니다. 아이는 잘 걸을 수도, 음식을 씹을 수도 없었습니다. 의사소통은 꿈도 못 꾸었습니다. 의사는 앞으로도 좋아지지 않을 것이라는 이야기만을 반복했습니다. 하지만 최근에 그 아이의 주치의와 임상의, 그리고 특수반 교사 모두 하나같이 입을 모아 말했습니다. 그동안 그들이 치료했던 그 어떤 아동보다 그 아이가 훨씬 더 빠른 진전을 보인다고 말입니다. 이 모든 변화는 그녀가 우리 교회에 등록하여 정기적으로 파수 기도 모임에 참여했을 때부터 시작되었습니다.

아들에게 기적이 일어나기를 간절히 소원했던 또 다른 여성의 이야기입니다. 그녀는 과거에 우리 교회의 파수 기도 모임 중 일어났던 치유 사건의 간증을 들었습니다. 몬타나 주에 살던 이 여성은 간증을 들은 즉시, 이곳 노스캐롤라이나 주 샬롯으로 오려고 비행기 표를 예약했습니다. 말기 증세를 보이는 아들을 생각하면서, 단 하룻밤만이라도 파수 기도 모임에 참석하고자 하는 갈망에 이러한 용단을 내린 것입니다. 그 모자가 우리 모임에 참석한 후 몇 주 지나서였습니다. 그녀가 한 통의 편지를 보내왔습니다. 그녀는 우리 기도 모임에 참석한 직후 아들을 데리고 주치의를 찾아갔습니다. 그런데 의사는 아들의 몸에 나타난 변화에 대해 도저히 믿을 수 없다는 반응을 보였답니다.

수많은 젊은이, 어린 청소년들이 매주 파수 기도 모임에 동참합니다. 그중 한 청소년의 이야기입니다. 이 아이는 수년 동안 수업 진도를 따라가지 못해 고생했습니다. 중학교에 입학했을 때는 자신의 학년에 걸맞은 학습 과제나 내용을 이해하지 못하는 지경에까지 이르렀습니다. 과목마다 낙제 점수를 받아야 했지요. 결국 아이는 수차례 학습 능력 테스트와 평가를 받았습니다. 학습 전문가들은 비관적인 결과를 내렸습니다. 그들은 아이의 부모에게 이렇게 말했지요. "죄송합니다. 댁의 아이는 상위 교육을 받기에 적합지 않습니다. 그러니 좀 더 쉬운 등급의 교육 과정으로 보내는 게 좋을 것 같습니다."

아이의 부모는 이 결과를 아이에게 전해주었습니다. 하지만 아이는 이렇게 대답했습니다. "엄마, 그 사람들은 아무것도 몰라요. 그 사람들에게는 제 진로에 대한 결정권이 없다고요." 아이는 계속해서 기도 모임에 참석했고 우리는 그를 위해 계속 기도했습니다. 그는 전문가들의 진단을 신뢰하지 않기로 결심했습니다. 고등학교를 졸업하고 대학에 진학하겠다는 목표를 향해 정진했습니다.

마침내 아이는 높은 성적으로 고등학교를 졸업했고 대학에 입학했습니다. 수년간 그를 지켜보던 교사들과 전문가들은 아이의 부모에게 다음과 같이 말했습니다. "제가 교직에 몸담고 있는 동안, 학습 능력 평가에서 그렇게 낮은 점수를 받고도 이렇게 훌륭하게 성공을 거둔 학생은 단 한 번도 본 적이 없습니다."

지난 14년 동안 파수 기도 모임을 진행한 결과, 우리는 파수 기도의 영광 아래에서 자라난 새로운 세대를 얻었습니다. 그들은 장차 이 세상을 배불릴 '제사장의 음식'이 될 것입니다. 그들은 문화와 경제, 법조계, 정치계 등 사회 전반에 걸쳐 선한 영향력을 펼칠 수 있는 위치에 오를 것입니다. 또한 이들 '어린 파수 기도꾼들'이 성장하면, 그 다음 세대를 비추는 빛이 될 것입니다. 파수하는 기도는 우리의 생활 습관으로 굳어졌습니다. 우리를 보고 자라난 어린 세대 역시 우리가 했던 그대로 행할 것입니다. 인내, 오래 참음, 충성, 그리고 기쁨을 통해 파수 기도 모임은 다음 세대가 먹을 수 있는 풍성한 열매를 맺고 있습니다.

떡으로만 살 것 아니요

우리는 모두 살기 위해 반드시 먹어야 한다. 성경은 '먹는' 주제로 가득하다—생명을 유지하기 위한 음식, 언약을 맺고 지키기 위한 음식, 그리고 축제와 관련된 음식 섭취.

광야에서 금식하시는 동안 예수님은 시험을 받으셨다. 몹시 주리셨을 때 사탄이 찾아와 말했다. "만일 네가 하나님의 아들이어든 이 돌을 떡덩이가 되게 하라." 이에 대해 예수님은 모세의 글을 인용하여 답변하셨다. 하나님의 언약에 따라 약속의 땅을 얻게 될 이스라엘이 혹시나 복에 겨운 나머지 하나님을 잊고 유혹에 넘어질까 염려하는 마음으로 모세가 전했던 경고의 메시지였다.

> 너를 낮추시며 너를 주리게 하시며 또 너도 알지 못하며 네 조상들도 알지 못하던 만나를 네게 먹이신 것은 사람이 떡으로만 사는 것이 아니요 여호와의 입에서 나오는 모든 말씀으로 사는 줄을 네가 알게 하려 하심이니라(신 8:3)

또한 예수님께서는 "나의 양식은 나를 보내신 이의 뜻을 행하며 그의 일을 온전히 이루는 이것이니라"(요 4:34)라고 말씀하셨다. 물론 금식으로 인해 몹시 주리셨으나 예수님께서 섭취하신 음식은 '물질'이 아닌 하나님을 기쁘시게 하는 '순종'이었다.

이 말씀이야말로 제사장이신 예수님의 정체성을 제대로 드러내준다. 우리 역시 예수님 안에서 제사장의 정체성을 갖고 있다. 그러므로 우리가 "오늘날 우리에게 일용할 양식을 주옵시고"라고 기도한다면, 이는 우리 안에 날마다 새로운 하늘의 양식(예수의 영)이 가득 채워지기를 기도하는 것과 같다. 또한 이 기도는 어디를 가든 그분의 임재가 우리 삶의 향기가 될 것을 간구하는 기도다.

그리스도인이 된 후 처음 몇 년 동안 기름 부으심이 가득한 설교를 들을 때마다 나(보니)는 내 영혼이 갓 구워진 빵으로 가득 채워지는 것 같은 느낌을-하지만 매우 사실적인 느낌을-받곤 했다. 심지어 그 빵의 냄새를 맡기까지 했다. 어렸을 적에 어머니께서는 매주 한 번씩 직접 빵을 만들어주셨는데, 그날만 되면 온 집이 빵 굽는 냄새로 진동했다. 그날 우리 집에 들어오는 모든 사람은 건강, 풍성함, 안정감, 그리고 마치 고향에 온 것 같은 기분을 만끽할 수 있었다. 부모님과 형제들과 나는 부엌 찬장 곁에 서서 줄줄 흐르는 버터와 꿀에 젖은 뜨거운 빵맛을 즐기곤 했다.

샬롯에서 파수 기도 모임을 시작한 이후로 우리의 모임 장소에 갓 구운 신선한 빵 냄새가 물씬 풍기는 사건을 자주 경험했다. 이것은 예언적 메시지였다. 예수 그리스도는 하늘의 빵(양식)이다. 예수님은 날마다 우리에게 '신선한' 모습으로 다가오신다. 예수님은 광야에서 이스라엘 백성이 맛보았던 만나보다 훨씬 더 현실적이고 물리적인 양식이시다. 우리가 주님의 임재에 민감하게 반응할 때, 그분은 하나님의 자녀, 하나님의 제사장인 우리를 배불리 먹이실 것이다.

주 |
1. William P. Young, *The Shack* (Los Angeles: Windblown Media, 2007), 199.

제7장

용서받음, 그리고 용서함

Forgiven and Forgiving

우리가 우리에게 죄 지은 자를
사하여 준 것같이
우리의 죄를 사하여 주옵시고

Forgive Our Debts As
We Forgive Our Debtors

십자가의 능력으로 살아가기

몇 해 전에 악몽을 꾸다가 잠에서 깬 적이 있다. 한밤중에 험상궂게 생긴 한 남자가 내(보니) 아버지의 집에 침입하는 내용의 꿈이었다. 꿈 속에서 나는 "도둑이야!" 고래고래 소리 질러 아버지께 경고하고 싶었다. 하지만 왠지 모르게 목소리를 낼 수가 없었다. 이어 번쩍하는 섬광과 함께 총소리가 났다. 나는 소스라치게 놀라 잠에서 깨었다. 그 즉시 기도하여 악몽을 꾸짖고 또 그 꿈과 연관되었을 법한 마귀를 묶었다. 하지만 이후로 동일한 꿈을 두 번이나 더 꾸었다. 첫 번째 꿈과

정확히 일치하는 꿈이었다.

아버지께 전화하여 이 꿈 내용을 알려드렸다. 아버지는 서부의 사막 한가운데에서 낡은 점포를 운영하고 계셨다. 아버지와 대화를 나누던 중, 나는 아버지께서 어떤 여성과 그 여성의 두 아이를 숨겨주고 있다는 것을 알게 되었다. 나중에 알고 보니, 이 여인의 법적 남편은 가족을 학대하고 구타를 일삼는 위험인물이었다. 아내는 법적으로 강구할 수 있는 방어책을 마련해서 남편의 접근금지 명령을 받아냈던 터였다. 하지만 이들이 은신하던 아버지의 가게 주변에는 변변한 파출소 하나 없었다. 결국 나이 든 보안관인 아버지가 44구경 권총을 옆에 차고 이들을 보호해주어야 했다. "얘야, 걱정마라. 나는 위험한 상황이 일어날 것에 대비하고 있단다. 조금도 두렵지 않아." 아버지가 대답했다.

정의는 반드시 승리해야 한다. 하지만 당신의 악몽이 그대로 현실이 된다면 당신은 어떻게 하겠는가? 상상할 수 있는 최악의 상황이 눈앞에서 벌어진다면 당신은 어떻게 하겠는가? 누구를 탓하고 누구를 비난하겠는가? 정의를 얻기 위해 어디로, 혹은 누구를 찾아가겠는가? 이미 엎질러진 물을 어떻게 다시 담겠는가?

아버지가 시체로 발견되었다는 소식을 들었을 때, 나는 주님이 내 곁에 계신 것을 직감했다. 주님은 십자가에서처럼 두 팔을 힘껏 벌린 채 내 곁에 서계셨다. 그리고 나는 이 사건에 어떻게 반응하는지에 따라 내 인생이 달라질 것이라는 사실도 잘 알고 있었다.

즉시 비행기를 타고 아버지의 집이 있는 서부로 향했다. 아버지가 살해당하신 후 하루가 채 못 되어 사건 현장에 도착했다. 집에 들어선 순간 내 마음을 엄습했던 공허감은 이루 말할 수 없었다. 시간의 경계를 넘어 과거로 돌아갈 수만 있다면, 살아계실 당시 왕성한 모습의 아버지를 만나 지금 내가 서있는 이 적막한 거실로 다시금 모셔올 수만 있다면 얼마나 좋을까?

아버지가 차탁보(茶卓褓)로 사용하셨던 조그마한 덮개천이 눈에 들어왔다. 이상하게도 거실 한쪽 카펫 위에 놓여있었다. 나는 그것을 집어 들어 원래 자리인 찻상 위에 올려놓으려고 했다. 순간 무언가가 나를 말렸다. 두근거리는 가슴을 안고 조심스레 발끝으로 차탁보의 귀퉁이를 들춰 보았다. 그 아래에는 아버지의 몸에서 빠져나온 마지막 핏방울들이 흥건하게 괴어있었다. 혈흔을 감추려고 누군가가 차탁보로 덮어둔 것 같았다. 눈물이 앞을 가렸다. 나는 심하게 몸을 떨며, 그 자리에서 몸을 굽혀, 피 묻은 자국 언저리를 두 손으로 더듬어보았다. 심장이 멎는 것 같았다. 내 감정은 공포와 절망, 신앙과 불신, 충격과 복수심 사이를 분주하게 오갔다. 이 세상 모든 만물이 입을 다물었기에 정적만이 감돌았다.

아버지는 겨우 환갑을 넘기셨을 뿐… 내 아이들은 할아버지로부터 그 옛날 미국 카우보이의 기개와 개척정신을 좀 더 맛보고 즐거워했어야 했는데… 이 나라의 마지막 카우보이셨기에 아버지의 죽음과 함께 이 나라가 자랑스러워할 유산의 일부도 사라져버렸다. 내 아버지의 손자들은 그 유산을 경험하지 못한 채로 삶을 살아가야 한다.

피가 엉겨 붙어 부스럼 딱지가 앉은 카펫 위, 시커멓게 변한 아버지의 핏자국에 내 떨리는 손이 닿았을 때, 내면 깊은 곳 어디에선가 슬픔과 분노의 울음이 터져 나왔다. 그 울음소리가 점점 커져갈 때, 나는 또 다른 누군가의 음성을 들었다. 그것은 인간의 목소리도, 마귀의 소리도 아니었다. 마치 하늘 아버지의 목소리에 내 아버지의 육성이 섞인 것처럼 들렸다. 손가락 끝에 묻어있는 아버지의 혈흔으로부터 들려온 그 음성은 이렇게 말했다. "딸아. 복수하지 말거라."

"아버지여, 저들을 용서하옵소서"

사방에 보혈을 흩뿌린 채, 십자가에 매달리신 예수님은 "아버지, 저들을 사하여 주옵소서 자기들이 하는 것을 알지 못함이니이다"(눅 23:34)라고 말씀하셨다. 기도로 표현된 이 사랑의 말씀은 예상치 못한 말씀이며 우리에게 과분한 말씀이다.

숨을 거두시기까지 여섯 시간 동안 예수님이 나무에 매달리셔야 했던 이유가 이 말씀 속에 담겨있다. 무지함에도 불구하고 우리는 예수님 때문에 용서를 받는다. 우리가 우리의 창조주 하나님께 범했던 죄를 용서받는 것-이것이 예수님의 십자가가 지향하는 목표다. 또한 이 말씀은 성자의 고통 속에서도, 아버지와 아들의 관계가 무너지지 않은 채로 지속된다는 것을 시사한다.

예수님은 사형을 집행하는 로마 군인, 자신을 위험분자로 몰아세웠던 유대 권력가들, 그리고 자신을 석방할지 처형할지를 결정할 수 있었던 본디오 빌라도마저 중보 기도의 대상으로 삼으셨다. 무지함 가운데에 스스로 영원한 위험에 빠지는 사람뿐만 아니라 자신에게 폭력을 가한 사람마저, 예수님은 용서하셨다. 예수님의 말씀 속에서 우리는 의인과 죄인을 막론하고 자신에게 나아오는 모든 사람을 두 팔로 안으시는 하나님을 발견할 수 있다. 모든 사람은-유대인이든 이방인이든, 종교적이든 세속적이든-십자가의 넓은 품에 안길 수 있다.

예수님이 이 세상의 죄인들을 위해 기도하실 때 종교 지도자들은 비웃었다. 군인들 역시 예수님을 조롱했다. 그들은 예수님의 유일한 재산이었던 옷을 벗기고 제비를 뽑아 나누었다. 군중은 아무 말 없이 이 모든 일의 진행을 지켜보았다.

예수님과 함께 십자가형을 당했던 강도를 기억하는가? 그는 자신의 죄에 대해 마땅한 대가를 치르고 있었다. 하지만 그는 구원받고 싶어서 예수님께 간청했다. "예수여 당신의 나라에 임하실 때에 나를 기억하소서"(눅 23:42). 예수님의 대답은 무엇이었는가? "안 돼. 그럴 수 없지. 너는 불량한 사람이 아니더냐?"라고 하셨는가? 아니다. 예수님은 이렇게 대답하셨다. "내가 진실로 네게 이르노니 오늘 네가 나와 함께 낙원에 있으리라"(눅 23:43). 이 사랑의 말씀은 흉악범에게도 영생을 약속하고 있다. 죽어가던 이 남자는 그리스도가 자신의 곁에서 십자가에 달리신 것을 보았다. 그리고 구원의 문을 향해 걸어가기로 결심했다. 그는 하나님의 자비를 붙들었다.

그에게 예수님은 말씀하셨다. "며칠 뒤에 일어날 일이 아니란다. 오늘 해가 지기 전, 내가 가는 곳에 너를 데리고 가겠다." 그와 예수님은 이생과 영생 사이의 문지방에 올라서 있었다. 영생이 보장되는 하나님의 왕국에서 예수님은 출입문을 지키는 파수꾼이자 동시에 왕이시다. 예수님은 우리가 그 왕국에 입장할 수 있도록 꼭 필요한 것을 공급해주신다.

예수님이 말씀하신 단순한 진리를 간과하는 이러한 우리의 모습은-너무도 단순해서 쉽게 지나치는 것일까?-그저 놀라울 따름이다. 우리는 '영성'을 종교인 양 착각하는 경향이 있다. 게다가 복잡하고 또 썩 내키지 않는 의식(儀式)처럼 받아들이곤 한다.

하지만 영성은 하나님의 숨(바람)을 내쉬는 호흡이다. 예수님은 우리에게 말씀하셨다. "너희는 기도할 때에(우리가 기도하는 것을 가정하셨다) 사람에게 보이려고 하지 마라. 네가 어떤 종교를 갖고 있는지 알리려는 목적으로도 기도하지 말라"(마 6:5 참조). 또한 "기도하려거든 서서 하라. 하지만 무엇보다 먼저 용서하라. 그리고 할 일을 하라"(막 11:25 참조)라고 말씀하셨다.

≪오두막≫에서 맥의 삶을 잠식하던 절망감은 그가 하나님을 자신의 '아빠'로 인식하고, 원수를 용서하기 시작했을 때 비로소 사라졌다. "용서의 1차 수혜자는 용서하는 사람 자신이란다. 용서는 너의 삶을 송두리째 삼켜버릴 원한의 감정으로부터 너 자신을 풀어주는 행위이기 때문이다. 용서하지 않으면, 네 안에 자리한 원한의 감정이 너를 파괴하여 마음의 기쁨을 앗아갈 것이다. 다른 사람을 온전히 품어주고 사랑하는 능력을 파괴해버릴 것이다."[1]

아버지의 집에 당도한 후, 몸을 숙여 아버지의 마지막 생애가 얼룩진 흔적을 손으로 쓸어내리는 순간 나는 깨달았다. 어떠한 사람이라도 용서해야 한다는 것을. 그 끔찍한 악몽을 현실로 만들어버린 것이 무엇이든지 그것마저 용서해야 한다는 것을.

공의가 구현되기 전, 사건이 발생한 현장에서 아버지께 해를 가한 사람을 용서하기 위해서는 하나님의 도움이 절실했다. 하지만 걱정할 것은 없었다. 이미 최고의 도움을 얻었기 때문이다―예수님께서 이러한 용서를 몸소 베푸셨기에….

십자가에서

십자가는 용서의 메시지를 전한다. 이 세상의 구원이 십자가에 달려있다. 용서는 인간관계에서 가장 단순하고 또 가장 심오한 원동력이다. 용서를 전제하지 않는 한 어떠한 사랑도 불가능하기 때문이다. 기쁨도 마찬가지다. 용서가 전제되지 않는 기쁨 역시 불가능하다.

하지만 용서는 일방통행로가 아니다. 효과적인 용서는 양방향통행로와 같다. 예수님이 가르쳐주신 기도에서 이 점이 부각된다. "우리가 우리에게 죄 지은 자를 사하여 준 것같이 우리의 죄를 사하여 주시옵고"(마 6:12). 기독교인들은 종종 용서가 지닌 양방향 효과를 간과하곤 한다. 대부분의 사람은 하나님께 용서를 빌며 살아간다. 하지만 언제든지 다른 사람을 용서할 준비가 되어있다거나, 그들을 온전히 용서할 정도로 풍성한 은혜를 체험하지 못한다(은혜의 상태를 유지하지 못하는 것 역시 우리의 현실이다). 용서하지 않을 때 두 명의 죄수가 감옥에 들어가게 되는데 하나는 가해자이고 또 다른 하나는, 역설적이기는 하지만, 피해자다. 용서가 이루어지지 않으면 가해자나 피해자 모두 동일한 저주에 묶여버린다. 그러나 피해자 측에서 용서를 베풀면, 곧 옥문이 열리고 가해자와 피해자 모두 석방된다.

예수님이 가르쳐주신 용서는 매우 중요한 사안이다. 용서의 철칙은 이렇다. "우리가 하는 대로 하나님이 행하신다." 그분의 가르침에 따르면, 우리가 남을 용서하지 않을 경우 하나님도 우리를 용서하지 않으신다. 하나님은 공정하신 가장(家長)이시다. 만일 자녀들이 아버지 앞에서는 화목한 척하다가 아버지가 뒤로 돌아서면 곧장 서로에게 달려들어 물어뜯거나 편을 가르고 서로 따돌린다면, 하나님은 그러한 아이들이 그분의 집에서 사는 것을 꽤나 불편하게 여기실 것이다.

예수님께서는 용서야말로 효과적인 기도를 위한 발판이라고 가르쳐주셨다. "서서 기도할 때에 아무에게나 혐의가 있거든 용서하라 그리하여야 하늘에 계신 너희 아버지께서도 너희 허물을 사하여 주시리라"(막 11:25). 주님의 가르침대로라면, 우리는 하늘 아버지로부터 받기 원하는 만큼의 용서를 다른 사람에게 베풀어야 한다. 그러므로 올바르게 기도하는 그리스도인이기를 원한다면, 십자가가 품은 구원의 능력을 송달하는 통로가 되어야 한다.

우리가 드린 기도 소리가 천국에 울려 퍼질 텐데, 그 소리의 크기는 사람들에게 베푸는 용서의 깊이와 비례한다. 기도하는 중에 하늘이 놋과 같이 두껍고 단단하다는 느낌이 든다면, 그래서 당신의 기도가 놋 하늘을 뚫고 나가지 못한다는 느낌이 든다면, 그 기도는 하나님께 상달되지 않을 것이다. 바꾸어 말하면, 당신의 믿음이 제 기능을 발휘하지 못한다는 것인데, 이런 경우 혹시 마음에 앙심이 남아있는지, 혹은 아직 용서하지 않은 사람이 있는지 점검해보아야 한다.

용서의 '갑문'(閘門)

수많은 배를 이쪽에서 저쪽으로, 혹은 저쪽에서 이쪽으로 통과시키는 운하의 갑문들을 머릿속으로 그려보라. 운하를 따라 배치된 다양한 종류의 갑문이 수위를 조절하여 물의 흐름과 방향을 통제할 것이다.

만일 갑문 통제실에 배치된 근로자가 갑문을 열고 닫는 작업을 하지 않는다면, 운하의 수위에 변화가 생기지 않을 것이고 이에 물도 흐르지 않을 것이다. 결국 선박은 운하를 통과하지 못할 것이다. 갑문은 용서와 같다. 그리고 선박은 구원이다. 당신은 갑문 통제실의 주임이다. 갑문의 개폐 작업을 통해 성령의 신선한 물, 죄를 씻는 거룩한 물을 흐르게 하는 일은 당신의 책임이다(운하를 흐르는 강물은 성령이다). 구원의 배는 당신(구원의 수혜자)이 다른 사람을 용서하기 원하는 만큼, 딱 그 정도의 거리만큼만 당신을 향해 이동할 수 있다.

생명의 강은 보좌에서 발원한다. 요한계시록에서는 이 강이 하나님의 도성 밖으로 흘러나가는 것을 볼 수 있는데, 강물이 흘러 닿는 곳마다 생명으로 변화된다. 하지만 이 강물을 흘려보낼 출구가 마련되지 않으면 물은 고이고, 썩어 이내 늪이 되고 말 것이다 – '용서하지 않음'이라는 늪이다. 그러므로 서서 기도하고자 할 때, 무엇보다 먼저 용서하라.

순종의 아들인 예수 그리스도께서 당신 대신 십자가의 제물이 되셨다. 당신 안에 있는 반항과 불순종이 그리스도 안에서 '사형 집행' 당하도록 예수님이 친히 희생하셨다. 또한 당신의 거듭남과 의로움을 위해 예수 그리스도께서는 스스로와 당신을 맞바꾸셨다. 그러므로 이제 당신은 두 팔을 있는 힘껏 벌려 다른 사람을 용서해야 한다. 당신을 조롱하는 사람이 있는가? 용서하라. 당신을 이해하지 않으려는 사람이 있는가? 끈질기다 싶을 정도로 선한 일을 방해하는 사람이 있는가? 용서하라. 별 다른 이유 없이 당신의 의견에 항상 반대를 표하는 사람이 있는가? 용서하라.

예수님은 '자기중심'이라는 감옥에서 우리를 해방시켜주셨다. 그리고 우리의 눈을 '참된 중심'(true Center) 되신 예수님께로 고정시켜주셨다. 바울은 이 점을 다음과 같이 설명하면서 우리의 삶에서 일어난 '대전환' 사건의 참된 의미를 깔끔하게 요약했다.

> 그러므로 우리가 이 직분을 받아 긍휼하심을 입은 대로 낙심하지 아니하고 이에 숨은 부끄러움의 일을 버리고 속임으로 행하지 아니하며 하나님의 말씀을 혼잡하게 하지 아니하고 오직 진리를 나타냄으로 하나님 앞에서 각 사람의 양심에 대하여 스스로 추천하노라 만일 우리의 복음이 가리었으면 망하는 자들에게 가리어진 것이라 그중에 이 세상의 신이 믿지 아니하는 자들의 마음을 혼미하게 하여 그리스도의 영광의 복음의 광채가

비치지 못하게 함이니 그리스도는 하나님의 형상이라(고후 4:1-4)

"그러므로"-데릭 프린스는 이렇게 말하곤 했다. "성경을 읽다가 '그러므로' 라는 문구를 보게 된다면 그 단어가 왜 거기에 있는지 그 이유를 살펴보십시오." 당신이 하나님의 은혜를 체험하고, 또 의의 길로 행하였기 때문에, 즉 계속하여 남을 용서하였기 때문에, "그러므로" 당신의 삶을 통해 그리스도의 영광스러운 빛이 흘러나와 세상을 비추게 될 것이다.

용서는 구원의 능력을 방출한다

당신은 짐 엘리어트(Jim Elliot) 선교사와 그의 네 친구, 네이트 세인트(Nate Saint), 로저 여더리안(Youderian), 에드 맥컬리(Ed McCully), 피터 플레밍(Peter Fleming)의 순교에 대해 들어본 적이 있을 것이다. 1956년에 일어난 이 사건의 여파는 수 세대를 거쳐 지금도 이어지고 있다. 이 이야기는 용서의 능력을 그려낸 완벽한 예일 것이다. 물론 대강의 이야기는 유명하지만 세부적인 내용은 그리 잘 알려지지 않았다.

이들은 정글을 가로지르는 강가 근처에 어카 부족(Auca, 지금은 화라니[Huaorani] 혹은 와오다니[Waodani] 부족으로 알려짐)의 마을이 있음을 알게 되었다. 조금도 주저함 없이 비행기에 몸을 실은 이 다섯 남자는 어카 부족과의 교류를 소망하면서 작은 모래톱 위에 선교 본거지를 마련했다. 그런데 이 부족은 격렬한 내분(內紛)과 외부인에 대한 집단적 증오심으로 유명했다. 이들 선교사는 그 부족을 만나고자 우호적인 태도를 보이며 마을을 찾아갔다. 하지만 이들의 첫 번째 만남은 결국 마지막 만남이 되고 말았다—모래톱 위에 캠프를 친 지 6일 만에 다섯 명 모두 부족 사람들의 창에 찔려 순교했다.

순식간에 다섯 선교사의 부인 모두 미망인이 되었다. 총 아홉 명의 자녀는 아버지가 없는 '한 부모 가정'의 자녀가 되었다. 이 다섯 남성의 선택은 어리석었는가? 외부 세계의 방문자들(16세기 에스파냐 정복자들부터 17세기 예수회 사제들, 그리고 19세기의 탐험가들까지)을 접하는 족족 살인을 서슴지 않는 이 미개한 원시 부족을 위해 그들이 너무나 많은 것을 희생했다는 점만으로도 '어리석다'고 평가받기에 부족함이 없지 않은가? 이 선교사들은 수년 동안 이 부족을 위해 기도했다. 하지만 기도의 열매는 무엇이었는가? 유가족들은 이 참사에 대해 어떻게 반응해야 하는가?

미망인들과 그 지역을 찾은 또 다른 선교사들은 온전한 용서라는 아름다운 선례를 남겼다. 너무나 많은 것을 잃었기에 상실감의 짓누르는 무게는 이루 다 말할 수 없을 정도였다. 하지만 상실감을 끌어안고, 지속되는 위험을 무릅썼던 몇몇은 정글에 머물기로 결심했다. 네이트의 누이 레이첼 세인트(Rachel Saint)와 짐 엘리어트의 아내 엘리자베스 엘리어트(Elisabeth Elliot), 이렇게 두 여인은 조금의 지체함 없이 어카 부족 마을을 찾아갔다. 이들에게 좋은 기회가 다가왔다. 두 여인은 아예 마을로 이주하여 거기서 아카 부족 언어를 배웠고, 아카 언어로 성경을 번역하며 부족민들에게 복음을 전했다. 레이첼은 아카 부족과 37년간 살았다. 그리고 그곳에서 생을 마감했다. 엘리자베스는 이러한 레이첼의 삶을 전기문으로 남겼고 그녀의 삶에 영감을 얻은 수많은 성도가 선교 현장으로 부르시는 주님의 음성에 순종하였다. 점점 더 많은 사람이 선교사로 지원하였다.

네이트의 아들 스티브 세인트(Steve Saint)는 장성한 후, 선교사가 되어 그 부족을 찾았다. 그리고 자기 아버지를 살해한 사람들(그들 모두 신자가 되었다)의 친구가 되었다. 스티브의 증언에 의하면 그의 아버지와 네 명의 선교사는 총을 소지하고 있었기에 죽음의 위험으로부터 스스로를 보호할 수 있었다고 한다. 하지만 그들은 총을 사용하지 않았다. 바로 그 점 때문에 아카 부족은 레이첼과 엘리자베스의 방문을 허용했다고 한다.

> 아카 부족 사람들은 영문을 몰랐다. 왜 그 코워디(이방인)들은 우리 부족의 용사들처럼 스스로를 방어하지 않고 그냥 순순히 죽음을 당했는가?
>
> 그들은 답을 찾아내야 했다. 기키타(Gikita, 이 사건에 연루된 부족민 중 한 명)는 마음속에서 이 질문을 떨쳐낼 수 없었다.
>
> 어느 정도 시간이 지난 후였다. 기키타는 왜 그 이방인들이 자신의 마을을 찾았는지 알게 되었다. 그 사건의 전말을 들은 것이다. 그는 또한 모든 사람을 이롭게 하기 위해 기꺼이 죽음을 받아들였던 '예수'라는

사람의 이야기도 들었다.

40년 전, 아카 부족은 대적 관계의 부족과 전쟁을 하기보다는 부족민들끼리 서로 죽이고, 또 친인척마저 살해하곤 했던 이상한 집단이었다. 당시 기키타의 나이는 마흔 살이었는데 이처럼 서로를 죽이는 마을에서는 그의 나이가 '꽤나 많은' 편이었다. 지금 기키타는 여든에 가까운 나이다. 손자는 물론 증손자들까지 보았다. 그의 자손들은 더 이상 부족민끼리 창을 겨누는 공포에 시달리지 않는다. 기키타는 입버릇처럼 말한다. "내 모든 소원은 천국이다. 그곳에서 내게 완공기(Wa-ngongi, 창조주)를 소개해주려고 이 마을을 찾았던 다섯 사람과 만나고 싶다. 그들과 평화롭게 살기 원한다."2)

결국 다섯 선교사를 살해하는 일에 가담했던 부족민들 모두 1956년에 일어난 그 사건에 대해 스티브 세인트에게 용서를 구했다. "우리는 모두 하나님의 용서를 체험했습니다. 그들 모두 이 사실을 알고 있었어요. 그러므로 '제가 용서하지 않을까' 하는 염려는 필요치 않았습니다. 그들은 조금도 두려워할 필요가 없었어요." 스티브의 말이다.3)

그렇다. 우리 모두 하나님의 용서를 체험했다. 당신은 당신이 체험했던 십자가의 용서와 은혜를 주변 사람들에게까지 확장할 수 있겠는가? 그들이 가족, 친구, 혹은 원수일지라도 말이다. 아무 조건 없이 사람들을 용서할 수 있겠는가? 그래서 평안한 마음으로 기도하며 놀라운 응답을 맛보겠는가?

너무도 단순한 진리처럼 보인다. 하지만 나와 마찬가지로 당신 역시 용서라는 것이 참으로 어려운 일, 때때로 거의 불가능해 보이는 일임을 잘 알고 있다. 내게 손해를 입힌 사람을 아무 조건 없이 용서하는 것은 상식에 반(反)하는 처사다. 무엇 때문에 살인자를 내 마음의 감옥에서 풀어주어야 하는가? 하지만 생각해보니, 못할 것도 없다. 예수님께서 선례를 보이시지 않았는가?

> 십자가의 도가 멸망하는 자들에게는 미련한 것이요 구원을 받는 우리에게는 하나님의 능력이라(고전 1:18)

서서 기도할 때 주님이 명령하신 대로, "우리는 먼저 용서한다"(막 11:25 참조).

주 |

1. William P. Young, *The Shack*(Los Angeles: Windblown Media, 2007), 225.
2. Steve Saint, "Did They Have to Die?" Christianity Today, Sept 16, 1996, http://www.ctl-ibrary.com/861 from Susan Bergman, ed., *Martyrs: Contemporary Writers on Modern Lives of Faith*(San Francisco: Harper, 1996).
3. Ibid.

제8장

자신으로부터 그리고 악(사탄)으로부터의 안전

Safe from Ourselves, Safe from the Devil

우리를 시험에 들게 하지 마옵시고 악에서 구원하옵소서

Lead Us Not into Temptation Deliver Us from Evil

구원과 보호를 경험하다

플로리다의 마데이라(Madeira) 해변에서 일어난 일이다. 일단의 여행객들은 패러세일링(모터보트에 낙하산을 연결하여 '연'처럼 공중에 떠있는 상태를 즐기는 레포츠-역자 주)을 즐기는 두 명의 십대 소녀에게 무언가 문제가 생겼다는 것을 알게 되었다. 소녀들은 공중에서 250피트를 이동하였다. 원래는 멕시코만 바닷물 위에 떠있어야 하는데 보트에 연결된 줄이 끊어지는 바람에 그들은 해변 모래사장 위에 떠있었다. 이제 곧 땅으로 돌진해서 추락할 지경이었다. 두 소녀는 겁에 질린 채

비명을 질렀다. 그때 한 남자가 끊어진 줄을 잡으려고 바다로 뛰어들었다. 이어 두 명의 남자가 더 뛰어들었다. 그들은 허리 깊이까지 들어가서 온 힘을 다해 줄을 잡아당겼다. 낙하산의 방향을 바닷물 쪽으로 변경시키려고 했지만 바람의 힘을 당해낼 수가 없었다. 줄은 그들의 손에서 미끄러지듯 빠져나갔고 이들의 손바닥에는 마찰로 인한 화상만 남았을 뿐이었다. 거센 바람은 두 소녀를 바다로부터 더 멀리 이끌어갔다. 이제 곧 건물의 외벽에 부딪치거나 전선줄에 걸릴 것만 같았다. 그때, 해변에서 일광욕을 즐기던 사람들이 저마다 수건을 던져놓고 바다로 뛰어들기 시작했다. 이 광경을 목격한 관광객들도 콘도에서 뛰쳐나와 이들을 구하려고 해변으로 향했다. 그들 모두 줄을 붙잡고 잡아당기기 시작했다. 대략 백 명 가까이 되는 사람이 바람과 줄다리기를 한 것이다.

낙하산을 가득 채웠던 강풍은 두 소녀를 '포로'로 잡아 공중에 가두었다. 처음 몇 명이 달려들어 그들을 구하려고 노력했지만 수포로 끝났다. 두 소녀는 여전히 큰 위험과 직면해야 했다. 해변에 있는 모든 사람이 달려들어-마치 모든 교회가 합심하여 기도하는 것과 마찬가지로-두 아이를 구하기 위해 줄을 붙잡고 바람과 씨름했다. 각 사람의 힘과 능력은 미미했다. 이미 통제 불능의 상태가 되어버린 상황 앞에서 무기력했다. 하지만 그들이 연합했을 때, 상황은 달라졌다. 사태를 바로잡을 만큼 충분한 영향력을 행사할 수 있었다. 결국 두 소녀(당시, 그 두 명 중 한 명은 기도하고 있었다)는 안전하게 연착륙할 수 있었다.

이 시대의 문화를 생각해보라. 한 세대 전체가 어둠의 세력에 휩쓸려 날아가 버릴 수도 있다. 교회가 그들을 붙잡는 데 실패하고 또 주 예수 그리스도라는, 견고한 근본 진리를 향해 이끌어내지 못한다면 결과는 뻔하다. 이를 위해 한두 사람이 모여 기도해도 좋겠지만, 우리에게는 그 이상의 사람들이 필요하다. 사태는 이미 한두 사람의 통제력을 벗어났다. 수백 명이 기도의 필요성에 동의하고 합심하여 기도의 줄에 매달려야 할 상황이다. 하지만 함께라면, 우리는 어둠의 요새를 무너뜨릴 수 있다. 정사와 권세를 대적하여 우리 자녀들에게 승리를 안겨줄 수 있다.

자신으로부터의 안전

로버트 루이스 스티븐슨(Robert Louis Stevenson)의 상상력 가득한 소설 ≪지킬 박사와 하이드 씨≫(*Dr. Jekyll and Mr. Hyde*)는 인간의 마음에 내재한 선악 간의 갈등을 잘 그려냈다.

어느 날, 지킬 박사는 묘약을 개발했다. 그 약을 마시면 내면의 선과 악의 페르소나(persona, 인격)가 분리되어 한편으로는 빅토리아 시대에 걸맞은 '올바른' 사람으로 살아감과 동시에 다른 한편으로는 해서는 안 되는 죄악(자신의 사회적 신분에 허용되지 않는)도 스스럼없이 행하며 살아간다. 그는 분리된 각각의 인격이 선과 악이라는 두 세계에서 나름대로 최상의 행복을 누릴 것이라고 기대했다. 그렇게 지킬 박사는 무모하게도 지옥을 향해 첫걸음을 내딛고 말았다.

이야기가 진행되면서 사회적으로 존경받고 또 모두에게 친절한 박애주의자 지킬 박사와 극악무도하고 폭력적인 범죄자 하이드가 결국 동일인에 내재된 하나의 인격임이 밝혀진다. 하이드와 지킬은 상대방의 존재를 못마땅해한다. 그래서 각각은 자신의 인격만 존재할 수 있도록 고군분투한다. 문제는 그 끔찍한 하이드가 점점 더 강해지고 지킬은 내면의 악에 대한 통제력을 점점 더 많이 상실하게 되었다는 데 있다. 그는 말한다. "나는 나 자신을 안다. 나는 내면의 근본적인 악마에게 나를 노예로 팔았다. 내 모든 생각과 행동은 이제 자아에게만 초점 맞춰져 있다."1)

이 세상의 문화는 "당신은 '자아 발견'을 통해 '인간이 된다'는 말의 참된 의미를 깨달을 수 있다"라고 주장한다. 그러나 모든 인간을 그분의 형상대로 빚으신 그분의 입장은 정반대다. 성경에 나타난 삼위(동일 본질, 세 위격) 하나님은 근본적으로 그리고 영원토록 '자신을 내어주는' 분이시다. 하나님의 영광은 세 위격이 '공유'하시는 영광이다. 각각의 위격은 서로에게서 기쁨을 취하신다. 육체가 되셨기에 그리스도께서 스스로를 낮추시고 종의 형체를 취한 것이 아니다. 그분은 삼위의 한 위격으로서 본래 섬기는 분이셨기 때문에 아버지의 뜻대로 육체가 되셨고 종의 형체를 취한 것이다. 우리 각 사람은 이러한 그리스도 안에서 지음 받은 '하나님의 형상' 곧 '이마고 다이'(imago dei)다.

이 땅에서 하나님의 영광을 나타내기란 쉽지 않다. 그렇게 하지 못하도록 우리를 가로막는 두 원수가 있다. 하나는 인간의 마음에 내재한 부패한 생각과 상상이다. 죄 된 옛사람 아담과 에덴의 원죄로 물든 부패한 인성이 우리 마음의 상상과 생각에 악영향을 미친다. 성경은 이 원수를 가리켜 '육체'(flesh)라고 말한다.

또 다른 원수가 있는데, 그 역시 인격체다. 예수님은 광야로 들어가 그 대적에게 시험을 받으셨고, 승리하셨다. 바로 사탄과 그 수하의 마귀들이다. 그들은 우리의 외부에서 영향력을 행사한다. 정사와 권세를 통해 이들은 사람들을 유혹하고, 대적하고, 폭력을 행하고, 죽이고, 훔치고, 파괴한다. 이 두 원수로부터 스스로를 지켜낼 방법은 하나다. 바로 십자가!

십자가에서 예수 그리스도는 사탄의 모든 능력을 진멸하셨고 죄에 속박되어있던 인간의 마음을 자유케 하셨다. 그러므로 주님은 이렇게 기도하라고 가르치실 수 있었다. "시험(마음, 생각)에 들게 하지 마옵시고 다만 악(사탄, 마귀)에서 구하옵소서." 우리는 이 위대한 승리 안으로 들어간다. 파수 기도를 통해 원수들에게 빼앗겼던 영토를 되찾고 밤의 문화를 주님의 문화로 되돌리고 있다.

육체의 정욕을 십자가의 죽음으로 내몰면서 자기 십자가를 지기 시작한다면, 하나님께서는 우리를 승리의 행렬(퍼레이드)에 가담시키실 것이다. 또한 우리를 통해 이 땅 모든 곳에 하나님을 아는 지식의 향기를 퍼뜨리실 것이다(고후 2:14 참조).

하나님이 거주하고자 하시는 궁극적인 '낙원'(paradise)은 그분의 형상대로 창조된 모든 사람의 '마음'이다. 광야에서 시험 받으실 때, 예수님께서 그분의 마음 문을 굳게 지키셨음은 명백하다. 원수의 씨앗이 마음 밭에 떨어지지 않도록, 그래서 쓰디쓴 열매가 자라나지 못하도록 예수님께서는 마음의 문을 굳게 지키셨다. 예수님 스스로도 이 점을 언급하셨다. "…이 세상의 임금이 오겠음이라 그러나 그는 내게 관계할 것이 없으니…"(요 14:30) 잠언은 우리의 마음을 지키라는 가르침을 전한다. "모든 지킬 만한 것 중에 더욱 네 마음을 지키라 생명의 근원이 이에서 남이니라"(잠 4:23). 성부 하나님은 예수 안에서 성령으로 지음 받은 새 피조물들의 마음속에 그분이 기뻐하실 만한 밭을 따로 일구어 놓으셨는지도 모른다. 만일 그렇다면 이 시간 우리가 파수하며 기도해야 할 이유가 생겼다. 하나님이 마련해두신 마음의 에덴동산을 경작하고 지키기 위해서! 우리는 하나님의 말씀과 성령의 빗물로 우리의 마음이 경작될 수 있도록 기도하고 또 파수한다. '파수'는 정기 모임에 개별적으로 참여하여 서로 교제하고 또 연합 기도를 드리는 차원이 아니다. 이것은 성령님을 알아가는 기쁨, 그 기쁨으로 가득한 삶 자체다. 우리가 함께 참여할 탐험의 목표는 '하나님 아는 지식의 습득'이다. 아담과 하와는 그 지식, 그 영광, 그 낙원을 잘 지켜내야 했다. 거룩한 영광과 지식과 낙원의 확대 및 재생산을 통해 이 세상이 하나님을 아는 지식과 영광으로 덮이고, 이후 모든 세대가 그 안에서 거주하는 것은 하나님의 원의(原意)였다. 우리는 마음을 지켜야 한다. 우리 마음에서 나온 거룩한 씨앗이 자녀들의 삶에 뿌려져야 한다. 그러면 그들이 자라나 우리가 하던 일을 이어받을 것이다. 그리스도께서 다시 오실 때까지 우리의 자녀 세대는 이 세상을 경작하고 가꿀 것이다.

아담과 하와는 물리적 딜레마가 아닌, 도덕적 딜레마에 봉착했다. 우리가 경험하는 배고픔은 두 종류인데 하나는 음식(물질)으로 채울 수 있는 배고픔이다. 반면 다른 종류의 배고픔은 또 다른 형태의 '음식'으로만 해결될 수 있다. 에덴에서 그 부부의 선택이 빚어낸 끔찍한 비극은 이 속담의 사실성을 증명해준다. "네 몸은 네가 섭취한 음식과 같다"(You are what you eat). 하나님께서 금하신 나무의 열매를 먹었을 때 죽음이 온 인류 속으로 들어왔다. 하나님께서 "먹지 말라"고 명하신 나무의 열매를 먹었을 때 인류에게 두 가지 변화가 생겼다-하나님으로부터의 분리 독립 및 자치, 그리고 죄로 인한 죽음. 반대로 그리스도 안에서 순종하는 자녀가 된다면 그에게는 하나님과의 연합과 생명이 회복될 것이다. '도덕'이란 옳고 그름, 선과 악, 가치와 무가치, 정의와 부정의 이해에 대한 내면의 태도다. 선한 도덕은 그리스도의 진리에 의해 창조되고, 그리스도의 뜻에 민감하게 반응하는 양심 안에 내주한다.

C.S. 루이스(C.S. Lewis)는 이렇게 언급했다.

> 도덕적으로 평가할 때 어떤 것(사물 혹은 개념)은 가치중립적이다. 하지만 가치중립적인 것을 갈망하는 마음은 위험할 수도 있다. 경건한 삶을 살았던 친척이 나이 들어 고통 없는 죽음을 맞이했다고 하자. 이 경우, "그의 죽음은 도덕적으로 악하다"라고 평가할 수 없다. 하지만 그의 유산을 노리던 유족이 그의 죽음을 간절히 바랐다면, 그의 바람은 선한 감정에서 비롯된 갈망이라고 할 수 없다. 만일 그가 친척의 죽

음을 진척시키기 위해 무언가를 시도했다면, 설령 그것이 아주 경미한 시도였을지라도 법 체제가 그 행동을 좌시하지 않을 것이다.[2)]

나이 많고 부유한 고모에게 유산을 물려받을 것을 갈망하는 마음은 그 자체로는 나쁘지 않다. 하지만 좀 더 빨리 유산을 물려받고자 고모의 죽음을 재촉하려는 생각이 개입되었다면 그 갈망은 나쁘다. ≪Mor-al, Believing Animals: Human Personhood and Culture≫(도덕적인 동물, 신앙심을 가진 동물: 인간의 인격과 문화)라는 책의 저자 크리스천 스미스(Christian Smith)는 다음과 같이 말했다. "인간이 도덕적 강령으로부터 자유로워질 수 있는 곳은 세상 어디에도 없다. 즉, 도덕적 강요를 받지 않고서 '인간'이 될 수 있는 방법은 없다는 뜻이다."[3)] 성도들은 절대자와의 관계를 기반으로 둔 일련의 도덕 기준을 갖고 있다. 그분은 우리를 견고하게 세우시며, 우리에게 정체성을 부여하시며, 그분의 형상을 따라 우리의 도덕성을 훈련시키시는 절대적 영향가(Influencer)이시다. 아담과 하와가 선과 악을 스스로 판단하고자 했을 때, 그들은 하나님으로부터 숨어야 했다. 하지만 하나님은 우리를 사랑하시기에, 우리를 찾으신다. "네가 어디에 있느냐?"(창 3:9) 양심은 우리가 원하는 것을 마음껏 하도록 내버려두고, 또 그 행위를 정당화시켜주는 내적 도구가 아니다. 해야 할 일, 하지 말아야 할 일에 대한 단순한 '감정'이나 태도도 아니다. 양심은 계획한 행동, 현재 진행 중인 행동, 혹은 이미 끝난 행동의 도덕적 가치를 알려주는 '이성의 판단'이다.

그러므로 양심은 인간의 마음에 울려 퍼지는 하나님의 음성과 같다. 양심은 우리에게 진리를 알려주며 선한 것은 행하고 악한 것은 멀리하도록 명령한다. 선한 양심은 저절로 생기거나 하룻밤 만에 완성되지 않는다. 선한 양심은 신앙의 진리에 기초한 도덕적 판단을 견고히 다지려는 노력을 요구한다.

도덕적 양심을 일깨우기

부흥으로의 부르심 가운데에는 옳은 것과 그른 것의 차이를 분별하라는 강령도 포함되어있다. 이 명령은 우리를 에덴동산의 중앙, 선악과나무가 서있던 곳으로 인도한다. 자신의 지식을 따라, 자신의 뜻대로 행하며, 자기의 욕구를 충족시킬 것인가? 아니면 하나님의 지식을 따라, 하나님의 뜻에 자신의 뜻을 일치시켜서 참된 자유를 얻을 것인가? 우리는 양자 간에 선택해야 한다. 부흥으로의 부르심은 우리 신앙의 '검증된 정통'(tested orthodoxy)을 회복하라는 명령이기도 하다. 여기서 말하는 정통이란 '유대-기독교 세계관'의 근간을 이루는 핵심 윤리로서, 사회를 위한 '소망의 윤리'라고 할 수 있다. 아래는 은퇴한 대주교 해리 플린(Harry Flynn)의 목양 서신 "Moral Conscience"(도덕적 양심)에서 발췌한 내용이다.

> 일반 상식 및 도덕성의 결여는 한 세기에 걸쳐 전체주의와 물질주의의 확산에 크게 이바지했다. 손을 맞잡은 전체주의와 물질주의는 온 세계

모든 민족 위에 엄청난 해악(害惡)을 가하였다. 두 사조의 영향력이 단지 세계 곳곳에서 일고 있는 '운동'이나 '움직임'에만 국한될 것이라 생각한다면 오판이다. 하나님과 인간에 대해 거짓을 말하는 전체주의와 물질주의의 영향력을 평가하자면, 작게는 개개인의 도덕적 판단과 가치관에 왜곡을 가져왔다고 할 수 있다. 하지만 더 큰 문제가 있다. 오랜 시간에 걸쳐 각 사람은 개인의 자유, 독립, 자치를 존중하며 선과 악의 주관적 판단을 고양하는 문화를 수용하게 되었다. 그리고 무엇보다 가장 큰 문제는 '도덕 자체를 개인화하는'(merely individualistic morality) 세상을 창조해낸 것이리라.[4]

행동은 마음의 태도에서 비롯된다. 사람은 마음으로 생각하기 때문에, "그의 마음이 그 사람이다"라고 말해도 틀리지 않다. 마음으로부터 생명이 발원한다. 새 마음을 받지 않으면 죽어야 한다는 것을, 우리는 잘 알고 있다. 새 마음과 더불어 삶을 회복시키고 변화시킬 무적(invincible)의 힘도 우리에게 필요하다. 우리의 정체성은 인본주의적·세속적 기준이나 이 어두운 세대의 지혜로는 정의될 수 없다. 그리스도를 믿는 믿음 안에서 거듭났기 때문에 우리는 무적의 힘, 그 근원을 받았다-이는 그 무엇도 막을 수 없는 성령님이다! 성령님은 특별한 무기를 우리에게 주신다. 우리는 이 무기(교회)를 가지고 악한 영과 싸워 자신을 보호하며 우리 주변에 드리워진 어둠을 변화시킨다. 인간의 역사 속에 펼치신 하나님의 '드라마'의 그 마지막 장면(scene)은 다름 아닌 교회, 예수 그리스도의 몸 된 교회다. 우리는 예수 그리스도의 '슈퍼 패밀리'-예수 그리스도를 세상에 전파하기 위해 이 땅에 배치된 초자연적 피조물-이다. 슈퍼 패밀리로서 예수 그리스도를 전파하는 것은 파수꾼의 임무다.

거듭난 존재이기에 우리는 독특하다. 그리스도의 보혈로 씻음 받았기 때문에 우리는 독특한 존재다. 하나님의 말씀을 받았기에 우리는 독특하다. 성령을 받았기 때문에 우리는 독특하다. 영원한 공동체(교회)를 구성하는 각 사람들 안에 이러한 영적 재창조가 이루어진다. 하나님은 이 공동체를 사용하셔서 그분이 시작하신 이야기를 해피엔딩으로 매듭지으실 것이다.

'위대한 승리자'는 하나님께서 이미 정해두신 때, 하지만 아직 아무에게도 알려지지 않은 때에 등장하실 것이다. 그때까지 우리는 "바른 것을 행하며 현재를 살아가야 한다. 그렇게 우리는 하나님의 이야기를 써 내려가야 한다. 하지만 기억하라. 현재의 행동과 결심은 이전의 행동과 직접적인 연관성을 지닌다는 것을(이 이야기 구조 속에서 과거가 맘에 안 든다고 전혀 다른 장면이나, 다른 극본(play)으로 넘어갈 수는 없다). …그러므로 우리는 현재의 일에 충성을 다하여 항상 자랑스러운 '과거'를 확보해야 할 것이다. 그러면 장차 다가올 일들도 기쁨으로 맞이할 수 있다."[5]

악(사탄)으로부터의 안전

나는 우리 모두 두 손을 들고 권위자들을 위해 기도하여, 평화롭고

안정된 삶을 보장받기를 원한다(딤전 2:2, 8 참조). 하나님께서는 온 교회를 향해 '연합 기도'의 자리로 나아올 것을 명령하신다. 연합 기도로 우리는 모두 각 나라의 영적 선구자가 되어야 한다. 당신이 어디에 살든지 상관없다. 만일 당신이 그리스도인이라면 이 점을 기억하라. 당신은 천국으로부터 임무를 부여받았다-당신은 당신이 사는 나라의 정책 방향과 통치 체제 조직에 간섭해야 한다. 이를 위해 당신은 천국으로부터 기름 부음을 받았다. 이 모든 일은 교회에서, 연합 파수 기도를 통해 시작된다.

고대 이스라엘 사람들은 들판이나 도시, 혹은 전략적 요충지를 지키는 '파수대'를 일컬어 '미스바'(mizpah)라고 불렀다. 파수대(watchtower)는 밤낮 가릴 것 없이 좋은 시야를 확보할 수 있는 곳, 유사 공격 시 방어하기에도 편리한 지역에 설치해야 한다. 사실 국내외적으로 그리고 영적으로 중요한 사건 중 상당수가 파수대에서 발생했다. 그러므로 파수 기도는 영적 능력을 함양할 수 있는 실질적 방안이다. 특정 사태가 발생하면 국가의 정부는 능력이 닿는 대로 온 힘을 다하여 수습하려 할 것이다. 하지만 천국을 이 땅으로 내리는 일, 사람의 능력으로는 도저히 해결할 수 없는 사건에 천국의 능력을 개입시키는 일은 교회밖에 담당할 수 없다. 믿음을 가지고 기대하는 마음으로, 우리의 모든 감각을 열고 전 존재를 성령님께 집중시켜 파수 기도할 때, 우리의 기도는 구원의 방주가 된다. 이에 우리는 내면의 감옥으로부터 스스로 풀려나고 사탄의 훼방에서도 자유케 된다. 911 사태를 필두로 테러리즘은 새로운 국면에 들어섰다. 이러한 상황에서 우리에게 꼭 필요한 영성은 바로 파수 기도의 능력 안에 있다. 지금 전 세계는 언제 일어날지 모르는 테러 공격에 노출되어있다. 그 위험이 매우 현실적이기에 사람들은 자신의 가정과 도시, 국가의 안전을 염려한다. 우리의 삶을 지속시켜주는 여러 가지 요소와 자원이 테러 공격의 위협을 받고 있다. 이러한 위협 때문에 현재 각 나라의 정부는 주기적으로 테러 공격 주의보를 발동한다. 잦은 테러 위협과 경보 발동에 사람들의 내면은 이미 쇠약해졌다. 즉 내적인 테러 공격이 자행된 것이다. 예수님께서 제자들에게 버림받았던 그날 밤, 겟세마네 언덕에서 예수님과 제자 모두 경험했던 것 역시 이러한 종류의 내적 테러 공격이었다. 무장한 폭도들이 예수님께 달려들어 죽이려고 했다. 당시에 예수님은 깨어계셨다. 하지만 앞으로 겪게 될 위험이 두려워서 못내 잠을 이루지 못하신 것이 아니었다. 도사리던 '위험'이 정체를 드러낼 때 하나님의 계획과 목적에 온전히 부합하기 위해, 천국의 능력을 힘입어 끝까지 하나님의 뜻에 순종하기 위해, 예수님은 그 밤에 깨어있으셨다. 그렇기 때문에 위협의 순간, 예수님께서는 전략적으로 방어하실 수 있었고 또 하나님이 지정해주신 무기로 싸우실 수 있었다.

노스캐롤라이나 샬롯에서 파수 기도 모임을 시작했던 초창기에 우리 사역팀의 한 자매가 꿈을 꾸었는데, 그녀는 고대 도시의 방어벽과 같이 생긴 것이 샬롯의 경계를 두르고 있는 것을 보았다고 밝혔다. 외곽에 세워진 벽은 적의 공격을 막아주는 역할을 했다. 꿈에서 그녀는 어떤 불길한 형체가 벽을 뚫고 내부로 잠입하여 사악한 궤계를 수행하는 것을 보았는데, 그 규모는 단지 마을의 몇몇 가정에만 해를 입힐 정도가 아닌, 매우 큰 규모였다고 말했다. 우리는 이 꿈이 주님으로부터 온 것임을 확신했기에 이를 놓고 기도하기 시작했다. 몇 시간 정도 기도가 진행되었을 때, 하나님께서는 우리에게 매우 구체적인 예언적 정보를 주셨다. 기도하던 중에 우리 마을의 어떤 단체가 중동 지역의 테러 조직을 재정적으로 후원하고 있다는 감동을 받았다. 구체적으로 우리는 그 불길한 형체가 헤즈볼라(Hezbollah)로 불리는 테러 조직임을 알게 되었다. 이 단체는 이곳 미국에서뿐만 아니라 세계 여러 나라에서 활동하며 무고한 시민에게까지 피해를 가하는 국제 테러 조직이었다. 우리 기도 모임이 특정 테러 조직을 상대로 파수 기도를 했던 것은, 911 사태가 터지고 나서야 비로소 급진적 이슬람 세력이 일으키는 테러의 위협을 온 세상이 인식하기 시작했던 2001년보다 훨씬 이전의 일이었다. 그 당시에는 그 누구도 이러한 일을 알지도 못했고, 언급하지도 않았다.

그러나 파수꾼인 우리는 기도하며 깨어있었다! 우리는 하나님께 간구했다. "하나님, FBI(연방 수사국)와 INS(연방 이민국), 그리고 지역 경찰이 힘을 모아 성공적인 함정수사를 펼쳐서 악의 궤계를 찾고, 잡고, 근절할 수 있도록 도와주옵소서!" 오랫동안 기도한 끝에 기도의 짐이 벗어진 것을 느꼈다. 우리는 춤추며 예배하며 기뻐했다. 비록 우리에게는 원수의 정체를 밝혀낼 능력도, 잡을 능력도 없었지만 원수를 이기시고 우리에게 승리를 안겨주신 하나님께 감사와 영광을 돌렸다.

수년 뒤 폭스 뉴스(Fox News-미국 폭스 방송국의 뉴스 채널)에서 미국 내에 자생하고 있는 테러 단체에 대해 특별히 다룬 적이 있었다. 경찰의 수사 결과 샬롯을 근거지로 둔 테러 협력 단체는 그동안 수십만 달러에 달하는 돈을 세탁하여 무기와 폭발물을 구매, 다양한 테러 활동을 지원한 것으로 밝혀졌다. 당시 파수꾼들이 드렸던 예언적인 기도는 어둠을 무찌르고 정의를 일으키는 하나님의 전술 전략이었다.

요새를 무너뜨리라

천국이 우리에게 위임해준 권세를 사용할 때 얼마나 큰 능력이 발현되는지를 보여주는 극적인 경험이 있어 여기에 소개하고자 한다. '패션 오브 크라이스트'(The Passion of the Christ, 그리스도의 수난)를 관람하고 돌아온 후의 일이다. 당시 내(보니) 마음에 밖으로 나가 산책하며 기도해야 한다는 강력한 느낌이 들었다.

밤하늘은 참 맑았다. 예수님의 자기희생적 사랑에 대한 경외심이 다시금 일어났다. 밤하늘의 찬란한 별빛이 이러한 내 마음과 조화를 이루었다. 동네의 익숙한 거리를 걸으며 영화에서 보았던 장면들을 하나둘씩 떠올려보았다. 특히 예수님이 겟세마네에서 기도하시던 장면에 집중되었다. 하나님의 뜻에 순종하겠노라고 결심하신 후 기도를 마치신 예수님은 그 자리에서 일어서셨다. 한 발자국을 내딛으셨다. 예수님의 샌들이 땅에 닿을 때, '쿵' 소리와 함께 그분의 주변을 맴돌던 뱀의 머리가 짓눌렸다.

나는 큰소리로 구세주 예수님을 경배하며 방언으로 기도하기 시작했다. 순간, 내 눈을 덮고 있던 어떠한 막이 벗겨지는 것 같았다. 그때 하늘을 가득 메운 주님의 천군 천사들이 보였다. 천국에서 말을 타고 내려온 기병대 천사들은 마치 내 명령이 떨어지기를 기다리는 것만 같았다. 나는 요한계시록에 묘사된 성도들의 금향로가 생각났다. 내가 성도들의 파수 기도를 가득 담은 금향로처럼 느껴졌다. 내 기도를 통해 이 향로가 기울어지면 이 땅 위에 천국의 능력이 필요한 곳에 그 능력이 쏟아질 것이라는 생각도 들었다. 그 즉시 내 마음은 해외에 파견되어 테러와의 전쟁을 펼치고 있는 군인들을 향했다.

그 순간 한 줄기의 섬광이 번뜩였다. 그 빛은 내가 서있는 곳에서 출발하여 지구 저편, 나와 친분 있는 사람이 복무하고 있는 군 기지를 향해 큰 아치를 그으며 날아가는 것 같았다. 나는 그를 위해 자주 기도했다. 뜨거운 사랑의 마음을 담아 기도했다. 그런데 그를 위한 모든 기도가 한꺼번에 응답되는 것 같았다. 새로운 돌파구가 열린 것이다.

어느새 나는 교차로에 서있었다. 몇 대의 트레일러가 고속도로에서부터 굉음을 내면서 달려왔다. 하지만 알고 보니 트럭 소리가 아니었다. 계곡을 내달리던 강렬한 바람이 내 쪽으로 불어오는 소리였다.

어디에서 이 바람이 시작되어 내 살갗에 닿는지 알 수 없었다. 얼마 안 되어 강풍에 실려온 먼지와 낙엽이, 따갑게 내리꽂는 빗줄기에 섞여 내 몸을 뒤흔들었다. 그 강렬함에 못 이겨 서있는 것조차 힘들었다. 말 그대로 폭풍우였다. 하지만 나는 승리의 웃음을 웃었다. 큰 비와 바람은 분명히 내 기도의 응답과 연관되어있다고 생각했기 때문이다-날아다니는 파편들은 '공중의 권세 잡은 자'가 응답된 기도들을 방해하기 위해 몸부림치고 있다는 증거였다!

물론 도로에는 트럭도 자동차도 없었다. 주변에는 아무도 없었다. 하지만 이러한 날씨에 도로 한가운데에 서있는 것이 얼마나 위험한 행동이었는지 모른다. 그 위험성을 깨달은 것은 폭풍우가 몰아친 후 한참이 지난 뒤였다. 당시 나는 계속 걸으며 또 성경 말씀에 곡조를 붙여가며 읊조리는 데에 정신이 팔려있었다. 그래서 이러한 행동의 위험성을 눈치 채지 못했다.

"주께서 내게 복음을 전하게 하시려고 기름을 부으셨으니, 주 하나님의 성령이 내게 임하셨네! 지금은 주의 은혜를 받을 해라! 이날은 하나님께서 보수(원수를 갚으시는)하시는 날이라!" 나는 노래하며 걸었다. 그때 무언가가 보였다. 나는 환상이 열렸다고 생각했다. 길 양 옆으로 큰 나무 두 그루가 갑자기 거대한 위세를 드러내기 시작했다. 나는 두 그루의 나무가 이 세대 미국인들을 괴롭히는 악(惡)의 두 기둥임을 알아차렸다. 그 사이를 지날 때, 마음에 큰 감동이 찾아왔다. 나는 유다서의 말씀으로 두 그루 나무를 향해 선포했다. "너희들 곧, 두 번 죽은 타락과 반항의 나무들이여! 내가 너를 미국인들의 마음과 영혼으로부터 뿌리째 뽑노라." 나는 그것들을 뿌리째 뽑으려고 두 나무를 향해 차례대로 손을 뻗었다. 이후 예수의 이름으로 이 나라 전역에 퍼져있는 속임의 권세와 성적 유혹의 권세들을 묶었다. 영적 충돌로 인한 굉음 때문인지 내가 서있는 곳을 중심으로 수많은 가로등 불이 차례차례 꺼져나갔다.

도로 전체가 칠흑 같은 어둠이었다. 그제서야 나는 비에 흠뻑 젖었다는 사실을 깨달았다. "서둘러 집에 가야겠어!"라고 생각한 것도 그때였다. 왔던 길을 되짚어 집에 가려고 돌아선 순간 쏟아지는 빗줄기 사이로 저 멀리 자동차의 헤드라이트 불빛이 보였다. 그리고 자동차 한 대가 내 옆에 멈춰 섰다. 딸 세라(Serah)가 나를 찾으려고 빗속을 뚫고 여기까지 온 것이다. 폭풍우를 피할 수 있음에 감사하며, 나는 차에 올라탔다. 집으로 가는 중에 나는 세라에게 이 특별한 경험을 들려주었다. 환상 중에 보았던 두 그루의 나무 이야기를 하려는 순간 자동차의 헤드라이트가 닿은 지점에 놀라운 광경이 펼쳐졌다. 바로 우리 앞에, 그것도 도로 한가운데에 거대한 나무 두 그루가 뿌리째 뽑혀 가로로 누워있었다. 내가 성령 안에서 기도하며 영적인 나무 두 그루를 뽑았을 때, 실제로 이 땅 위에 뿌리박고 있던 두 그루의 나무가 거센 바람을 못 이기고 뿌리째 뽑혔던 것이다. 그 굉음은 이 두 나무가 뽑힐 때 났던 소리였다.

집에 도착한 후, 이 이야기를 나머지 가족들에게도 들려주었다. 이야기하던 중에 갑자기 전화벨이 울렸다. 놀랍게도 그동안 내가 중보 기도해주었던 그 군인이었다. 나는 큰 아치를 그리며 지구 반대편의 군 기지로 날아갔던 섬광을 떠올렸다.

"어떻게 전화를 했어? 무슨 일 있는 거야?" 내가 물었다.

그가 대답했다. "조금 전에 기지 전체가 정전이 되었어요. 전기 보수공사를 하는 동안 부대 밖으로 나가 휴대전화기를 사용해도 된다는 허락을 받았어요."

이 같은 일련의 사건들을 통해 하나님께서는 믿음으로 드리는 우리의 기도가 강한 능력을 발휘한다는 사실을 알려주셨다. 또한 이를 믿는 우리의 믿음을 더욱 굳게 해주시려고 이러한 확증(sign)을 주신다. 우리의 기도에 천사들이 대동되어 천국의 일을 수행한다. 그들은 눈에 보이는 적, 보이지 않는 적의 위협으로부터 우리를 구원해낸다.

추가할 내용: 다음 날 아침, 우리 가족은 폭풍이 지난 자리의 모습을 확인하려고 집을 나섰다. 예상대로 두 그루의 나무가 여전히 도로를 가로막고 있었다. 각각의 나무는 높이가 자그마치 70피트(20미터) 이상이었다. 그런데 더 중요한 일이 일어났다. 이 사건 이후, 그동안 우리가 중보 기도해주던 청년들의 삶 가운데에 놀라운 변화가 생겼다는 것이다. 그들의 인생 앞에 돌파구가 열리는 것을 목도할 수 있었다.

지역 교회를 섬기라

우리의 씨름은 혈과 육에 대한 씨름이 아니라 공중의 권세를 잡은 정사와 어둠의 주관자들에 대한 씨름이다(엡 6:12 참조). 여기서 '우리'란 성령의 인도하심을 따르는 지역 교회 회중, 혹은 기도 모임 등으로 활동하는 그리스도의 지체를 가리킨다. 이들은 연합체로서 밤을 비추는 영적 파수대의 불빛을 충성스럽게 지켜내는 사람들이다.

씨름(레슬링)은 가장 격렬한 운동 중 하나로 엄청난 에너지의 소비와 지구력을 요한다. 경기에서 승리하려면 힘을 길러야 함은 물론 전략 전술을 사용할 줄 아는 지혜도 필요하다. 우리의 씨름은 영적 존재들(물리적 존재가 아닌)에 대한 싸움이다. 영적 싸움이지만 우리가 파수대에 올라가 기도하고 또 파수하며 영적 존재들과 싸우는 동안 우리의 육체적 안전과 복지는 위험에 빠진다. 하나님 나라의 평화 그리고 이 세상의 평화를 위협하는 어둠의 능력-이 둘의 전쟁에 대해 우리가 취해야 할 입장은 M. 더글러스 믹스(M. Douglas Meeks)의 책 ≪Passion for God≫(하나님을 향한 열정) 서문에 잘 나온다.

> 지금 우리는 불안과 두려움의 시대를 살고 있다. 위험을 감지하는 순간 우리는 마비된다. 한 번 마비되면 이로부터 벗어날 길은 없다. 이러한 마비 상태를 가리켜 '죽음 전의 죽음' 이라고 한다. '마비의 잠' 에 빠지면 현실감각을 잃기 때문에 착각과 환상에 갇혀 살아간다. 겟세마네 동산에서 깊은 잠에 빠진 제자들을 깨우신 것처럼 지금도 예수님은 불안과 공포에 사로잡혀 깊은 잠에 빠져버린 우리를 깨우신다.[6]

이 세상은 지금 새로운 국면에 들어섰다. 그러므로 새로운 기도가 필요하다. 우리는 하늘을 향해 눈을 고정하고 두 팔을 벌려 기도해야 한다. 언제든지 순종할 준비를 한 채, 고개를 들어 기도해야 한다. 우리는 이 세상에 일어나는 일들에 민감하게 반응하며 기도해야 한다. 이 기도는 겟세마네 동산에서 테러의 위협 앞에서 예수님이 드리신 기도의 전형이다. 신학자 몰트만(Moltmann)은 이러한 예수님의 기도를 다음과 같은 말로 표현했다. "일깨움(awakening), 파수(watching), 그리고 기대(expectation)하는 태도, 이는 모두 기도의 양식(樣式)이다. 우리는 열린 눈과 펼친 손으로 기도해야 한다. 왜냐하면 기도는 세상에서 일어나고 있는 사건들에 눈을 뜨는 행동이며 주위 사람들의 신음소리를 감지하는 일이기 때문이다. 세상이 변했기 때문에 또 다른 차원의 절망이 우리 앞에 놓여있다. 겉모양만 바뀐 그 절망의 심연(深淵)에 또다시 빠지는 우를 범하지 않으려면, 폭력에 짓눌린 사람들의 모습에서 십자가에 달리신 예수님의 얼굴을 찾아야만 한다. 하나님은 그들과 함께 신음하신다. 기도는 하나님의 고통에 동참하는 일이며 또한 하나님의 구원이 임하기를 기대하는 일이다."7)

공중전을 치르듯 우리는 우리의 가정과 도시와 나라를 공격해오는 적군을 향해 기도의 로켓포를 날린다. 이것은 '파수 기도'를 통해 경험할 수 있는 신비함과 영광의 일부다. 하지만 우리는 기도실에 숨어 적을 향해 홀로 저격을 가하는 '외로운 스나이퍼'가 아니다. 우리는 중대다. 한밤중에 일어나 대적의 문을 취하는 공동체다. 그러므로 다양한 부서와 동료 교인들을 섬김으로써 당신의 지역 교회를 축복하라.

그리스도의 몸 된 교회가 없으면, 당신이 드릴(드렸던) 기도의 상당량은 영계(靈界)에까지 닿지 않을 것이다. 파수 기도를 예로 들어 설명하자면, 우리가 연합해서 기도드렸을 때 하늘로부터 최상의 결과가 나타났다. 제멋대로 날아가던 낙하산을 끌어내리기 위해 플로리다 해변에서 모든 관광객의 힘이 동원되어야 했듯이, 통제 불능 상태인 악마의 계교를 물리치기 위해서는 우리 모두의 연합 기도가 필요하다. 합심하여 기도할 때 당신은 더 깊은 계시를 얻게 될 것이다. 더 많은 예언의 말씀을 듣는 것은 물론, 천사의 방문도 더 자주 경험하게 될 것이다. 합심하여 기도할 때 치유의 빈도가 높아질 것이다. 기도의 응답도 더 많이 나타날 것이다. 심지어 예수님의 방문을 알려주는 현상 및 영적 분위기의 변화도 체험하게 될 것이다. 당신은 지역 교회에 소속되어야 한다. 당신은 형제, 자매들이 소유하고 있는 영적 잔고와 영적 수표가 필요하다. 이 길을 가는 동안 당신의 믿음보다 훨씬 더 성숙한 믿음의 소유자들로부터 멘토링을 받아야 한다. 영적 은사를 효과적으로 사용하기 전에 먼저 지역 교회의 구성원들을 세워주기 위한 용도로 당신의 은사를 다듬어야 한다. 이 모든 일은 지역 교회에서만 가능하다. 그러므로 예수님께서 당신에게 허락하신 동료 성도들을 거절하지 마라. 서로를 존중하여 주님을 높여드리라.

> 오직 사랑 안에서 참된 것을 하여 범사에 그에게까지 자랄지라 그는 머리니 곧 그리스도라 그에게서 온 몸이 각 마디를 통하여 도움을 받음으로 연결되고 결합되어 각 지체의 분량대로 역사하여 그 몸을 자라게 하며 사랑 안에서 스스로 세우느니라 (엡 4:15-16)

당신의 입지를 세우라

날마다 주님의 음성에 민감하게 반응하고, 개인적으로 기도하는 중에, 또 연합하여 기도하는 중에 우리는 "악한 날에 능히 대적하고, 일어서게" 될 것이다(엡 6:13 참조). 이 과정에서 우리는 수차례의 시험과 검증을 통과할 것이다. 이것은 마치 하나님의 말씀을 우리 개인의 삶에 적용해보고 그 말씀의 진실성을 입증하는 과정과 같다.

"우리를 시험에 들게 하지 마옵시고"라는 구절에서 '시험'에 해당하는 헬라 원어는 페이라스모스(peirasmos)다. 이 단어는 육체의 죄를 통해 유혹에 빠지는 것보다는 역경을 통과하는 시험의 의미에 더 가깝다. 이는 바울이 갈라디아로 보내는 서신에 사용했던 단어(갈 4:14)와 동일하다. 갈라디아 성도들은 복음을 전하기에 '불편한 사정'(육체의 약함)이 있었던 바울을 잘 대접해주었다. 그들은 이러한 바울의 모습에 시험 들지 않고 오히려 바울의 복음을 잘 받아들였다. 그래서 바울은 그들을 칭찬하였다. "너희를 시험하는 것이 내 육체에 있으되 이것을 너희가 업신여기지도 아니하며 버리지도 아니하고 오직 나를 하나님의 천사와 같이 또는 그리스도 예수와 같이 영접하였도다"(갈 4: 14).

겟세마네 동산에서 예수님은 '시험'의 자리에 오르셨다. 자신의 운명을 결정해 놓으신 하나님의 뜻에 과연 예수님께서 순종해야 하는지가 이 시험의 주제였다. 성령의 인도하심대로 광야에 들어가 40일을 금식하셨던 때부터, 겟세마네 동산에 올라가 하나님의 뜻 앞에 자신의 의지를 굽히셔야 했던 그 밤의 승리까지 예수님의 공생애는 실로 시험의 연속이었다.

그러므로 "우리를 시험에 들게 하지 마옵시고 다만 악에서 구원하옵소서"라는 기도는 당신을 끌어내리려는 원수에 대하여 견고한 입지를 세우기 원한다는 다짐의 기도다. 그리스도의 신부가 길을 잃지 않도록, 혹은 미혹된 나머지 원수의 영토에 빠지는 일이 생기지 않도록 하나님께서 지켜주시기를 간구하는 기도이기도 하다(여기서 '원수의 영토'는 거짓말로 가득한 땅, 영성이 메마른 곳, 인품이 무너진 영역을 뜻한다).

바울은 에베소 성도들을 향해 다음과 같이 명령했다. "너희는 악한 날에 능히 대적하고 모든 일을 행한 후, 일어서라." 하지만 그보다 먼저 영적 전쟁을 위한 하나님의 전신 갑주부터 입으라고 명령했다. 성령님께서 제공해주신 신발을 신을 때, 우리는 견고한 입지를 다질 수 있다. 바울은 평화를 전하는 복음의 신발을 로마 군인들이 신는 샌들에 비유했다. 샌들의 밑바닥에는 특별한 뾰족 돌기(스파이크)가 달려있다. 일단 샌들을 신고 서있으면 스파이크가 바닥에 박히기 때문에 여간해서는 뒤로 밀리지 않는다. 이처럼 뒤로 물러서지 않는 군인들의 연합은 맹공격을 퍼붓는 적군이라도 쉽게 뚫지 못하는 '인간 방어벽'을 축조해낸다. 바로 이것이 연합 파수 기도 모임이 수행하는 일이다.

깨어 기도하라

'파수'(watch)는 군사 용어다. 매일 밤, 군대의 진영에는 3내지 4교대의 파수꾼이 보초를 선다. 성경을 보면 '밤 제4경(네 번째 보초가 교대할 때)쯤' 하나님께서 갑자기 나타나셔서 이스라엘 백성을 구해주시는 장면이 종종 등장한다. 지금 당신이 서있는 반석 위에서, 말씀 위에 지어진 당신의 터전에서, 당신은 자녀와 친구를 위해 기도할 수 있다. 또 하나님이 주목하게 하신 모든 것을 위해서도 기도할 수 있다. 그리스도 안에서 당신에게 주어진 권위를 발휘하고 싶은가? 방법은 중보 기도다. 기도 제목이 당신과 별로 관련되지 않은 것일지라도 계속해서 중보하라. 파수꾼은 하나님의 보초병이다. 그의 기도를 통해 성령님의 능력이 발동되어 하나님의 자비와 정의가 이 땅 위에 임한다. 깨어있는 영혼의 태도, 예수님을 기대하는 마음으로 하늘을 향해 우러른 고개-이것은 초대 기독교인들이 기도하는 자세였다. 우리는 예수님의 삶을 통해 어떻게 '인간이 기도가 될 수' 있는지, 또 어떻게 쉬지 않고 기도할 수 있는지 배울 수 있다.

매일의 삶 속에서 예수님은 보이지 않는 하나님과 끊임없이 대화하셨다. 복음서의 기록이 이를 뒷받침한다. 초자연적인 신적(神的) 개입이 요구되는 상황에서도 예수님은 스스로 기적을 행하시는 대신 기도하셨다.

> …천지의 주재이신 아버지여 이것을 지혜롭고 슬기 있는 자들에게는 숨기시고 어린아이들에게는 나타내심을 감사하나이다 옳소이다 이렇게 된 것이 아버지의 뜻이니이다(마 11:25-26)

예수님은 깨어 기도하셨다. 파수 기도의 삶을 사셨다. 가장 가까운 친구들을 대동하여 기도하셨다. 하나님과 어떻게 교제하는지 몸소 보여주셨다. 지금도 예수님은 친구들을 불러 그들과 함께 기도하신다. 그리고 예수님과 함께하는 이 기도 모임은 점점 커지고 있다. 우리는 '교회'라고 불리는 이 모임의 일원이다. 우리가 파수하며 기도할 때

기적과 구원을 베푸시는 하나님의 능력이 극대화된다.

주전 6세기경의 유명한 장군, 선 추(손자, Sun Tzu)의 병법(손자병법)은 지금도 전 세계 수많은 군부에 의해 연구되고 있다. 선 추는 이렇게 언급했다. "만일 네가 적을 알고 또 네 자신을 안다면, 백전불패이리라. 백 번의 전쟁을 치른다 해도 그 결과에 대해 두려워할 것이 없다. 만일 네 자신은 알지만 적을 모른다면 승리의 때마다 패배도 함께 경험할 것이다. 그런데 만일 적도 모르고 네 자신도 모른다면 너는 모든 전투에서 패배할 것이다." 이스라엘의 지도자로서 다윗은 수많은 위기에 봉착했다. 외부의 적은 말할 것도 없고 내부의 연약함 때문에 다윗의 삶과 이스라엘 백성의 삶 모두 하나님의 복을 제대로 누리지 못했다. 하지만 다윗은 깨어 기도하는 사람이었다. 강한 마음과 이스라엘을 지키던 파수꾼의 기질은 그의 삶을 훈련시켰다. 끊임없는 기도로 연마된 하나님과의 관계를 딛고 다시금 일어선 다윗은 원수에게 빼앗긴 복을 되찾으며 구원을 선포했다. 시편 109편 1-4절을 읽으면 간략하게 기술된 다윗의 비결을 배울 수 있다.

> 내가 찬양하는 하나님이여 잠잠하지 마옵소서 그들이 악한 입과 거짓된 입을 열어 나를 치며 속이는 혀로 내게 말하며 또 미워하는 말로 나를 두르고 까닭 없이 나를 공격하였음이니이다 나는 사랑하나 그들은 도리어 나를 대적하니 나는 **기도할 뿐이라**(시 109:1-4, 굵은 글씨는 저자 강조)

위의 구절 "나는 기도할 뿐이라"의 문자적 번역은 "나는 기도다"(I am prayer)이다. 우리는 이미 '기도가 되는 법'을 배웠다. 습관적으로 중언부언하는 기도가 아닌, 하나님 앞에 상달되는 기도의 향로가 되는 법도 배웠다. 예수님은 "I AM"(스스로 있는 자)이시다. "스스로 있는 자" 곧, 예수님은 '기도'이시다. 예수님은 깨어 기도하신 분이다. 그분은 파수하며 기도하는 삶을 사셨고 지금도 파수하며 기도하신다. 지금도 가장 친한 친구들을 부르시며 그들과 함께 기도하신다.

마태복음 11장에 나오는 예수님의 기도에 담긴 세 가지 독특한 특징을 살펴보자.

1. 예수님은 하늘 아버지와 끊임없이 '내적인 대화'를 나누셨다. 그런데 대화가 끝나면 그 즉시 대화의 내용이 예수님의 입 밖으로 터져 나왔다. 기도(하나님과의 대화)의 내용을 즉시 발설하시는 예수님의 모습에서 우리는 그분과 하나님 사이의 내적인 교제가 끊임없이 지속된다는 점을 알 수 있다. 예수님의 기도는 지속적이다. '친밀함', '내면적 대화', '대화 내용의 구술'(口述)은 예수님의 기도가 지닌 특징이다.

2. 기도의 서두는 종종 "아버지, 감사하나이다"였다. 이는 예수님과 하나님 사이의 깊이 있는 교제를 반영한다. 감사는 예배와 기쁨을 고무시킨다. 그러므로 주님의 기도는 찬양과 감사를 기반으로 이루어진다. 주님의 기도는 아버지 하나님과의 살아있는 대화, 하나님이 허

락하신 계시로 시작되었다.

3. 기도의 결과물은 예수님의 말씀과 행동을 통해 드러난 초자연적인 지식과 지혜였다. 그뿐만 아니라 예수님은 자신의 모든 기도가 응답되리라는 확신이 있으셨다.

친밀함, 기쁨, 계시, 응답-이것이 예수님의 기도의 특징이다. 얼마나 놀라운 기도인가!

파수꾼들이 하나님의 임재가 머무는 미스바(파수대)를 사수하고 또 파수하며 기도한다면, 그들은 반드시 예수님의 보좌 앞으로 나아갈 수 있을 것이다. 그리고 그분과 함께 보좌에 앉게 될 것이다. 이후 우리 마음의 눈은 기대와 확신으로 크게 열릴 것이다. 하나님의 형상을 따라 영광에서 영광으로 변모될 것이다. 이러한 변화의 과정에서 우리는 내면의 감옥에서 풀려날 것이며 사탄의 영향으로부터 자유케 될 것이다!

주 |

1. Robert Louis Stevenson, *Dr. Jekyll and Mr. Hyde*(New York: Simon and Schuster, 2005), 74.
2. C. S. Lewis, *Weight of Glory: And Other Addresses*((New York: Harper Collins, 2001), 149.
3. Christian Smith, *Moral, Believing Animals: Human Personhood and Culture*(New York: Oxford University Press, 2003), 8.
4. Harry Flynn, "Moral Conscience", May 20, 2008, http://www.zenit.org/article-22664?l= English.
5. N. T. Wright, *The Last Word: Beyond the Bible Wars to a New Understanding of the A -uthority of Scripture*((New York: Harper Collins, 2005), 123.
6. Jürgen Moltmann and Elisabeth Moltmann-Wendel, *Passion for God: Theology in Two V -oices*(Louisville, KY: Westminster-John Knox Press, 2003), 10.
7. Ibid.

제9장

주님의 손에 달렸다

You're in Charge

왕국이 주의 것입니다

Yours Is the Kingdom

'엑수시아'(Exousia)의 흐름으로 들어가라
성도가 권위를 얻는 방법

삶 속에서 예수 그리스도의 '주인 되심'(Lordship)을 인정할 때, 또 어둠의 왕국에서 빛의 왕국으로 이동할 때, 우리는 하늘 아버지와의 친밀한 관계를 맛보며 왕 되신 주님의 통치를 경험하는 특권을 누릴 수 있다. 하나님의 나라에서 권위를 행사할 수 있는(흘려보내는) 유일한 길은 하나님과 친밀한 관계를 유지하는 것뿐이다.

우리의 충성된 조력자 헤더는 예수님과의 인격적인 관계만이 하나님 나라의 권위를 행사할 수 있는 방법임을 깨달았던 계기가 있었다고 이야기해주었다. 어느 금요일 밤, 그녀는 파수 기도 모임 중에 예수님의 말씀을 들었다. 아래는 그녀의 간증이다.

힘든 한 주간이 지나고 금요일이 되었습니다. 저는 그날의 일들을 기억합니다. 별로 기분이 좋지 않은 상태에서 파수 기도 모임에 참석했지요. 여전히 제 마음은 그 주간에 일어났던 몇 가지 사건 때문에 뒤숭숭했습니다. 당시 제 마음에 떠오르던 감정들은 일반적으로 제가 사람들을 대할 때 가졌던 감정들과는 사뭇 달랐습니다. 무언가 잘못되었죠. 교회의 문을 열고 들어갈 때까지만 해도 마음속의 악감정은 그대로였습니다.

하지만 일단 모임에 참석하기로 했으니 그냥 예배를 드리기로 마음먹었습니다—이 결정이 그다지 영적이었다고는 말할 수 없습니다. 사실, 제 마음속의 무거운 감정 외에는 아무것도 느끼지 못했거든요. 그저 입을 열어 찬양을 따라 부르기 시작했습니다.

그런데 갑자기 예수님께서 제 앞에 나타나셨습니다. 충격 그 자체였습니다. 저는 지금 예수님의 임재를 느꼈노라고 말씀드리는 게 아닙니다. 정말 예수님께서 제 앞에 나타나셨습니다. 물론 육안으로 예수님을 뵌 것이 아니라 영안으로 그분의 모습을 보았습니다. 어쨌든 예수님은 저를 만나시려고 다가오셨습니다. 너무나 놀란 나머지 저는 예수님께 "여기서 뭐하고 계세요?"라고 여쭈었지요. 마치 가서는 안 될 곳을 갔다가 들킨 기분이었습니다. 마음에는 다음과 같은 생각이 꼬리에

꼬리를 물더군요. '이런. 예수님을 만나기 전에 적어도 몇 시간 동안은 찬양하고 예배하고 온갖 영적인 일을 했어야 했는데. 그래야 그분을 만날 준비가 될 텐데.' 우리가 떠올리는 생각들은 참으로 우습기 그지없습니다.

하지만 예수님께서는 '친밀한 관계'에 대한 저의 오해를 바로잡아 주셨습니다. 저는 열심히 노력해야 예수님과 바른 관계를 맺을 수 있다고 생각했습니다. 그런데 예수님은 우리의 행동이나 노력, 공로로는 그분의 임재 안으로 들어가지 못한다고 하셨습니다. 오직 예수님의 의, 예수님의 공의, 십자가에서 예수님이 흘리신 보혈을 통해서만 가능하다고 알려주셨습니다. 우리가 그분의 보좌 앞에 담대히 나아갈 수 있는 것은 바로 예수님 때문입니다. 그리고 예수님이야말로 우리가 그분께 나아가는 유일한 목적입니다.

이 모든 사실은 예전부터 알고 있던 것들이었습니다. 하지만 머리에만 머물렀던 지식이었지요. 예수님께서는 제가 알고 있기는 하지만 온전한 계시로는 알지 못하던 것들을 변화시켜서 제 삶의 일부분이 되게 하셨습니다.

우리의 공로와는 아무 관계없이 우리 위에 쏟으시는 그분의 순결한 자비와 사랑을 목도하였습니다. 그렇습니다. 저는 거룩한 삶을 살기 원합니다. 올바른 태도를 견지하고 싶습니다. 그리스도의 삶을 본받기 원합니다. 이 모든 것은 선한 일이지만, 그것들은 저를 예수님의 임재 안으로 들이지는 못합니다. 오직 예수님의 보혈만이 가능합니다. 주님의 보혈에 담긴 능력과 목적을 새롭게 깨닫고 나니, 중보 기도에 대한 저의 시각에도 변화가 생겼습니다. 예수님의 보혈은 저를 그분의 임재 안으로 들입니다. 그뿐만 아니라 이 나라를 위해 기도할 때 제 마음 속에 소망을 불어넣어 줍니다. 예수님의 보혈은 절박한 상황에 처한 사람들을 위해 기도할 힘과 권세를 부여해줍니다. 심지어 받을 자격 없는 것을 구할 때에도, 우리가 믿음을 갖고 그분의 뜻대로 기도할 수 있는 것 역시 그분의 보혈 때문입니다. 하나님의 중재와 간섭을 요청할 수 있는 것도 그분의 보혈과 자비 때문입니다. 예수님의 보혈은 귀하디귀하기 때문에, 또 그분이 궁극적인 대가를 지불하셨기 때문에, 우리가 기도하고 응답받는 것은 하나님께 영광을 돌리는 일이며, 예수님의 이름을 높이는 일입니다.

하나님은 우리의 가정을 통치하신다. 다른 어떤 사람도 우리를 다스릴 수 없다. 그것은 하나님께서 의도하신 바가 아니다. 오직 하나님만이 우리를 다스리실 수 있다. 태초부터 계시된 우리의 정체성은 '아들 됨'(sonship)이다ー동산에서 아버지이신 하나님은 아들 된 아담에게 권위를 위임하셨다.

아버지로부터 아들에게로

삼위일체 하나님의 존재 방식과 가족 관계의 특성은 유사하다. 하나님께서 그분의 왕국을 통치하시는 방법 역시 삼위 하나님의 존재 방식에 드러나 있다. 성부는 이 왕국의 머리이시다. 성부께서는 그분의 이름으로 성자를 이 땅에 보내셨다. 예수님은 충성스럽게 아버지의 모든 뜻을 수행하셨다. 그리고 모든 권세를 위임받았다. 성령님은 하나님 나라의 거듭난 백성 안에 거주하시고자 예수님의 이름으로 이 땅에 오셨다. 이제 성령님은 그리스도의 몸 된 교회에 거주하시며 주인으로서 통치하신다. 이제 그리스도께서 이 땅에 오신 방법을 알겠는가? 성부께서 그분의 안에 계셨다(요 14:10 참조).

예수님께서 나타내신 권세는 하나님과의 개인적·인격적 관계로부터 발현된 산물이었다. 아담이 하나님으로부터 통치의 권위를 위임받은 것 역시 관계를 통해서였다. 날이 서늘할 때, 하나님께서는 아담과 함께 동산을 거니시며 대화를 나누셨다. 예수님 역시 이 땅을 거니시며 하늘 아버지와 교제하셨다. 아들과 대화를 나누시면서, 아버지 하나님은 아들을 가르치셨고, 그에게 바른 길을 보여주셨고, 또 용기와 힘을 북돋아주셨다. 그 결과 아들은 아버지가 부여한 권세의 무게를 짊어질 수 있었다.

예수 그리스도는 자신의 고유한 권세를 아버지께 내어드림으로써, 철저한 순종을 통해 왕국을 되찾으셨다. 왕국을 회복하는 과정 중에 예수님은 성부 하나님의 모든 권세를 위임받았고 이 땅과 하늘 위에서 완전한 통치를 수행하셨다.

예수님께서 승천하여 보좌에 앉으신 후였다. 성부 하나님은 이 땅에 그분의 영(성령)을 부으셨다(성령은 삼위 하나님 중 세 번째 위격으로서, 온전한 하나님 그 자체이시다). 이 땅 위의 교회에 거주하시는 주인으로서 성령 하나님은 성부로부터 왕국의 모든 권세와 능력을 부여받으셨다.

"영접하는 자 곧 그 이름을 믿는 자들에게는 하나님의 자녀가 되는 권세(엑수시아, exousia)를 주셨으니"(요 1:12). 성령님께서는 성도 안에서 다스리신다. 그리고 성도와 함께 하나님의 나라를 관리하신다. 교회 세우는 일을 위해 성도들의 머리에 특별한 능력과 권세의 기름을 부어주신다.

예수님이 가르쳐주신 기도에는 하나님이 추구하시는 목적과 우선 순위가 담겨있다. "당신의 나라(왕국이 당신의 것이며, Yours is the King-dom)…" 하나님의 시급한 목표는 그분의 왕국을 이 땅 위에 완성하시는 것이다. 이를 위해 아들이신 예수님은 종의 형체로 오셨다. 고통 당하고 인내하셨다. 고통과 인내를 감내하며 순종하셨다. 자신의 뜻이 아닌 아버지의 뜻이 이루어지기를 기도하셨다. 비록 육신이 되어 이 땅에 태어나셨지만 날마다 하나님의 권위와 인도하심에 순복했기 때문에 예수님은 죄가 없으셨다. 그러므로 그분의 말과 행동에는 권위가 담겨있었다. "…내가 너희에게 이르는 말은 스스로 하는 것이 아니라 아버지께서 내 안에 계셔서 그의 일을 하시는 것이라"(요 14:10).

왕국의 권위

구원의 복음은 하나님 안에서의 '왕국 회복'과 깊이 관여된다. 이 나라의 왕은 그리스도이시다. 이 왕국에서 예수 그리스도는 '만왕의 왕', 또 '주의 주'로 불린다.

'왕국'은 왕이 통치하는 특정 영역을 지칭하는 개념이다. 여기에 왕좌, 신하, 그리고 왕의 사법권 등의 개념이 연관된다. 성경은 현재 모든 피조물이 두 왕국에 소속되어있다고 가르친다. 하나는 빛의 왕국, 다른 하나는 어둠의 왕국이다. 두 왕국 모두 영적인 나라다. 각 나라의 수장은 하나님과 사탄이다.

예수님은 말씀하셨다. "내 나라는 이 세상에 속한 것이 아니니라" (요 18:36 참조). 세상의 권세가들이 예수님께 그 왕국을 넘겨준 것이 아니다. 또 예수님으로부터 그 왕국을 빼앗을 수도 없다는 뜻이다. 예수님의 왕국은 영계에 있지만 그 능력은 자연계까지 닿는다. 하나님의 나라(왕국)는 능력과 권세의 왕국이다.

킹 제임스 역본에 두 개의 헬라어 단어가 종종 동일한 단어로 번역되는데, 사실 그 두 단어는 다른 뜻이다. 하나는 두나미스(dunamis)이고 다른 하나는 엑수시아(exousia)다. 먼저 헬라어 '두나미스'(dunamis)는 능력(power)이라는 뜻이다. 우리가 잘 아는 폭발물, '다이너마이트'는 두나미스에서 파생된 명사다. 반면에 '엑수시아'(exousia)는 권위(authority)라는 의미다. 그런데 우리는 두나미스-파워에만 관심을 기울일 뿐, 엑수시아가 두나미스와 떼려야 뗄 수 없는 짝임을 알지 못한다. 반드시 두나미스와 엑수시아가 동시에 작용해야만 온전한 효과를 기대할 수 있다.

예수님께서는 권위(exousia)에 대한 말씀을 전하신 후, 능력(dunamis)의 행위인 기적을 베푸심으로써 그분이 전달한 메시지의 진정성을 입증하셨다.

예수께서 성전에 들어가 가르치실 새 대제사장들과 백성의 장로들이 나아와 이르되 네가 무슨 권위로 이런 일을 하느냐 또 누가 이 권위를 주었느냐(마 21:23)

뭇 사람이 그의 교훈에 놀라니 이는 그가 가르치시는 것이 권위 있는 자와 같고 서기관들과 같지 아니함일러라(막 1:22)

다 놀라 서로 물어 이르되 이는 어찜이냐 권위 있는 새 교훈이로다 더러운 귀신들에게 명한즉 순종하는도다 하더라(막 1:27)

그들이 심히 두려워하여 서로 말하되 그가 누구이기에 바람과 바다도 순종하는가 하였더라(막 4:41)

인류를 괴롭히는 마귀의 속박을 끊어버리기 위해 하나님 나라(왕국)의 권위와 능력은 기사와 표적으로 우리에게 나타난다. 예수님이 이 땅을 걸으셨을 때, 하나님 나라의 능력과 권위가 처음으로 이 세상에 그 모습을 드러냈다. 예수님의 말씀은 그것의 진정성을 확증시켜주는 기사와 표적을 대동하였다. 치유와 축사(귀신이 쫓겨남)는 사람들을 짓누르는 사탄의 통치를 끊어버리고 그들에게 구원을 선포하는 '권위'(exousia)의 상징이다. "그러나 내가 하나님의 성령을 힘입어 귀신을 쫓아내는 것이면 하나님의 나라가 이미 너희에게 임하였느니라"(마 12:28).

왕국의 권위를 시행함

기적-매우 자주 일어나는 일이기에 다음과 같은 단순한 인과 관계로 요약된다. 하나님의 나라가 임하면, 하나님의 권세가 발동하여 놀라운 기적이 일어난다. 우리는 모두 하나님이 기적을 베푸시는 현장에 참여하기를 주저하는 성향이 있다. 나(마헤쉬)도 한때는 그러했다. 그러나 우리의 성향과 상관없이 하나님의 나라가 임하면 기적은 자연스럽게 일어난다. 오래전, 데이브 윌커슨(Dave Wilkerson)의 사역팀 '틴 챌린지'(Teen Challenge)와 함께 사역을 한 적이 있었다. 그들은 거리로 나가 사람들을 불러 모으고 현장에서 집회를 열었다.

나는 사람들 앞에 서서 마이크를 들었다. 그곳에 여러 사람이 모여 있었는데 맨 앞줄에는 마약에 중독된 열두 명의 매춘부가 그들의 트레이드마크 같은 옷차림-초미니 스커트 등, 당신이 상상할 수 있는 옷차림 그대로-을 하고 앉아있었다. 나는 어디에 시선을 두어야 할지 알 수 없었다. 그들이 내 앞에서 그런 자세로 앉아있는 것을 '정말' 원하지 않았다.

하지만 누가 상상이나 했겠는가? 복음을 제시하고 결신할 것을 요청했을 때, 구원받으려고 가장 먼저 나아온 사람들은 다름 아닌 열두 명의 매춘부였다. 나는 그들에게 "제가 하는 기도를 따라 하십시오"라는 말로 운을 떼고는, 전형적인 영접 기도를 시켰다. "주 예수님, 제가 지은 죄를 회개합니다. 이제 나는 어둠의 왕국을 떠나며 마귀를 꾸짖습니다…"

열두 명의 여성이 일제히 울기 시작했다. 마스카라가 번져서 눈물에 섞여 흘러내렸다. 얼굴이 온통 검은색으로 물들었다. 나는 도저히 그들의 모습을 쳐다볼 수가 없었다. 할 수 있는 한, 최선을 다해 두 눈을 질끈 감으려고 노력했다. 그런데 갑자기 여기저기서 '쿵' 하는 소리가 들렸다. 눈을 떠보니 열두 명 모두 바닥에 쓰러져 있었다. 그들은 오열하며 흐느끼면서 방언으로 기도하기 시작했다. 그때는 나도 그러한 경험(방언이나 넘어지는)을 해보지 못한 때였다.

어떤 일이 일어날지 궁금했다. 나는 계속해서 두 눈을 부릅뜨고 그들을 지켜보았다. 노출이 심한 옷을 입었기에 주사 자국이 아주 선명하게 보였다. 그들 대다수가 헤로인 중독자라는 것을 모르는 사람은 없었을 것이다. 그런데 눈앞에서 그 모든 주사 자국이 사라지기 시작했다! 그들이 하나님의 임재 안으로 들어간 즉시 하나님께서는 그들 모두 마약의 손아귀에서 건져내셨다. 그분의 딸로 회복시키셨다. 왕국의 능력이 그들의 삶에 침투한 것이다. 왕국의 권세를 지니신 분이 이 땅 위에 자신의 모습을 드러내실 때 일어났던 일이다.

하나님의 궁극적 권위를 지니셨던 성자 예수님은 우리에게 성령을 부어주셨다. 교회는 왕국의 확장을 위해 하나님께서 기름 부으신 '몸'(body)이다. 그러므로 그리스도의 제자들은 '머리' 되신 주님과 연결될 때 비로소 권위를 위임받는다. 머리와 연결될 때에만 '엑수시아'(권위)와 '두나미스'(능력)를 발휘하여 하나님의 나라를 확장할 수 있다. 이러한 동태구조는 예수님의 명령에 잘 드러난다. "내 이름으로 가라. 내가 너와 함께하리라." '내 이름으로'(in my name)라는 표현을

문자 그대로 해석하면 '나 대신' 혹은 '나의 사절(使節), 대리(代理), 사자(使者), 대사(大使)와 같이'이다. 그리스도인은 모든 상황 속에서 예수님의 사절단이 되어야 한다.

성도가 능력을 얻는 방법-제자 되기

교회에 주어진 가장 기본적인 권위는 예수님께서 제자들에게 주신 마지막 명령에 잘 나온다. 우리에게는 지상명령(至上命令, the Great C-ommission)으로 알려진 예수님의 명령이다. 너무도 친숙한 구절이어서 그런지 우리는 종종 중요한 문구 하나를 지나치곤 한다-"제자로 삼아."

> 예수께서 나아와 말씀하여 이르시되 하늘과 땅의 모든 권세를 내게 주셨으니 그러므로 너희는 가서 모든 민족을 제자로 삼아 아버지와 아들과 성령의 이름으로 세례를 베풀고 내가 너희에게 분부한 모든 것을 가르쳐 지키게 하라 볼지어다 내가 세상 끝 날까지 너희와 항상 함께 있으리라 하시니라(마 28:18-20)

예수님께서 수많은 사람을 치료하시고 또 가르치신 후 그들을 보시며 "목자 없는 양이로다"라고 말씀하신 적이 있다. 오늘날 대다수의 사람도 예수님이 말씀하셨던 바, '목자 없는 양'의 처지와 똑같다. 세상은 그리스도의 제자들이 찾아와 그들의 맡은 바 임무를 수행하기를 갈망한다. 이 세상의 도덕적·영적 파산을 치료할 수 있는 유일한 처방전은 예수님이 남기신 마지막 말씀, 곧 '지상명령'이다. 예수님의 말씀은 복음을 선포하는 행위에 강조점을 둔다. "가라." "모든 민족을-편견이나 선입견을 버리고-제자로 삼으라." "그들에게 세례를 베풀고 예수님의 모든 말씀을 가르쳐 지키게 하라." 이렇게 하면 예수님께서 함께하신다!

복음 선포(설교)의 목적은 구원을 통한 하나님 나라의 확장에 있다. 개인의 삶에 나타나는 구원의 열매는 '제자화'이다. 구원의 순간에 우리는 스스로에 대해 죽는다. 그리고 그리스도의 형상과 성품을 입는다. 그리스도인의 제자화(거듭남, 어둠의 왕국에서 빛의 왕국으로 이동하는 과정)는 인간의 타락과 사탄의 지배를 통해, 이 사회에 뿌리내린 악을 근절할 궁극적인 치료법이다. 개인의 타락으로부터 국제적 테러에 이르기까지, 그 모든 문제의 해답은 예수님이시다.

여기에서 '제자'라는 의미

'제자'(disciple)라는 단어의 어원은 라틴어 디시풀러스(discipulus, 학생)다. 모든 제자는 회심했다. 하지만 회심했다고 해서 모두 제자인 것은 아니다. 단어의 정의상, 제자는 '제자화'의 과정 중에 있는 사람을 지칭한다. 제자는 평생 배워야 한다. 항상 스승 되신 예수님의 발치에 앉아 그분의 말씀에 주의를 기울여야 한다.

성육하신 하나님의 아들이지만 예수님 역시 제자이셨다. 성경은 예수님에게 '배우는 순종'의 본질적인 성품이 있었음을 밝힌다. 아들로서 예수님은 배우셨다. 배움에의 순종은 제자화의 정수(精髓, essence)다. "나는 스스로 아무것도 하지 아니하고 오직 아버지께서 가르치신 대로 이런 것을 말한다"(요 8:28 참조). 예수님은 서른 살이 될 때까지 바리새파 율법(토라) 교사에게 배우셨다. 또한 목수의 아들로서 또 아버지의 도제로서 목공일을 배우셨다. 국가가 요구하는 세금의 납부를 포함해서 이 세상 권위에도 순복하셨다. 전 생애를 통해 날마다 성부 하나님의 권위를 받아들이며 순종하는 모습을 보이셨다. 영광을 받으실 때까지(십자가의 죽음과 부활) 예수님은 하나님 아버지로부터 교훈과 지침을 받으셨다.

예수님의 사역 기간 중 가장 위대한 순간은 그분이 궁극적인 순종으로 아버지의 뜻을 따랐을 때였다. 그 즈음에 예수님의 사역은 절정에 이르렀다. 큰 권위를 행사하며 효과적으로 사역의 열매를 거두실 수 있었다. 그러나 예수님은 아버지의 뜻대로 십자가에 오르셨다.

예수님이 하늘에 오르셔서 보좌에 앉으시고 모든 것을 그분의 발아래 두신 때는 십자가 사건 이후의 일이다. 그 이전까지 예수님은 하나님의 권위 아래에 있었다. 그분이 땅 위에서 권위를 행사하실 수 있었던 것은 이처럼 하나님의 권위 아래에 있었기 때문이었다!

정의상, 제자는 다른 사람에게 훈육받는 사람을 뜻한다. 제자는 선생의 훈육관을 알고, 그 명령을 이해하고, 명령에 규제를 받으며, 명령 안으로 들어간다. 예수님의 제자는 영원토록 지역 교회의 구성원이 되어 교회를 책임지고 또 교회의 발전에 기여하는 사람으로서, 지역 교회 리더들의 권위에 순복해야 한다. 하나님은 이 땅 위에 자리할 '가정'과 '정부'의 롤모델을 우리에게 선사하셨다-그것이 교회다. 그러므로 제자가 되는 과정은 지역 교회 성도들의 모임에 참여하는, 간단한 발걸음으로부터 시작된다.

'제자 되기' 과정은 그리스도와의 인격적 연합에서 출발한다. 최초의 제자들은 예수님과 함께 삶을 공유했던 사람들이다. "그들이 베드로와 요한이 담대하게 말함을 보고 그들을 본래 학문 없는 범인으로 알았다가 이상히 여기며 또 전에 예수와 함께 있던 줄도 알고…"(행 4:13) 삶의 공유-이러한 제자화의 정의는 사이버 상에서 이루어지는 원거리 멘토링을 배격한다. 제자화 과정에서는 '가르침'(taught)만큼이나 '붙들림'(caught)이 중요한 요소로 자리 매김 되기 때문이다.

제자가 되려면 현재 자신의 모습을 포기하고 하나님께서 원하시는 모습을 닮기로 결정해야 한다. 이를 위해 우리는 모든 일 가운데에 자기 십자가를 지고 그리스도를 따라야 한다.

> 수많은 무리가 함께 갈 새 예수께서 돌이키사 이르시되 무릇 내게 오는 자가 자기 부모와 처자와 형제와 자매와 더욱이 자기 목숨까지 미워하지 아니하면 능히 내 제자가 되지 못하고 누구든지 자기 십자가를 지고 나를 따르지 않는 자도 능히 내 제자가 되지 못하리라(눅 14:25-27)

제자화에는 스승의 삶을 따르는 것, 생각과 행동하는 방법도 스승의 본을 따르는 것이 포함된다. 그리고 훈련과 전수(impartation)의 과정 중, '섬김'은 '교훈의 습득'만큼이나 중요한 요소다. 이를 엘리야와 엘리사의 관계 속에서 볼 수 있다. 당시에 이스라엘의 주요 도시에는 수많은 선지자의 생도들이 살고 있었다. 하지만 엘리야에게 임했던 영감의 갑절을 받은 것은 오직 엘리사뿐이었다. 엘리사가 매일같이 스승의 심부름을 하고, 또 아침마다 스승의 잠자리를 정리하고, 그의 음식을 준비하고 청소하는 등, 실질적인 봉사로 엘리야를 섬겼기 때문이다. 이것이 바로 엘리사가 능력의 종이 될 수 있었던 비결이다.

제자화에는 종의 자리에 서서 스승의 뜻에 자신의 뜻을 굴복시키는 과정이 포함된다.

> 예수께서 제자들을 불러다가 이르시되 이방인의 집권자들이 그들을 임으로 주관하고 그 고관들이 그들에게 권세를 부리는 줄을 너희가 알거니와 너희 중에는 그렇지 않아야 하나니 너희 중에 누구든지 크고자 하는 자는 너희를 섬기는 자가 되고 너희 중에 누구든지 으뜸이 되고자 하는 자는 너희의 종이 되어야 하리라(마 20:25-27)

이러한 섬김은 강제로 시킨다고 해서 되는 게 아니다. 왕 되신 주님께 자신의 마음을 내어드리고, 스스로 종의 태도를 취할 때에만 가능하다.

공인된 영적 권위자의 감찰과 교훈 말고는 '성령의 인도하심'을 받을 만한 성경적 근거는 없다. 만일 감독으로 임명된 사람의 훈계를 따르지 않고 초신자가 독단적으로 행동한다면 분명 그들의 삶에 위험이 찾아올 것이다. 심지어 저 위대한 사도 바울마저도 권위에 순종한 것을 아는가? 그는 하나님께서 세우신 교회의 장로들과 리더들의 조언 없이, 자신의 길을 가려고 시도하지 않았다(행 13:2-3 참조).

마지막으로 제자에게는 충성이 요구된다. "지극히 작은 것에 충성된 자는 큰 것에도 충성되고…"(눅 16:10) 디모데가 좋은 예다. 그는 어머니와 외조모에게 하나님의 말씀과 하나님의 길에 대해 배웠다(딤후 1:5, 3:14-15 참조). 더욱이 그가 속한 지역 교회에서 충성스럽게 봉사하는 사람으로 검증받았다(행 16:1-2 참조). 이후 바울은 디모데에게 올바른 교리를 가르쳤고 그를 에베소 교회로 파송하였다. 자신에게 배운 교리를 성도들에게 가르치도록 권면했다. 물론 바울은 계속해서 디모데를 감독하였다(딤전 1:3 참조). 바울의 대리자로서 고린도와 빌립보에도 파송된 디모데는 그곳에서 '바울의 방법대로' 모든 일을 처리하였다(고전 4:17, 빌 2:19-23 참조). 멘토 없이 홀로 남겨졌을 때에도 디모데는 충성스럽게 사역하며 바울에게 배운 대로 다른 이들을 훈련시키는 훌륭한 훈육가가 되었다(딤후 3:10 참조).

디모데는 스스로 충성된 그리스도의 제자임을 증명하였다. 바울처럼 디모데도 사역과 일을 겸하며 스스로의 생계를 벌었다. 우리도 마찬가지로 스스로를 계발하고 생계를 유지하는 가운데에 그리스도에 대한 충성심을 증진시켜야 한다. 올바른 직업윤리의 유무는 우리가 하나님 나라의 훌륭한 시민인지 아닌지를 판별해주는 시금석이다(여기를 주목하라. 하나님 나라의 능력을 가로막는 주된 방해물 중 하나는 모든 성도가 전임 사역자로 부름을 받았다는 착각일 것이다. 다수의 교회가 정설로 붙들고 있는 이러한 가르침은 성경 어디에도 나오지 않는다. 지역 교회에서 전임 사역자로 일하는 사람을 제외하고는 모두 하나님의 명령에 따라 일을 하여 자신과 가족을 부양해야 한다. 살후 3:7-10을 참조하라).

왕국 공동체

초대 기독교의 생명력은 '공동체적 교류'(성도들의 교제)의 기반에서 시작되었다. 예수님의 제자들이 삶을 공유했을 때 하나님의 말씀은, 이를테면 '가르침'으로부터 '예언'에 이르기까지 참으로 다양하고 풍성한 형태로 전파될 수 있었다. 그 결과 하나님을 아는 지식과 인식에 전례 없던 '특별함'이 자리하게 되었다. 제자들의 삶에 실질적인 변화가 생긴 것이다.

다음은 랄프 마틴(Ralph Martin)의 책 ≪Hungry for God≫(하나님을 갈망함)에서 발췌한 내용이다.

> 우리가 하나님과 연합하여 사는 것, 기도의 삶을 짐처럼 여기지 않는 것, 대신 우리가 속해있는 공동체가 그 삶을 함께 공유하는 것-성경은 이 모든 것이 하나님의 근본적인 의도였음을 확실한 어조로 선언한다. 어떻게 해야 하나님께 나아갈 수 있는가? 하나님의 계획대로라면 본질적인 해결책은 '연합'이다. 성령님께 마음을 열면서, 우리는 지극히

개인주의적인 삶의 형태(대부분의 사람이 인정하는 개인주의적 형태)에서 벗어나 점차 공동체 중심적인 삶으로 옮겨갈 필요가 있다. 하나님을 향한 우리의 헌신도가 높아질수록, 이웃을 향한 우리의 헌신도도 함께 높아져야 한다. 이것이 하나님께서 원하시는 바일 것이다. 주님을 사랑하면 사랑할수록, 주님은 우리가 서로 더 많이 사랑하게 되기를 원하신다. 하나님을 사랑하고 이웃을 사랑하는 것은 모든 세대, 모든 크리스천에게 주어진 동일한 명령이다.[1]

연합 기도 모임을 통해 가장 높은 차원의 파수 기도를 경험할 수 있다. 사도 요한은 어린양의 보좌를 둘러선 수많은 사람과 천사의 무리 사이에서 가장 높은 차원의 공동체적 희열(ecstasy)이 흘러나오는 것을 발견했다. 모든 사람이 기도하는 중에 한마음 한뜻이 되는 경험을 히브리서 기자는 다음과 같이 기술한다. "그러나 너희가 이른 곳은 시온 산과 살아 계신 하나님의 도성인 하늘의 예루살렘과 천만 천사와 하늘에 기록된 장자들의 모임과 교회와 만민의 심판자이신 하나님과 및 온전하게 된 의인의 영들과…"(히 12:22-23) 히브리서 기자가 언급한 '너희'는 전체 교회의 회중이다. 모든 성도는 온 교회 성도의 공동체 속으로 '들어오라'는 부르심을 받았다.

우리가 살고 있는 이 시대는 연합 기도를 필요로 한다. 연합 파수 기도 중에 분출되는 능력과 권위를 필요로 한다. 예수님은 밤 사경을 맞도록 기도하시기 위해 '습관대로' 산에 오르셨다. 하지만 홀로 산행하시지 않았다. 연합하여 기도하기 위해 두세 명의 제자를 대동하셨다(성경의 기록대로라면 야고보와 요한과 베드로였을 것이다).

그저 가르침을 받았던 것이 아니라 예수님과 삶을 공유했기 때문에, 제자들은 예수님과 동일한 권위와 능력을 행할 수 있었다. 산헤드린 공의회는 베드로와 요한의 담대한 설교를 듣는 순간 그들의 정체를 알 수 있었다. 그들이 지닌 새로운 생명력과 권위 때문에 산헤드린 의원들은 베드로와 요한이 예수님과 함께 기거하던 사람들이었음을 무척 쉽게 알아차렸다. 심지어 원수들마저 쉽게 감지할 만큼 강렬한 능력과 권위가 발산되었다.

우리도 마찬가지다. 우리가 파수하며 기도할 때, 주님께서는 우리와 함께하시며, 우리는 보좌로부터 흘러나온 권위의 강물 속으로 발을 내딛게 된다. 그리고 외치게 될 것이다. "왕국(나라)이 당신의 것입니다!"

주|
1. Ralph Martin, *Hungry for God: Practical Help in Personal Prayer*(Ann Arbor, MI: Servant Publications, 2006), 98.

제10장

두나미스

Dunamis

능력(권세)이 당신의 것입니다
Yours Is the···Power···

오순절의 능력을 끌어들이다

언젠가 조간신문의 헤드라인이 "잔인한 강도, 아동에게 패하다"였다(신문 기사 제목에는 언어유희가 사용되었다. 원제는 Bloody Burglar Defeated by Child인데 여기서 bloody는 '피투성이인'의 뜻을 지닌 형용사이지만 '잔인한'이라는 뜻도 있다-역자 주).

어느 토요일 아침, 콜로라도에 살고 있는 한 소녀가 일찍 잠에서 깼다. 눈을 떠보니 어떤 낯선 남자가, 온몸은 피투성이인 채, 그녀의 침대 곁에 서있었다. 그녀는 무섭거나 겁에 질리지 않았다. 대신 무척

화가 났었노라고 고백했다.

만일 당신이 침실에서 자다가 일어났을 때, 생면부지의 한 남자가, 그것도 온몸에 피를 뒤집어쓴 채, 당신 곁에 서있다면 당신은 뭐라고 말할 것인가? 아마 "으악!" 정도가 아닐까? 하지만 이 소녀의 반응은 달랐다. 겁에 질리는 대신 아이는 화를 냈다. "우리 집에 피를 묻히면 안 되니까요!" 120센티미터도 안 되는 키의 다섯 살배기 어린 소녀는 그 강도를 뒷문까지 데리고 가서 "우리 집에서 나가세요!"라고 말했다.

참으로 희한한 일이 벌어지고 있는 동안 경찰이 도착했다. 이미 그 강도는 마을의 다른 집에도 침입했었기 때문에 경찰에 사건 신고가 접수된 상태였다. 재클린(Jacqueline)이 뒷문을 열고 "우리 집에서 나가세요!" 말했을 때, 그 강도는 집 주변을 포위하고 있던 경찰의 품(?)에 안겼다.

우리는 어린이들에게 배워야 한다.

첫 번째 종려주일 때 아이들은 예수님을 향해 "다윗의 자손이여!"라고 외치며 환호했다. 하지만 종교 지도자들은 언짢아하며 반대했다.

> 대제사장들과 서기관들이 예수께서 하시는 이상한 일과 또 성전에서 소리 질러 호산나 다윗의 자손이여 하는 어린이들을 보고 노하여 예수께 말하되 그들이 하는 말을 듣느냐 예수께서 이르시되 그렇다 어린 아기와 젖먹이들의 입에서 나오는 찬미

를 온전하게 하셨나이다 함을 너희가 읽어 본 일이 없느냐 하
시고(마 21:15-16)

예수님은 다윗의 시편을 인용하셨다.

여호와 우리 주여 주의 이름이 온 땅에 어찌 그리 아름다운지
요 주의 영광이 하늘을 덮었나이다 주의 대적으로 말미암아 어
린아이들과 젖먹이들의 입으로 권능을 세우심이여 이는 원수
들과 보복자들을 잠잠하게 하려 하심이니이다(시 8:1-2)

다윗은 하나님의 영광을 찬양하였다. "주의 영광이 하늘을 덮었나이다!" 그리고 다음의 말로 노래하였다. "어린아이들과 젖먹이들의 입으로 권능을 세우심이여 이는 원수들과 보복자들을 잠잠하게 하려 하심이니이다." 영광! 가장 높이 계신 분께 영광! 그분은 가장 위대하시도다! 주님보다 더 지혜롭고, 강하고, 더 위대한 이는 아무도 없노라! 다윗은 이렇게 노래한 후 갑자기 '어린아이들, 젖먹이'를 등장시킨다. 엄청난 대조 아닌가?

젖먹이들은 약하다. 지식도 없다. 영아는 자신의 생존을 오직 '엄마 아빠'에게 의존할 뿐이다. 세상의 시각으로 볼 때, 아이들은 그다지 중요하지 않다. 그렇다면 왜 하나님께서는 '아이들'을 등장시키셨는가? 그들은 무엇을 하였는가? "아기들이라고?"—오호, 이것은 내가 원하는 답이 아니다. 종려주일에 왜 예수님께서는 아이와 젖먹이에 관

련된 구절을 인용하셨는가?

아기들이 주님의 이름을 높였기 때문이다. 젖먹이들이 입을 열어 하나님의 대적을 무찌르고 그들을 무기력하게 만들었기 때문이다. 만일 당신이 어린아이처럼 더욱더 겸손한 자리로 내려간다면, 점점 더 많은 원수가 패배를 당할 것이다. 하나님의 통치는 겸손한 종의 섬김을 통해 완성된다. 영광의 왕은 새끼 나귀를 타고 입성하셨다.

위대한 승리의 입성이었다. 예수님께서 예루살렘에 들어가신 것은 그분의 지상 사역이 절정에 이르렀을 때였다. 이 땅에서의 마지막 일주일, 예수님은 그 일주일의 시작을 시편 8편과 함께하셨다. 이는 우리의 삶에서 하나님의 위엄(majesty)이 어떻게 적용되어야 할지를 알려주는 교훈이다. 승리의 함성이 어우러진 영광스러운 길에서, 예수님은 어린아이와 겸손함에 대해 생각하셨을 것이다. NIV역에는 시편 8편 1절이 "O Lord, our Lord"로 시작된다. "오 주여, 우리 주여!" 이 구절에서 '주'(Lord)라는 단어가 동일하게 두 번 등장하지만 여기에 사용된 히브리 원어 두 개는 동일하지 않다. 첫 번째 '주'(Lord)는 히브리어 '야훼'를 번역한 것이다. 이 이름은 출애굽기 3장 14절에 기초한 바, 이스라엘의 하나님을 지칭하는 이름, 곧 "스스로 있는 자"(I AM who I AM)를 뜻한다.

떨기나무 불꽃에서 하나님을 만난 모세가 "당신의 이름이 무엇입니까?"라고 여쭈었을 때, 하나님께서 그분의 이름을 가르쳐주셨다. "나는 스스로 있는 자"(I AM who I AM)니라. 하나님께서 손수 자신의 이름을 지으셨다. 하나님은 절대자이시다. 전에는 없었다가 어느 시점에서부터 등장하기 시작하신, 그러한 존재가 아니다. 하나님은 영원 전부터 계셨다. 하나님은 스스로 계신 분이시다. 어떤 누구에게도 그분의 존재를 의탁하지 않으셨다. 피조물이 아니기에 '존재의 소멸' 개념조차 하나님에게는 적용될 수 없다. 절대자이시기에 하나님의 '존재'에는 어떠한 변화도 가당치 않다. 그 어떤 것에도 의존하지 않으시는 분이기에 하나님께는 호흡을 위한 공기도, 생존을 위한 음식도 필요치 않다. 하나님은 스스로 존재하시는 절대자이시다.

반면에 모든 것은 하나님께 의존한다. 당신의 호흡은 하나님께 달렸다. 당신 삶의 모든 국면이 "스스로 계신 분" 곧 야훼 하나님께 달려있다. 하나님의 위대하심을 알고, 인정하며, 자신의 전 존재를 하나님께 의탁하면 의탁할수록 당신은 하나님으로부터 더 많은 복을 받게 될 것이다. 점점 더 많은 삶의 영역을 '스스로 계신 분'의 뜻에 일치시킬수록 더 많은 영광이 당신의 삶 속으로 흘러들어 올 것이며 당신을 통해 더 많은 빛이 흘러나갈 것이다. "여호와 우리 주여 주의 이름이 온 땅에 어찌 그리 아름다운지요!" 그러므로 여호와께서 주인이 아니신 부동산은 이 땅 어디에도 없다. 모스크바에서도 하나님은 절대자이시다. 바그다드에서도, 카불에서도, 뉴욕에서도, 워싱턴 D.C.에서도 하나님이 절대자이시다. 모든 만물, 모든 영역이 하나님께 의존한다. 하나님께 필적할 만한 경쟁자는 없다. 하나님은 모든 것보다 더 뛰어나시고, 지혜로우시고, 아름다우시고, 놀라우신 분이시다. 진리 안에서 그분의 이름을 부르는 모든 자에게 하나님은 친히 그들의 주인, 왕, 통치자, 그리고 아버지가 되어주신다.

하나님은 스스로 일하시는 분이시다. 우리가 하나님을 더 많이 경배하고, 그분의 뜻에 더 많이 순종하면, 우리는 하나님을 더 많이 체험하게 된다.

시편에서 다윗은 창조주로서의 하나님을 찬양한다.

> 주의 손가락으로 만드신 주의 하늘과 주께서 베풀어 두신 달과 별들을 내가 보오니 사람이 무엇이기에 주께서 그를 생각하시며 인자가 무엇이기에 주께서 그를 돌보시나이까(시 8:3-4)

훌륭한 질문이다. 전능하신 하나님께서 왜 사람을 돌보시는가? 왜 전능자를 노래하는 시구에 초라한 '인간'이 등장하는가?

피조물을 다스리는 존재로서, 여기에 '사람'이 소개되었다. "주의 손으로 만드신 것을 다스리게 하시고 만물을 그의 발아래 두셨으니"(시 8:6). 정리해보면, 하나님은 대적을 물리치기 위해 젖먹이와 아이들을 사용하신다. 주님의 영광스러운 피조계를 통치하는 일에 비천한 사람을 들어 쓰신다. 그렇다! 하나님께서는 인간의 약함을 통해 이 세상을 다스리신다. 하나님의 능력의 영광은 인간의 약함 속에서 더욱 찬란하게 빛난다. 하나님의 능력은 당신의 약함을 통해 극대화될 것이다.

허드슨 테일러(Hudson Taylor)의 말을 들어보자. "기도의 능력이 최대한 활용된 적은 없었다. 그 누구도 시도조차 하지 않았다. 연약함, 실패, 좌절의 현장에서 하나님의 능력과 자비를 맛보고 싶은가?

하나님께서 이루시는 놀라운 역사를 체험하기 원하는가? 그렇다면 다음과 같은 하나님의 도전에 '아멘'으로 응답해야 할 것이다. '너는 내게 부르짖으라 내가 네게 응답하겠고 네가 알지 못하는 크고 은밀한 일을 네게 보이리라'(렘 33:3)."

권위로부터 능력으로

전(前) 장에서는 그리스도 안에서 어떻게 권위를 행사할 수 있는지를 살펴보았다. 예수님은 제자들에게 말씀하셨다. "내가 너희에게 뱀과 전갈을 밟으며 원수의 모든 능력을 제어할 권능(권위)을 주었으니 너희를 해칠 자가 결코 없으리라"(눅 10:19). 예수님은 먼저 열두 제자에게 그분의 권위를 위임하셨다. 이후로 칠십 명에게, 그리고 승천하시면서 자신을 따르는 모든 사람에게 권위를 부여하셨다. "하늘과 땅의 모든 권세(권위)를 내게 주셨으니 그러므로 너희는 가서 모든 민족을 제자로 삼아…"(마 28:18-19 참조)

이것이 바로 '두나미스'다. 능력이다!-"너희가 권능(능력)을 받고…"(행 1:8 참조) 두나미스와 엑수시아는 짝이다. 사람들은 두나미스만 필요하다고 생각하지만, 두나미스를 받기 위해서는 먼저 엑수시아가 있어야 한다(주님의 권위 아래로 들어가야 엑수시아를 얻을 수 있다). 우리는 "나도 남의 수하에 든 사람이요 내 아래에도 병사가 있으니 이더러 가라 하면 가고…"라고 말했던 백부장처럼 예수님의 권위 아래로 들어가야만 권위를 부여받을 수 있다. 예수님을 당신의 최종 권위자로 인정하라.

하나님은 최상의 기름 부음과 함께 두나미스, 엑수시아를 모두 겸비한 군대를 일으키기 원하신다.

권위의 의미를 이해하고 또 참된 능력의 의미를 깨닫기 원한다면 '군대'의 개념부터 알아야 한다. 만일 당신이 두나미스와 엑수시아로 무장한 하나님의 군대 일원이 되고자 한다면 절대 '외로운 방어군'(Lone Ranger, 혼자서 사태를 해결하는 군사)이 되어서는 안 된다. 당신은 다른 사람과의 관계 속으로 들어가야 한다. 또한 당신에게 권위를 전이시켜줄 수 있는 누군가의 지도(권위) 아래로 들어가야 한다. 수년 전, 나(마헤쉬)는 기적 베푸는 사역에 몸담았다. 하지만 혼자서 사역을 이끄는 것이 옳지 않다는 느낌을 받았다. 영적 아버지를 찾아서 그를 섬기며 그와 삶을 공유해야 한다는 필요성을 깨달았다. 마침내 나는 데릭 프린스라는 영적 아버지를 찾게 되었다.

영적 아비와 어미는 권위의 외투(mantle), 곧 '사도적인 외투'를 입고 있다. 당신이 그들을 찾아서 그들을 섬기며 그들의 권위(외투) 아래로 들어간다면, 그래서 그들로부터 배운다면, 그들이 가진 권위가 당신에게로 전이되기 시작할 것이다. 그들이 지닌 권위가 당신 내면으로 흘러들어 갈 것이다. 그렇게 시간이 지나면, 당신은 '승리의 거점'이 될 것이다(나는 하나님께서 이 땅 위에 축조하고 계시는 천국의 식민지를 일컬어 '승리의 거점' [strong point of victory]이라고 부른다).

하나님의 이름을 부르는 곳은 어디든지 하나님께서는 그곳에 영광의 식민지를 세우고자 하실 것이다. 하나님의 전능한 손이 '살짝' 움직이기만 해도 그 일은 순식간에 완성되겠지만, 하나님은 그렇게 일하시지 않는다. 하나님은 '하나님의 임재', '하나님의 권위', '하나님의 기름 부음'을 주사(注射)하여 당신을 승리의 거점으로 변화시키신다. 이런 방법으로 하나님께서는 영광의 식민지를 넓히신다.

교회는 그동안 텅 빈 소음을 너무도 많이 발하였다. 이제 하나님은 그 빈 공간을 채우기를 원하신다. 신선한 기름으로 채우기를 원하신다.

신선한 기름

예수님의 머리에 부어진 성령의 기름은 그분을 머리로, 왕으로 받드는 모든 지체 위에 흘러내린다. 성경에 의하면 머리에 붓는 기름의 용도는 세 가지다. 1. 치유 2. 제사장 위임식 3. 왕의 위임식. 오늘날의 교회에도 이 세 가지 용도는 유효하다. 1. 기적 2. 영적인 사역-성령의 은사 포함 3. 통치하는 능력-오중(五重) 직임.

머리와 연결될 때 인간의 몸은 생명을 유지하고 삶의 방향을 찾는다. 마찬가지로 생명을 유지하기 위해 교회라는 '몸'은 모든 것 위에 뛰어난 '머리' 곧 예수님을 붙들어야 한다. "그는 몸인 교회의 머리시라 그가 근본이시오 죽은 자들 가운데서 먼저 나신 이시니 이는 친히 만물의 으뜸이 되려 하심이요"(골 1:18). 생명을 유지하고 제대로 기능하기 위해 몸이 머리를 필요로 하는 것처럼, 권위(머리) 아래에 있는 사람은 생명을 유지할 능력을 얻고 장차 나아갈 삶의 방향을 배운다.

그러므로 머리이신 예수님으로부터 단절되는 것은, 더 이상 계시를 얻지 못한다는 뜻이며, 삶 자체가 불구가 되고 결국에는 생명까지 멈춰버린다는 것을 의미한다. 생명을 얻으려면 살아있는 몸이 살아있는 머리와 연결되어야 한다.

몸에 계시가 임하고, 몸 안에 생명력이 활성화되려면, 또 몸을 이동하거나 움직이기 원한다면, 우리 몸을 구성하는 각 지체-골격, 근육, 혈관계, 세포-가 적절한 자리에 배치되어야 한다. 그리고 이들 모두 제대로 기능해야만 한다.

몸을 구성하는 모든 지체가 직접 머리에 연결되어있는 것은 아니다. 사실 우리 몸을 구성하는 지체의 대다수는 다른 지체와 서로 연결되어있다. 하지만 결국에는 머리와 연결된다고 하겠다. 그렇다면 머리로부터의 원활한 공급을 보장해주는 중요 요인은 지체 간의 관계와 연합이다. 우리의 머리 되신 그리스도께서는 성령의 행정(行政)에 따라 사도와 선지자, 목사와 교사와 복음 전도자에게 기름을 부으시고 또 그들을 적재적소에 배치시키셨다. 이는 성도들로 하여금 봉사(ministry)의 일을 감당할 수 있도록 하기 위해서다. 주님의 일을 감당하라고 그들을 양육하고 준비시키기 위해서다.

능력 있는 기도의 권위는 '머리'로부터 나와 '몸'으로 흘러들어 간다. 우리가 예수님께 연결되어있다면 그분의 약속대로 우리는 그분의 권위를 부여받는다. 또한 "예수님의 이름으로 귀신을 쫓아내며, 병자를 치유하며, 갇힌 자를 자유케 하며, 복음을 전하며, 하나님의 은혜를 선포하며, 모든 원수, 어떠한 악으로부터도 해방될 수 있다-뱀을 집어 올리며 무슨 독을 마실지라도 해를 받지 아니할 것이다"(막 16:17-18 참조). 이 구절에서 예수님이 말씀하신 바는, 복음을 전할 때 성령의 기름 부음이 임하여, 전하는 자의 인간적 한계마저도 능가하는 능력이 나타나리라는 것이다.

아프리카에서 집회를 했던 때였다. 당시 나(보니)는 그곳의 주민에게 정체 모를 음료를 대접받았는데, 우리 팀원들이 그 액체에 치명적인 독이 담겨있음을 확인했다. 하지만 내 몸에는 아무런 이상이 발견되지 않았다. 지상명령에 붙어있는 예수님의 약속에 따라 성령의 기름 부음이 내게 임했다. 나는 이 사실을 믿고 감사드렸다. 이것은 능력이다. 능력은 말에 있지 않고 행함에 있다. 종국에는 우리 모두 '작은 예수'가 될 것이다. 우리는 모두 그리스도의 권위로 옷 입은 사자(使者), 이 세상에 그리스도의 형상을 나타내 보일 것을 명받고 이 땅으로 보냄 받은 사자들이다.

아픈 사람에게 치유의 기름 부음을 더 많이 부어줄 수 있는 비결 역시 '머리와의 연결'이다. 오랫동안 혈루증을 앓던 여인이 있었다. 여인은 예수님의 능력에 손을 뻗기 원했다. 그녀의 눈에 비친 예수님의 겉옷자락은 마치 자신을 그 능력으로 인도해줄 연결고리와 같았다(마 9장, 막 5장, 눅 8장 참조). 그래서 예수님의 옷(tallit)자락 끝 아주 작은 솔기(tzit-tzit)를 붙들었다. 순간 옷 솔기를 만짐으로 인해 그녀는 예수님의 머리에 연결되었고, 예수님이 지니신 치유의 능력이 그녀의 몸속으로 흘러들어 갔다. 이제 그녀는 깨끗해졌다. 병은 치유되었다. 예수님의 옷에 기적의 능력이 담겨있었던 것은 아니다. 하지만 여인은 그 옷을, 예수님의 머리와 자신을 연결시켜줄 연결책으로 삼았다. 이러한 그녀의 믿음 덕에 예수님의 옷은 기적의 통로가 되었다.

수년간 혈루증을 앓았던 이 여인처럼 오늘날 이 세상은 의기소침해 있다. 만일 그녀가 우리를 만진다면, 과연 치유될 수 있을까? 우리가 머리 되신 주님께 연결되어있다면 가능할 것이다. 치유의 기름이 머리 되신 주님에게서 나와 우리의 몸을 타고 흘러내릴 테니까. 그러므로 예수님께 연결되기만 한다면 우리는 그분의 겉옷 솔기 역할을 톡톡히 해낼 수 있을 것이다.

능력은 하나님의 나라를 확장시키고 영적으로 성장시키는 주요 동인이다. 성경에 의하면 능력은 권위, 기적, 마귀의 요새를 무너뜨리는 일, 영적 유산을 소유하는 일과 깊게 연관되어있다. "오직 성령이 너희에게 임하시면 너희가 권능을 받고…내 증인이 되리라"(행 1:8). 성도들이 이 세상 사람들 앞에서 그리스도를 전하고 그리스도의 향기를 나타내려고 할 때, 또 말과 행동으로 복음을 선포하려고 할 때, 그들에게 영적 능력이 주어질 것이다. 이것이 바로 지상명령의 약속이다.

축사

지상명령을 당부하신 권위자, 예수님께서는 그분 이름의 능력을 제자들에게 부어주셨다. 주님의 재림 때까지 교회는 예수 이름의 능력을 사용해서 기적을 베풀며 하나님 나라의 확장에 일조할 것이다. "믿는 자들에게는 이런 표적이 따르리니 곧 그들이 내 이름으로 귀신을 쫓아내며…"(막 16:17 참조) 축사 사역은 하나님 나라의 임재를 보여주는 주된 도구다. 예수님께서 귀신을 쫓으셨을 때 무엇이라고 말씀하셨는지 기억하는가? "내 나라가 임하였다!"

텍사스에서 처음 사역을 시작했던 몇 년간, 축사는 내(마헤쉬) 사역의 큰 부분을 차지하였다. 비록 갓 '성령 충만'을 경험했던 젊은 나이에 축사 사역을 시작했지만 수많은 사람이 나의 사역을 통해 기적과 치유를 경험하고 마귀의 압제로부터 자유롭게 되었다. 그러므로 많은 곳에서 내게 사역을 요청했다.

당시에 나는 텍사스 기술 대학(Texas Tech Univ)을 막 졸업한 상황이었기 때문에 사역의 본거지를 텍사스로 선택할 수밖에 없었다. 사역 일정은 매우 바쁘게 돌아갔다. 수많은 사람이 성령의 만지심을 갈망했기에, 하루 중 잠자는 단 몇 시간 정도를 제외하고는 시간마다 사역을 해야만 했다.

어느 날의 일이었다. 그날도 새벽까지 사역을 진행한 후 두 시간 동안 운전하여 러벅(Lubbock)에 있는 집에 도착했다. 시계를 보니 새벽 세시였다. 너무 피곤했다. 나는 곧바로 잠자리에 들었다. 그런데 오전 일곱시 삼십분쯤, 전화 한 통이 걸려왔다. 몇몇 목회자가 함께 모여 기도하고 사역하다가 내 도움이 필요해서 전화를 걸었노라고 말했다.

"마헤쉬 형제님, 저희 좀 도와주십시오! 매우 급합니다. 빨리 와주셨으면 합니다."

"급한 일이라니요?" 여전히 피곤했다. 어디에도 가고 싶은 마음이 없었다.

"지금 어떤 남자를 위해 기도했는데 갑자기 마귀가 우리에게 말을 걸었어요."

"그럼 쫓아내시면 되겠네요." 내가 대답했다.

"형제님. 지금 그런 말을 하실 때가 아닙니다. 우리 모두 겁먹었다고요."

"거기 모이신 목사님들은 오순절파 은사주의자들이 아닙니까? 용기를 내어 마귀를 쫓아내세요!"

"제발 부탁드립니다. 두렵습니다."

"알았습니다. 지금 어디시죠?" 너무 절박해 보였기에 그들의 요청을 거절할 수 없었다.

그들은 모임 장소를 알려주었고 나는 침대에서 일어나 주섬주섬 옷을 챙겨 입었다. 그리고 그들이 말해준 장소를 향했다. "도착하시거든 뒷문으로 들어오셔야 합니다. 꼭 뒷문으로요!" 이상하게도 그들은 이렇게 당부했다.

그들이 말한 대로 뒷문을 열고 들어갔다. 그랬더니 문 하나가 더 있었다. 안쪽에서는 난투극이 펼쳐지는지, 요란한 소리가 들려왔다. 그 문을 열고 들어갔다. 세탁실 같은 방이었다. 그곳에 여덟 분의 목사님이 '숨어' 있었다.

"여기서 뭐하세요?" 내가 물었다.

"그…그… '그것'은 저 건너편에 있어요." 그들은 손가락으로 또 다른 방을 가리켰다.

나는 고개를 저으며 그들이 가리킨 방으로 들어갔다. 체구가 산만

한 어떤 남자가 의자에 앉아있었다. 사건의 진상을 설명하자면, 목사님들이 이 남자를 위해 기도했을 때, 그의 안에 숨어있던 마귀가 정체를 드러냈다. 그리고 그 마귀가 목사님들에게 말을 걸었다.

그 마귀는 성도착(sexual perversion)의 영이었다. 그는 나를 보더니 이렇게 말했다.

"오, 예쁘장한데?"

소름이 돋았다. 내 머리털이 쭈뼛 서는 느낌이었다. 그의 입에서 나온 소리는 도저히 사람의 목소리라고는 할 수 없는 음성이었다. 이내 그는 으르렁대는 굉음과 함께 동물 소리를 발하더니, "이리 오렴. 나와 함께 친밀한 사귐의 시간을 보내지 않으련?" 하고 말했다.

찝찝했다. 당장 여기를 떠나 목욕을 하고픈 생각이 들 정도였다. 하지만 그때 성령님께서 내게 임하셨다. 나는 성령님께서 주신 말씀을 가지고 그에게 말했다.

"나와 사귀고 싶다고? 성경이 사귐에 대해 뭐라고 말씀하는지 알려줄까? 요한일서 1장 7절에는 '그가 빛 가운데 계신 것같이 우리도 빛 가운데 행하면 우리가 서로 사귐이 있고 그 아들 예수의 피가 우리를 모든 죄에서 깨끗하게 하실 것이요' 라고 기록되어있다. 사귐에 대해 이야기를 시작한 것은 너지만 이야기를 마무리 짓는 것은 나다! 네가 사귐에 대해 이야기를 꺼냈으니 내가 마무리 짓겠다. 내가 확신하건대 예수의 보혈이 모든 죄에서 우리를 깨끗이 씻어주신다. 너 마귀는 그 사람에게서 나와라. 그리고 지금 예수의 보혈이 모든 죄로부터 우리를 씻어준다는 사실을 인정하고 고백…"

순간 마귀가 발악하며 괴성을 질러댔다. 또한 이 남성은 뼈가 뒤틀리기 시작했는데, 일반인으로서는 일부러라도 그렇게 흉내도 낼 수 없는 형태였다. 정말 불가능해 보이는 모습으로 골격이 뒤틀려버렸다.

"너 마귀는 잠잠하라! 당장 멈추고 그 사람에게서 나오라!" 내가 말했다.

마귀는 큰 소리를 지르다가 그 사람을 떠났다.

그로부터 14년이 지난 후에 그 지역을 다시 방문할 일이 있어서 인근 호텔에 묵었다. 그런데 어느 날, 내 방을 두드리는 노크소리가 났다. 문을 열어 보니, 오 세상에! 바로 그때 그 큰 체격의 남성이 문 앞에 서있었다.

"마헤쉬 형제님. 안녕하십니까? 이 근처에 계신다는 소식을 들었습니다. 그래서 감사하다는 말씀을 전하려고 이렇게 불쑥 찾아왔어요. 그날 저는 완전히 해방되었습니다. 참, 여기 이 사람은 제 아내입니다. 그 사건이 있은 후 1년 뒤에 결혼했어요. 지금은 정상적인 삶을 살고 있습니다. 아름다운 가정도 꾸몄고요. 저를 위해서 기도해주신 것, 정말 감사드립니다."

예수님 안에 있는 우리의 권위가 이러한 능력을 가져온다.

능력 안에 있는 말씀

우리에게 있는 권위를 표출하려고 할 때 이를 위한 특별한 언어가 필요하다. 능력을 발현하려면, 역시 이를 위한 언어가 필요하다. 혹시 내가 하나님의 말씀을 권위와 능력의 언어로 사용한다는 것을 눈치챘는가?

성경은 하나님의 말씀이다. 살아있고 운동력이 있으며 능력으로 가득 차있다. 하나님은 성경을 통해 우리에게 말씀하신다. 우리는 조금도 혼란스러워할 필요가 없다. 믿음은 들음에서 나고 들음은 그리스도의 말씀으로 말미암기 때문이다.

성경을 펼칠 때마다 당신은 거룩한 두나미스의 능력이 작동함을 깨닫게 될 것이다. 성경을 펼칠 때마다 성령님께서 역사하기 시작하실 것이다. 더러운 것은 떨어져 나가고 당신은 올무에서 해방될 것이다. 성경을 펼칠 때, 회복과 함께 치유의 역사가 임할 것이다.

하나님은 말씀 속에 당신이 얻게 될 유익을 가득 채워 넣으셨다. 그러므로 아무런 기대 없이, 아무 생각 없이 성경을 펼치지 마라. 항상 기대하는 마음으로 하나님의 말씀 앞에 나아가라.

무엇보다 먼저, 성경을 '읽으라.' 내 영적 아버지인 데릭 프린스는 열정적으로 성경을 사랑했던 사람이었다. 그는 이렇게 말하곤 했다. "어떤 사람과 예수님과의 관계가 얼마나 친밀한지 또 얼마나 소원한지를 알기 원한다면 그와 성경의 관계를 보라." 그리스도는 말씀으로 계시된다. 성령님께서는 말씀으로 우리를 씻으시고 정결케 하신다. 그리고 말씀은 우리 마음에 믿음을 창조해낸다. 말씀은 우리의 영적 민감도를 높여주며 우리를 성숙케 한다. 말씀은 우리의 필요를 공급해준다.

성경은 인류 역사상 가장 특별한 책이다. 비록 수천 년 전에 기록되었지만 그것을 펼쳐 읽는 순간 성경을 기록하신 분(성령님)께서 직접 우리를 찾아오신다. 어깨 너머로 우리를 지켜보시며 우리가 읽은 말씀을 깨닫게 하신다. 깨달은 말씀을 통해 우리는 생명을 누린다.

가능하다면 여러 역본을 비교해가며 읽기를 권장한다. 간편하다는 이유로 많은 성도는 비교적 현대어에 가까운 역본을 선택해서 읽는다. 안타깝게도 그러한 역본 중 상당수는 중요한 진리들을 명확하게 계시해주지 못한다(물론 저자의 의도와 내용은 전달되지만).

정기적으로 성경을 읽는 것이 어렵다면 침대 머리맡에 성경을 놓아두고 잠시나마 성경을 읽기를 바란다.

성경을 읽으면서, 읽은 내용을 '생각' 해보는 것이 중요하다. 당신이 읽은 부분 중 한 구절이나 몇 문장 정도를 골라보라. 마치 맛있는 음식의 풍미를 만끽하듯이 '생각' 으로 그 말씀을 곱씹어보라. 선택한 문장 중 특별한 단어 혹은 그 안에 담긴 특별한 내용 위에 성령의 빛이 조명되기를 기도하라. 그 말씀이 현재 당신의 삶에서 어느 영역과 연관이 있는지 살펴보고 삶에 직접 적용해보라. 이제 그 말씀과 함께 하루의 일과를 진행하라. 일과가 진행되는 중에 잠시 멈춰서 그 말씀을 떠올려보라. 성령님께서 당신의 마음에 말씀을 심어주시기를 기도하라. 그렇게 기도하면 당신은 두 가지를 경험하게 될 것이다. 첫째, 말씀이 당신의 마음에 평안을 가져다줄 것이다. 둘째, 말씀이 당신의 마음에 기쁨을 가져다줄 것이다. 파수 기도 모임에서 이와 동일한 묵상 방법을 시행했더니 강력한 예언 기도가 터져 나왔다. 참으로 놀라운 일이 아닌가?

　이제 '생각'으로 곱씹어보던 말씀을 입술에 담아보라. 큰 소리로 암송하여, 당신의 귀에 들리게 하라. 말씀으로 노래하고, 선포하고, 또 말씀을 가지고 기도하라. 이처럼 다양한 방법으로 하나님의 말씀을 들으라. 말씀이 '소리'가 될 때 천사가 움직이기 시작할 것이다. 마귀는 두려워서 떨 것이다. 하나님께서 당신에게 다가가실 것이다. 에스겔과 다니엘처럼 성경에 등장하는 위대한 파수꾼들은 하나님의 말씀을 큰 소리로 선포하는 역사(history)를 창조해냈다. 하나님의 말씀을 입 밖으로 낼 때, 우리를 둘러싼 대기(大氣)는 말씀으로 가득 채워진다. 그러면 말씀은 더더욱 생기를 얻고 살아서 운동하며 충만한 능력을 발한다.

　우리가 살아있듯이 하나님의 말씀도 살아있다. 우리가 움직이듯이 하나님의 말씀도 움직인다. 우리가 성령으로 충만하듯이 하나님의 말씀은 능력으로 가득하다.

　하나님의 말씀을 읽고, 생각하고, 입으로 말하는 것과 겸할 수 있는 놀라운 도구가 있어서 소개하고자 한다. 당신을 그리스도 안의 더 깊은 생명으로 인도해줄 훌륭한 도구인데 그것은 다름 아닌 방언 기도(p-rayer language)다. 말씀을 읽으면서, 읽은 말씀을 생각하면서, 또 깨달은 말씀을 큰 소리로 기도할 때, 성령 안에서 방언으로 하기 바란다. 이것은 기계에 기름칠을 하거나 타오르는 불에 휘발유를 끼얹는 것과 같다.

　"믿는 자들에게는 이런 표적이 따르리니 곧 그들이…새 방언을 말하며"(막 16:17). 강력한 기도, 복음 선포의 사명, 하나님의 나라를 나타낼 능력-이 모든 것을 위해 하나님께서 교회 위에 부어주신 놀라운 선물 중 하나는 바로 방언 기도다(행 2:4 참조). 우리는 이를 천국의 언어(모국어)라고 부른다. 이 신비로운 도구는 너무나 오랫동안 비방받았고, 논쟁의 대상이 되어왔고, 오명까지 입어왔다. 한마디로 진흙탕에서 질질 끌려 다녔다.

성령의 능력을 입기 원하는가? 신선한 계시의 강물을 맛보고 싶은가? 하나님과 더 깊은 관계를 누리기 원하는가? 방언의 은사를 사모하라. 사도 바울은 이렇게 말했다. "내가 너희 모든 사람보다 방언을 더 말하므로 하나님께 감사하노라"(고전 14:18). 치유와 축사의 기적과 마찬가지로 방언 기도는 성령의 임재를 증명해주는 현상이다. 다른 은사와 마찬가지로 방언의 은사 역시 하나님을 영화롭게 한다. 바울은 이 유용한 사역의 도구를 비방한 적이 없다. 성경 기록을 미루어볼 때 사도적 전도 여행 중 바울은 한 번 이상(혹은 여러 차례) 방언의 은사를 활용했을 것이다.

수 세기 동안 수도사들은 말씀을 읽다가 잠시 멈추어 '정신적인 기도'를 드리곤 했다. 그들은 이러한 관습을 일컬어 '기도가 되는 과정' (becoming prayer)이라고 불렀다. 이 같은 휴지(休止)는 우리의 마음이 말씀과 하나가 되는 과정이다. 또한 하나님께 우리의 마음을 올려드리며, 그분의 뜻과 일치될 수 있는 시간을 마련해주기도 한다. 멈추는 동안, 우리의 마음을 비추기 위해 하나님의 임재가 머무는 곳에서 흘러온 빛은 우리 마음에 내재해있는 더러움과 불완전한 모든 것을 들취낸다. '기도가 되는 과정'의 경험은 마치 지성소의 휘장 바깥에 놓인 금향로 속에 들어있는 숯과 향이 되는 것과 같은 경험이다. 더러운 모든 것은 불타서 없어져야 한다. 그 경험의 순간에 우리 마음속 불협화음은 마치 조율되지 않은 악기의 소리처럼 불편하게 다가온다. 하나님의 임재를 통해 우리의 마음 상태가 낱낱이 드러날 경우, 이에 대해 우리가 취할 수 있는 유일한 반응은 '회개'뿐이다. 말씀 중심의 '기도가 되는 과정'은 우리의 마음이 하나님의 뜻에 조율될 수 있는 기회다.

기도하는 '자세'에 대해서는 별로 들어본 적이 없을 것이다. 초대교인들의 기도 자세를 실제로 따라 해본다면 크게 도움이 된다. 우리는 보통 무릎을 꿇고 기도한다. 그러나 이번에는 한 번 일어서서 기도해보라. 괴로워하듯이 고개를 숙이고 기도하는 것도 좋지만 항상 그렇게 하지는 마라. 가끔씩 고개를 들고 하늘을 향하라. 마음에 떠오르는 생각을 말로 표현하는 대신 노래에 담아 기도해보라. 항상 두 손을 모을 필요는 없다. 항상 두 눈을 감을 필요도, 고개를 숙일 필요도 없다. 대신 손을 들고 기도하거나 팔을 벌려 기도해보라. 두 눈을 뜬 채 하늘을 향해 얼굴을 들고 기도해보라. 이러한 자세가 기도에 대한 당신의 태도에 변화를 줄 수도 있다. 이러한 자세는 '기대'와 '믿음'의 자세다. 아마 마음의 태도에도 영향을 줄 것이다.

내 집은 기도하는 집

성전에 들어가자마자 예수님께서는 장사하는 사람들을 내쫓으셨다. 환전꾼들의 상과 비둘기 파는 사람의 자리를 엎으셨다. 그리고 말씀하셨다. "…기록된 바 내 집은 기도하는 집이라 일컬음을 받으리라 하였거늘 너희는 강도의 소굴을 만드는도다"(마 21:13). 이후 눈먼 사람들과 절뚝거리는 사람들이 예수님께 나아갔다. 예수님은 그들을 치유해주셨다.

예수님께서 성전을 정화(淨化)하신 후에 "내 집은 기도하는 집이다"라고 말씀하신 것에 주목하라. 예수님의 집은 기도의 집이다. 그런데 그 집에서 소경과 절름발이가 예수님께 나아갔다. 예수님은 그들을 치유해주셨다. 만일 어떤 집이 기도의 집이라면, 그곳은 또한 마땅히 치유와 구원의 집이어야만 한다.

어떤 사람이 "이 집은 기도의 집입니다"라고 소개했는데 그곳에서 치유나 축사 사역이 나타나지 않는다면 당신은 "이 집이 정말 기도의 집이 맞습니까?" 하고 물으며 의심해보아야 한다. 다른 용도의 집일지도 모른다. 어쩌면 함께 모여 빙고게임을 즐기거나 사교를 목적으로 운영하는 클럽하우스일 수도 있다. 치유도 없고 축사도 없다면, 어쨌든 기도의 집은 아니다. 정말 기도의 집이라면 그곳에서 치유가 일어날 것이고 상처받은 사람, 억눌린 사람들의 간절한 소원이 이루어질 것이다. 오직 예수 그리스도의 교회(집)에서만이 이러한 은혜를 누릴 수 있다. 물론 기도와 능력이 그 집(교회)에 머물 때에만 이런 일이

가능하다.

아무리 유명한 치유 사역자가 있다한들, 집에 기도와 능력이 없다면 아무런 소용이 없다. 그를 데리고 오는 것보다는 기도와 능력을 갖추는 것이 훨씬 더 중요하다. 정말 기도가 머무는 참된 기도의 집이라면, 하나님의 역사를 기대하지 않더라도 하나님께서 직접 능력을 펼치시며 그곳에 임하실 것이다.

수개월 전의 일이다. 우리 팀은 애틀랜타에서 사역을 하고 있었다. 기도 사역을 마칠 즈음, 나(마헤쉬)는 회중 가운데에 어떤 나이 지긋한 여성 한 분이 손을 흔드는 것을 보았다.

"목사님! 보여요!" 그녀가 내게 말했다.

"네. 저도 보입니다. 하나님께서 복 주시기를!" 그녀가 내게 인사를 건네는 것으로 생각했다.

"아니요, 목사님. 그게 아니라, 보인다구요." 그녀는 진지하게 말했다.

"네. 저도 자매님이 보입니다."

그녀는 그저 평범한 노인처럼 보였기에 나는 이처럼 농담 섞인 말투로 대답했다. 그때 그녀 곁에서 그녀를 돕던 한 자매가 내게 설명해 주었다.

"목사님, 여기 알버타(Alberta) 할머니는 지금 연세가 여든아홉 살입니다. 날 때부터 앞을 못 보셨는데, 지금은 보실 수 있다고 말씀한 겁니다. 하나님께서 할머니의 눈을 열어주셨다고요!"

놀라운 일이 아닌가? 하나님의 집, '기도의 집'으로 하나님께 헌정된 곳에서는 지금도 치유가 일어난다.

기도의 집에 머문다면, 당신은 앞에서 소개한 다섯 살배기 꼬마처럼 용감해질 것이다. 마귀를 향해 "너는 내 집에서 이런 짓을 할 수 없어. 그러니 나가!"라고 명령할 수 있을 것이다. 이 세상의 수많은 사람이 절박한 심정으로, 이처럼 용기 있는, 권위와 능력의 종을 기다린다. 하나님께서는 그분의 기도하는 집이 두려움으로 채워지는 것을 원치 않으신다. 대신 "사탄아, 내 집에서 떠나라. 사탄아, 내 도시에서 떠날지어다!"라고 선포할 수 있는 용사들로 채워지기를 원하신다.

하나님이 말씀하신다. "내게는 아직 파병하지 않은 천군 천사들이 있다. 이제 곧 이들을 파병할 텐데, 소원이 있다. 내 아들들, 딸들의 기도를 들은 후, 이들을 이 땅으로 파병하고 싶구나." 극도로 위험한 상황에 빠졌더라도 당신은 하나님의 능력을 발휘하여 승리를 거머쥘 수 있다. 승리는 하나님께서 당신을 위해 계획해놓으신 '운명'이다. 당신은 적재적소에, 정확한 시간에 나타날, 적합한 사람이 될 것이다. 게다가 천군 천사가 당신에게 파병될 것이다. 하나님께서 당신에게 주신 것은 두려워하는 영(마음)이 아니라 능력과 사랑과 절제하는(건강한) 영(마음)이기 때문에 당신은 조금도 두려워할 필요가 없다(딤후 1:7 참조).

2008년, 우리는 애틀랜타 중심부에서 남쪽 근교에 위치한 위성교회에서 첫 번째 파수 기도 모임을 열었다. 파수 기도의 용사들이 예배하며 합심으로 기도하고 있을 때, 주님은 그들의 관심을 몇 가지 주제에 집중시키셨다. 그중 하나는 '하나님 아는 것을 대적하여 높아진'

공중파와 매스미디어였다(고후 10:5 참조). 파수 기도의 용사들은 다니엘서의 말씀으로 기도하며 선포하기 시작했다. "너를 저울에 달아 보니 부족함이 보이도다"(단 5:27 참조). 그들의 선포는 다음의 기도를 드릴 때 절정에 달했다. "주님, 주님은 이 나라의 주(主)이십니다. 하나님 아는 것을 대적하여 높아진 모든 방송과 미디어, 적그리스도의 활동을 고무시키는 모든 방송과 미디어에 주님의 모습을 나타내소서. 그래서 어둠의 왕국이 주 예수 그리스도의 왕국 앞에 무릎 꿇게 하소서. 머리를 조아리게 하소서."

그때 함께 기도하던 한 지체가 파수 모임을 이끌던 대표자에게 쪽지를 건네며 말했다. "지금 토네이도 경보가 발동되었습니다." 이후 기도 모임에 참여한 사람들은 장차 닥칠 회리바람에 집중하며 애틀랜타 주민의 안전과 보호를 위해 기도하기 시작했다.

이들이 기도하는 동안 거대한 토네이도가 CNN 타워(케이블 뉴스 채널)를 부수며 애틀랜타 중심가를 지나갔다. 방송국 건물의 외벽 대부분이 파손되었고, 뉴스 보도실도 크게 훼손되었다. 하지만 그 순간 바로 옆 건물에서 진행되었던 SEC 농구 경기는 연장전에 돌입하였다. 만일 4쿼터에서 경기가 종료되었다면 수많은 인파가 거리로 나왔을 것이고 무서운 바람에 흩날리는 강철 빔이나 유리파편에 맞아 엄청난 인명 피해가 발생했을지도 모를 일이었다. 하지만 경기가 연장전으로 이어졌기 때문에 경기장 안에 있던 농구팬들은 목숨을 부지할 수 있었다. 놀라운 사실이 있다. 토네이도는 진행 경로를 따라 수만 명의 주민이 거주하는 곳을 통과하였는데 그 밤에 단 한 명의 사상자도 발생하지 않았다는 것이다. 대부분의 부상자는 경미한 상처나 멍든 정도였다.

그날 우리는 하나님의 보호하시는 손을 보았다. 그뿐만 아니라 미디어와 방송에 관한 우리의 기도에 얼마나 빨리 응답하시는지도 경험할 수 있었다.

한밤중에 드리는 기도의 능력

시편 기자는 이렇게 선언한다. "내가 주의 의로운 규례들로 말미암아 밤중에 일어나 주께 감사하리이다"(시 119:62). 다윗의 이 기도는 파수꾼의 심정에서 울려낸 탄성이었다. 다윗 왕이 갖고 있던 전통은 다름 아닌 파수의 전통이다. 세상 모두 잠들어 있을 때, 홀로 잠에서 깨어 하나님의 의로움을 기대하며, 찬양하고, 기도하는 파수의 전통이다.

애굽에서의 탈출은 한밤중에 이루어졌다. 역사를 살펴보면 한밤중에 하나님의 백성(이스라엘)에게 구원이 임하는 사건이 반복되어 일어났던 것을 알 수 있다. 태초에 하나님의 영(성령)은 수면을 운행하시며 어둠(한밤중과 같은 어둠)과 무질서를 감싸 안으셨다. 그리고 하나님의 말씀이 있었다. "빛이 있으라!" 바로 이때, 어둠(한밤중과 같은 어둠) 위에 빛(구원)이 임했다.

이것이 기도의 참된 정수(精髓)다. 기도는 개입(intervention)이다.

기도는 구원이다. 기도는 회복이다. 기도는 돌파구다. 기도는 빛이다! 비유대인 출신의 크리스천들은 서로 묻는다. "어느 교회에 다니십니까?" 하지만 유대인들은 이렇게 묻는다. "어디에서 기도하십니까?" 다윗 왕의 파수하는 전통은 오늘날 '하시드'(Hassids)-유대교 내 은사주의적 종파-에 이어졌다. 그들은 '파수꾼'과 '자정'이라는 시간이 본질상 이스라엘의 최종적인 구원과 직결된다고 믿는다.

구원은 열방(유대와 이방 모두)을 위해 하나님의 기도하는 집이 회복되는 것과 연관이 있다-열방을 위한 기도의 집은 바로 성전이다. 한밤중에 드리는 기도를 지칭하는 히브리 말, '티쿤 찻조트'(Tikkun Chatzot)는 파수 기도로, 이 세상을 재창조할 수 있는 '기회의 시간'을 뜻한다.

다윗이 했던 것과 같이 한밤중에 파수하며 기도하는 모습은 예수님의 생활에서도 드러나고, 초대교회의 정기적 기도 모임에도 잘 나타난다. 이 기도는 '밤 나누기'(breaking the night)라고 불리는데 그 이유는 파수꾼이 기도하기 위해 일어나는 때를 중심으로 날이 바뀌기 때문이다-밤의 일정 시점을 기준으로 전날 밤과 당일 새벽으로 나눠진다. 이는 창조의 때를 기술한 창세기 1장의 패턴에 따라 답습된 전통이다. "저녁이 되며 아침이 되니 이는 첫째 날이니라." 영적으로 보면 '한밤중'은 구원의 능력이 발현되는 시간이다. 매주 한 번씩 연합 파수 기도 모임으로 모인 지 어언 14년, 그동안 우리는 파수 기도의 능력을 지속적으로 경험해왔다.

'찻조트'(Chatzot)의 뜻은 '둘로 나눔'이다. 유대인들이 밤을 둘로 나눠가며 자정에 기도하는 주된 목적 중 하나는 성전 곧, '기도하는 집'이 세상의 중심부에 재건되는 것을 목도하기 위해서다. 재건된 성전에서 하나님의 가족이 다시 모여 구원의 기쁨을 즐거워하는 것-이것이 바로 그들이 한밤중에 기도하는 목적이다.

하나님에게서 떠난 백성, 그리고 영적 유업으로부터 떠난 백성을 향해 쉐키나 영광은 울부짖는다. 이 소리를 들으려고 파수꾼들은 한밤중에 잠에서 깬다. 안타깝게도 이 슬픈 울부짖음(bitter shriek)의 소리는 불야성 같은 세상의 소음에 묻혀버렸다. 하지만 자정의 시간, 세상이 어둠의 소음에 파묻혀 있을 그 시간에, 파수꾼은 일어나 영광의 탄성에 귀를 기울인다. 하나님의 기도하는 집, 그 벽의 기초를 다시 세운다.

한밤중, 파수의 능력

파수 기도에는 서로 상반되는 요소처럼 보이는 두 가지 특성이 내재한다. 이것을 한마디로 표현하면 '이중적 울부짖음'이다. 첫째, 백성을 그분에게로 회복시키기 원하시는 하나님의 울부짖음과 둘째, 하나님이 백성에게로 돌아오시기를 바라는 인간의 울부짖음이다.

한밤에 진행되는 파수 기도 중, 기도의 능력이 나타날 때는 하나의 울부짖음이 다른 하나에 포개어질 때다. 파수꾼들은 백성을 향한 하나님의 아픈 마음을 고스란히 품고 기도한다. 걷잡을 수 없이 흉악해지는 백성의 죄를 바라보며 탄식한다. 사탄과 그 수하의 마귀들에게 압제당하는 백성을 바라보며 울부짖는다. 이것은 모든 성도에게 주신 하나님의 사명 곧 참된 제사장직의 본분이다. 하나님은 우리를 '화해의 사역'으로 부르셨다. 물론 이 세상을 돌이켜 하나님의 품으로 인도한다는 의미에서의 '화해'다. 세상과 하나님의 화해를 위해서는 복음 전파가 필요하다. 또 복음의 진정성을 입증하는 기적도 필요하다. 이 두 사역이 효과적으로 이루어지도록 지원해주는 것이 파수 기도다.

역사를 거슬러서 기도하며 '밤을 나누는'(breaking the night) 전통의 시초를 살펴보면 참으로 극적인 사건과 만날 수 있다. 한밤중에 하나님께서 아브라함과 언약을 맺으셨다(창 15:5). 그 밤의 큰 사건은 장차 이스라엘 백성이 애굽에서 해방될 시간을 예표(豫表)해주었다. 유월절, 하나님의 구원이 임한 날, 그 구원은 한밤중에 이루어졌다(출 12:29 참조). 다시 아브라함 이야기로 돌아가자. 한밤중에 하나님은 아브라함과 사라를 찾아가셔서 그들에게 자손을 주겠노라고 약속하셨다. "그를 이끌고 밖으로 나가 이르시되 하늘을 우러러 뭇별을 셀 수 있나 보라…"(창 15:5) 아브라함의 아내 사라가 이방 왕의 첩이 될 뻔했던 상황에서 그녀를 구하신 시간 역시 한밤중이었다(창 20:3 참조). 아브라함의 조카 롯을 구하려고 두 천사가 소돔 땅을 방문했던 것 역시 밤 일경(개역 개정본에는 '저녁'으로 소개하고 있음-역자 주)이었다(창 19:1 참조). 하나님께서 야곱을 만나신 것도 한밤중이었다. 하나님과 야곱은 두 번 만났는데 첫 번째는 야곱이 아버지의 집에서 도망쳐 나왔을 때였다. 당시에 그는 아무것(자신이 유산으로 물려받을 몫)도 챙기지 못하고 도망쳐 나왔다. 단지 옷 몇 벌만 보따리에 싸서 들고 나왔을 뿐이었다. 그날 밤, 그가 돌을 베개 삼아 잠을 청했을 때 하나님께서 그를 만나주셨다. 두 번째 만남은 그가 갑절의 축복을 안고 자신의 유업으로 돌아온 때였다(창 28:11-16 참조). 다니엘은 기도 중에 돌파구를 얻어 하나님께 나아갔다. 천사와 대화를 나누었다. 그의 기도와 파수를 통해 온 세상 역사의 진행 방향이 변경되었다(단 7:13 참조). 하만의 음모로부터 모르드개를 구원해주신 것 역시 한밤중이었다(에 6장 참조). 여기에 설명된 것들은 파수 기도하며 '밤을 나누었을' 때 일어난 놀라운 사건 중 몇 가지 예일 뿐이다.

파수 기도는 대적을 향해 강력한 '원-투 펀치'(권투 경기 중 상대 선수에게 연속으로 가하는 펀치-역자 주)를 날린다. 어떤 무기도 이에 필적할 수 없다. 한밤중에 하나님은 그분의 백성을 구원하실 뿐만 아니라, 원수들을 곤경에 빠뜨리신다. 구원이 일어나는 그 동일한 시간에 심판이 이루어진다. "그 밤에 바로와 그 모든 신하와 모든 애굽 사람이 일어나고 애굽에 큰 부르짖음이 있었으니 이는 그 나라에 죽임을 당하지 아니한 집이 하나도 없었음이었더라"(출 12:30). 아비멜렉, 라반, 산헤립, 느부갓네살 등은 이스라엘을 괴롭히려는 계획을 세웠다가 한밤중에 봉변을 당했거나, 마음의 변화를 일으켜 계획을 무산시켰던 이방의 통치자 혹은 왕들이었다.

분명 '한밤중'이라는 시간이 지닌 '달콤한' 요소도 있다. '티쿤 찻조트'에는 구원하는 능력이 있다. 한밤중의 파수 기도는 가혹한 포고령도 누그러뜨린다.[1] 성전이 무너진 후 유대인들은 하나님께서 성전을 재건해달라고 기도해왔다. 다윗의 왕위가 영원하리라는 하나님의 약속은 이후 언젠가 이스라엘에 대한 하나님의 통치가 재개될 것을 예언적으로 나타내신 메시지였다. 탈무드에는 다음과 같은 내용이 기록되어있다. "다윗의 침상 위에 하프(수금)가 걸려있다. 한밤중, 북풍이 불어와 하프 줄에 닿는다. 그러면 하프는 스스로 소리를 낸다. 하프 소리에 다윗은 다시 한 번 잠깨어 일어날 것이다(다윗의 왕위를 이을 자가 나타날 것이다-역자 주). 그는 새벽이 밝기까지 토라(율법, 모세 오경을 지칭함-역자 주)를 연구하고 찬양할 것이다."[2)]

하늘이 열려 이 땅이 하나님 나라의 왕을 맞이할 수 있다면, 한밤중의 파수 시간은 분명히 하나님의 은총을 받는 시간, 무너진 영역을 보수하는 시간이리라. 한밤중에 깨어 기도할 때, 우리는 하늘 왕국을 이 땅으로 끌어내릴 수 있다. 파수 기도를 통해 하나님 나라의 법칙을 이 땅 위에 적용시킬 수 있다-이 땅은 하나님께서 자신의 자녀들과 함께 걷고자 창조하신 곳, 천국의 분위기 그대로 지음 받은 하나님의 거처다. 한밤중은 하늘의 신랑이 이 땅의 신부를 찾아오는 시간이며, 그녀의 집 대문을 두드리는 시간이다. "…나의 누이 나의 사랑 나의 비둘기 나의 완전한 자야 문을 열어 다오 내 머리에는 이슬이 내 머리털에는 밤이슬이 가득하였다"…(아 5:2)

밤이 지나면 새벽과 함께 약속된 아침이 찾아오듯이, 또한 밝아오는 새벽빛에 대지의 윤곽이 드러나듯이, 파수 기도가 끝날 즈음 우리의 마음 역시 새로운 각성을 입게 된다. 만일 숲에서 밤을 지새워본 경험이 있다면, 생각보다 훨씬 일찍 아침이 찾아온다는 것을 알 것이다. 아침빛이 드리워지기도 전, 수많은 새가 노래하며 서로 인사하는 광경도 보았을 것이다. 파수하며 기도하는 산고의 시간으로 첫 연, 첫 행을 시작한 시편을 아는가? 하지만 그 시의 마지막 행은 하나님과의 재회로 인한 기쁨의 찬양과 탄성으로 가득하다. 시편 기자의 입에서 기쁨이 터져 나오는 것을 볼 수 있다!

하나님은 우리의 부르짖음에 응답하신다. 우리가 부르짖을 때, 하나님은 우리의 마음을 안식처로 여기시고 우리 마음으로 들어오신다. 우리를 안식처로 삼는 것, 이것은 하나님께서 모든 만물을 창조하신 목적이다! 우리가 하나님의 안식처가 되어, 우리의 마음에 하나님이 거주하시는 것이야말로 그리스도 안에서 하나님의 놀라운 구원 계획이 성취된 증거이리라. "구원은 찻조트에 시작된다. 그러므로 구원은 찻조트의 시간에 깨어있는 사람들에게 유익을 준다."[3]

아가서에 등장하는 술람미 여인은 교회를 상징하는 예언적 그림이다. 그녀는 말한다. "내가 잘지라도 마음은 깨었는데…"(아 5:2 참조) 그때 그녀는 신랑(예수)의 목소리를 들었다. 하지만 목소리를 들은 순간 생각했다. "내가 옷을 벗었으니…내가 이미 발을 씻었으니…만일 내가 일어난다면 다시 옷을 입어야 하겠고 또 다시 잠자리에 들게 되면 또 다시 발을 씻어야 할 것이다"(아 5:3 참조). 이처럼 한밤중에 일어나는 일은 번거롭다. 그냥 누워있을 이유는 이것 말고도 많다. 게다가 대부분이 실질적인 이유다. 우리는 잠을 자야만 생각과 몸이 쉼을 얻는다. 그래야 이튿날 일을 할 수 있고 가족을 부양할 수 있다. 부모라면 아이들을 학교에 데려다주어야 한다. 자녀라면 학교에 가서 공부해야 한다. 엄마라면 아침을 만들어야 한다. 아빠라면 사업상 누구를 만나야 한다. 가족, 친구들과 한 약속도 지켜야 한다. 그래서 "잠을 자야 한다!"

하지만 파수 기도는 근력을 키우는 운동과 같다. 실제 파수 기도를 시행하기 전까지, 당신은 자신이 정기적으로 시간을 내어 밤을 지새우거나 오랜 시간 동안 하나님과 교제할 수 있으리라는 것을 생각조차 못할 것이다. 하지만 정기적인 파수 기도가 습관으로 자리 잡는다면 "아, 이전에는 파수 기도를 하지 않고 어떻게 살았지?" 하며 의아해할지도 모른다. 밤에 깨어있지 말아야 하는 실질적인 이유도 많지만, 매주 특정한 시간을 따로 떼어 파수 기도를 해야만 하는 실질적인 이유도 많다. 우리는 일상생활에 저해가 되지 않는 한도 안에서 파수 기도를 시행할 수 있다. 수년 전 우리는 '주님을 위한 파수 기도 모임'을 금요일 밤에 하기로 결정했다. 이것을 '밤에 즐기는 주님과의 데이트'라고 부른다. 말 그대로 야밤에 주님과 데이트하는 것이다. 한밤중에 술람미 여인이 자신의 연인을 찾아 집을 나서듯이, 우리 역시 한밤중에 우리 영혼의 신랑이신 예수님을 찾아 나선다.

기도와 찬양으로 밤을 둘로 나누는 티쿤 찻조트의 전통에 의하면 '유대인들의 가장 큰 헌신은 기도하기 위해 한밤중(찻조트)에 깨는 것'이다.[4] 친구들과 함께 경야하며 기도하는 습관은 예수님이 보이신 기도 생활의 주된 패턴이었다. 홀로, 그리고 친구들과 함께 밤새워 기도했던 예수님의 습관은, 낮 동안 진행되는 그분의 사역에 특별한 능력이 나타날 수밖에 없었던 주원인이었다. 예수님께서 천국의 진동을 감지하셨던 것 역시 한밤중에 파수하며 기도하실 때였다. 예수님은 한밤중의 파수 기도를 통해 자신의 심신을 맑게 하셨다. 또한 아버지의 기쁨을 위해 그분의 뜻을 인정하고 받아들이는 시간이었다.

이 땅에 발을 붙이고 있었으나, 예수님께서 순간마다 천국과 조화를 이루실 수 있었던 것 역시 야경(夜警)의 파수 기도 덕분이었다.

주 |
1. *Likutey Moharan I*, 149.
2. *Berakhot* 3b.
3. Reb Noson of Breslov, *Liketey Halakhot*, Hashkamat, HaBoker, 1:15
4. *Rabbi Nachman's Wisdom*, #301

제11장

아름다움으로 충만한

Ablaze in Beauty

영광이 (아버지께) 영원히 있사옵나이다
And the Glory Forever

영광으로 회복되는 두 개의 열쇠를 되찾다
–겸손 그리고 감사

혹시 '하늘을 나는 꿈'을 꿔본 적이 있는가? 먼저 몸을 공중에 띄우려는 시도를 한다. 이후 눈에 보이지 않는 중력의 한계선을 넘고 싶은 욕구가 생긴다. 하지만 왠지 모르게 당신의 몸무게가 느껴진다. 이후 당신의 모든 노력은 헛수고로 돌아간다. "왜 안 되는 걸까?"–도무지 이해할 수가 없다. 이런 생각을 하다가 그만 추락하고 만다. 그리고 잠에서 깬다.

하지만 하나님의 영광으로 올라가는 것은 다르다. 처음 수영을 배우기 시작한 어린아이를 생각해보라. 처음에는 어렵지만 일단 어느 정도 수준에 도달하면 몸을 띄워 팔을 젓고 발을 구르는 것이 쉬워진다. 하나님의 영광 안으로 들어가는 것 역시 이와 비슷한 과정을 거친다. '몸에 익으면' 자연스러워진다. 당신은 높이 올라갈 수 있다! 영광 안에 머물 수 있다! 이것은 이 세상에서 가장 신나는 경험일 것이다 – 이 세상 그 어떤 것도 당신을 끌어내릴 수 없다. 오직 당신의 마음이 문제다.

때때로 기도하는 파수꾼이 되는 과정 역시 이와 비슷하다. 나의 친구 루스 헤플린(Ruth Heflin)은 하나님의 영광에 대해 일가견이 있는 선구자다. 그녀는 예배에 대한 열정으로 유명하다. 또한 기도 중 '하늘을 나는 것'에 대해 언급하기도 했는데, 그녀의 주장에 의하면 하늘을 나는 것은 성도가 기도하고 찬양할 때 겪게 되는 경험과 깊이 연관되어 있다. 그래서 그런지 헤플린은 종종 이렇게 말하곤 했다. "참된 예배의 수준에 오르기까지 계속해서 찬양하라. 일단 예배 안으로 들어갔다면, 영광이 임할 때까지 계속 예배하라. 그리고 영광이 임하면, 그 안에 계속 머물라."

하나님은 우리가 중보자가 되기를 기대하신다 – 풀죽은 채로 있는 것이 아니라, 두 발을 딛고 일어서기를 기대하신다! 함께 모여 파수하고 기도할 때마다 우리는 더 높이 올라갈 수 있다. "초저녁에 일어나 부르짖을지어다 네 마음을 주의 얼굴 앞에 물 쏟듯 할지어다 각 길 어귀에서 주려 기진한 네 어린 자녀들의 생명을 위하여 주를 향하여 손을 들지어다"(애 2:19).

일어나라! 부르짖으라! 하나님을 초청할 때, 그분을 만날 수 있다. 하나님은 당신에게서 큰 능력을 찾으시지 않는다. 위대한 기름 부음을 찾으시는 게 아니다. 하나님이 찾으시는 것은 그분의 임재를 갈망하는 '마음'이다. 그러므로 하나님을 기대하는 마음가짐이 우리의 임무다. 현재의 신앙을 연습하고 그분의 영광에 이르기까지 믿음을 키워나가는 것 역시 우리의 몫이다.

감사, 소망, 기쁨

깨어 기도하고, 연합하여 예배할 때, 그곳에 감사와 소망과 기쁨이 넘친다. 파수꾼이 경야할 수 있는 이유는 날이 밝기를 소망하는 기대감 때문이다. 칠흑 같은 밤이지만 그들은 새벽이 오고 있다는 것을 안다. 이것이 파수 기도의 묘미다. 시편 119편 62절을 보라. "내가 주의 의로운 규례들로 말미암아 밤중에 일어나 주께 감사하리이다."

만일 당신이 인생 중에서 가장 어두운 시간을 지나고 있다면, 과연 어떻게 반응해야 하는가? 지체 말고 일어나 감사드리라! 해가 지고 다시 떠오르기까지의 시간, 그 중심에 섰을 때 주변에 드리워진 어둠을 보지 마라. 대신 빛으로 임할 천국을 이 땅에 심으라. 시편 22편 3절의 말씀은 주님께서 '우리의 찬양 위에 좌정하신다'고 설명한다. 그러므로 우리는 찬양을 부르며 밤의 어둠을 물리쳐야 한다. 찬양과 더불어 하나님 나라의 은총과 축복과 간섭이 이 땅 위에 연착륙(軟着陸)할 수 있도록 '활주로'를 닦아야 한다. 하나님은 선하시므로 온 힘을 다해 그분을 찾는 모든 이에게 상을 주신다. 이 사실을 믿고 우리는 끈질기게 기대하며 파수하고 기도한다.

큰 슬픔의 일과 악행이 창궐한 시간에, 시편 기자는 노래하였다. "내가 어쩌면 이를 알까 하여 생각한즉 그것이 내게 심한 고통이 되었더니 하나님의 성소에 들어갈 때에야 그들의 종말을 내가 깨달았나이다"(시 73:16-17). 교회로서, 국가로서, 개인으로서, 우리는 한밤중 칠흑 같은 어둠의 시간을 지난다. 어둠은 우리를 좌절시키고 우리의 권위와 사명에 대해 단념하게 만든다. 좌절을 치료할 가장 좋은 해독제, 즉 밤을 물리칠 최상의 방법은 하나님의 임재 안으로 들어가는 것이다. 하나님의 임재 안에 들어갈 때, 우리는 '천국 승리'의 관점으로 이 땅에서 일어나는 사건과 우리를 감싼 환경을 새롭게 해석할 수 있다.

하나님의 임재를 더욱더 민감하게 인식할 때, 감사의 마음이 작동할 것이다. 감사는 우리의 마음과 눈을 열어준다.. 어둠 속에서도 천국의 승리를 눈으로 보고 또 입으로 선포하는 것이 가능한 이유는 '감사'라는 열쇠 때문이다. 다음은 시편 95편 2절의 말씀이다. "우리가 감사함으로 그 앞에 나아가며 시를 지어 즐거이 그를 노래하자." 감사할 때 우리는 그분의 영광스러운 임재 안으로 들어갈 수 있다. 우리를 하나님께로 안내해주는 것이 '감사'이기 때문이다. 불평 대신 감사로 우리의 나날들을 채운다면, 하나님의 임재 안으로 들어가기에 합당한 마음가짐을 얻게 될 것이다. 감사는 하나님이 행하신 일에 대해 하나님을 '칭송'하는 행위다. 찬양은 그분의 존재를 높이는 일이다. 그러므로 감사와 찬양은 '임재 기도'(presence prayer)라고 불리는 기도 속으로, 자연스럽게 우리를 인도한다. 임재 기도란 하나님(우리의 기도를 응답해주시는 분)에 대한 특별한 지식을 깨닫고 이에 힘입어 더욱더 뜨겁게 기도하게 되는 기도의 한 형태다.

때때로 감사는 자연스럽게 우러나는 감정이라기보다 의지를 드려 선택해야 할 사항이기도 하다. 특히 어둠이 득세하는 때에는 더더욱 그렇다. "너희가 여호와께 감사 제물을 드리려거든 너희가 기쁘게 받으심이 되도록 드릴지며"(레 22:29). 어둠의 때, 하나님께 감사드리는 것은 당신의 현실 인식, 마음의 감정 등, 보고 느끼고 판단한 모든 것에 반(反)하는 행위일지도 모른다. 그러나 하나님은 감사를 선택하라고 명령하셨다. 특정한 상황에 처했을 때, 그 상황을 허락하신 하나님의 뜻을 알고자 한다면 먼저 찬양하라. 가장 어두운 시간을 지날 때라도 하나님께 감사드리라. 이는 하늘에 계신 우리 아버지께서 명령하신 일이다. 찬양과 감사는 시간, 장소, 상황과 관계없이 언제 어디서나 변함없는 하나님의 뜻이다. 때때로 당신의 전 존재를 구성하는 섬유세포, 성품과 기질 하나하나가 이렇게 말하는 것처럼 느낄 수도 있을 것이다. "감사도 찬양도 싫어. 원하지 않는다고! 지금 그렇게 할 기분이 아니야!" 그러나 감사드릴 기분이 아닐지라도, 의지를 드려 '감사'의 희생제를 하나님께 올려드린다면, 상황은 급변한다.

하나님이여 민족들이 주를 찬송하게 하시며 모든 민족으로 주

를 찬송하게 하소서 땅이 그의 소산을 내어 주었으니 하나님
곧 우리 하나님이 우리에게 복을 주시리로다(시 67:5-6)

당신의 삶과 교회와 국가가 메마른 땅, 열매 없는 시즌을 지나고 있는가? 그렇다면 지금은 주님을 찬양하며 일어설 수 있는 완벽한 기회다. 감사는 천국의 문을 열고, 이 땅의 수확을 배가(倍加)시킨다. 그러므로 감사하라. 찬양하라. 수확의 때가 올 것이다.

혹시 우리의 필요에 대한 응답이나 하나님으로부터의 구조만을 바라는 것은 아닌가? 우리는 '그분으로부터의 도움'이 아닌, 온 우주를 붙들고 계신 '그분'을 바라야 한다. 이 여정의 종착역은 하나님의 임재로 충만한 보좌다. 우리는 반드시 그 종착역에 도착할 것이다. 이에 대한 확실한 보증이 있다. 마치 그곳에 도착한 것처럼, 우리의 입에서 터져 나오는 즐거움의 탄성 그리고 감사와 찬양의 멜로디가 그것이다-어떻게 보면 우리는 이미 종착역에 도착한 것인지도 모른다.

성전에서 사역했던 제사장들은 날마다 제단으로 나아가 경야하려 했을 것이다-그들은 하나님의 시은좌(은혜를 베푸는 의자, 속죄소-역자주) 앞에서 기도와 향을 올려드리는 사역을 진행하며 경야하려 했을 것이다. 예수님은 우리의 궁극적인 파수꾼이시다. 예수님은 모든 인류 위에 쏟아져야만 했던 하나님의 진노를 대신 받으셨다. 사망의 깊은 문들을 봉하시고, 우리 대신 시은좌에 나아가 그 위에 자신의 보혈을 흩뿌리셨다. 그분의 보혈을 통해 구원이 완성되었다. 이제 하나님의 구원을 믿는 자마다 하나님의 선하심과 자비를 맛보아 알게 될 것

이다. 예수님은 장차 자신을 믿고 구원 얻을 백성을 기대하며 기쁨으로 죽음을 감내하셨다(구약시대 때 제사장들은 속죄 제물의 피를 받아 지성소로 들어가 언약궤 덮개 즉 시은좌에 뿌렸다. 이때 하나님께서 용서하셨다는 표식으로 '쉐키나' 영광의 빛이 시은좌에 닿았다. 예수님의 보혈은 시은좌에 뿌려진 속죄제의 피처럼 죄를 용서하는 보혈, 또한 율법의 저주를 끊는 보혈이었다-역자 주).

예수님은 그분의 몸 된 교회를 이 땅에 세우셨다. 파수하며 기도하는 교회는 한밤중에 일어나 주님을 찬양하며 그분의 임재 안으로 들어갈 것이다. 이 땅의 어두운 곳마다 하나님의 나라를 전파할 것이다. 주님의 임재 속에, 멍에를 부서뜨리는 기름(부음)이 흐른다. 한밤중, 찬양과 감사를 드리며 주님의 임재 안으로 들어간다면, 이는 전기를 발동시켜서 컴컴한 방을 환하게 밝히는 것과 같다. 이와 마찬가지의 이치로, 만일 당신이 하나님께 감사를 드린다면 전원 스위치는 'on' 상태가 될 것이고 이에 하나님의 능력이 당신에게 흘러들어 갈 것이다(또한 당신으로부터 흘러나올 것이다). 감사는 어두운 밤, 주님의 영광을 교회 위에 임하게 하는 전력 스위치다.

영광을 향해 올라가다

유대교의 정형화된 매일의 기도문은 '쉐마'다('쉐마'는 '들으라'라는 뜻의 히브리어다. 신명기 6장 4절은 '쉐마'로 시작되는데, 유대인들은 이 단어로 시작되는 신명기 6장 4-9절을 가장 중요한 기도문으로 여기고 이를 '쉐마'라는 이름으로 불렀다-역자 주). 이 기도문은 신명기 6장 4-9절, 11장 13-21절, 그리고 민수기 15장 37-41절의 내용으로 구성되어있다. 그 내용을 다음과 같이 요약할 수 있다.

* 신 6:4-9 "이스라엘아 들으라 우리 하나님 여호와는 오직 유일한 여호와이시니 너는 마음을 다하고 뜻을 다하고 힘을 다하여 네 하나님 여호와를 사랑하라…"

* 신 11:13-21 "내가 오늘 너희에게 명하는 내 명령을 너희가 만일 청종하고 너희의 하나님 여호와를 사랑하여 마음을 다하고 뜻을 다하여 섬기면 여호와께서 너희의 땅에 이른 비, 늦은 비를 적당한 때에 내리시리니…여호와께서 너희 조상들에게 주리라고 맹세하신 땅에서 너희의 날과 너희의 자녀의 날이 많아서 하늘이 땅을 덮는 날과 같으리라."

* 민 15:37-41 "너희가 내 모든 계명을 기억하고 행하면 너희의 하나님 앞에 거룩하리라."

신명기 6장 4-9절은 율법을 강론하되 "누워 있을 때에든지 일어날 때에든지" 강론할 것을 명령한다. 예부터 이스라엘 사람들은 쉐마 기도문을 하루에 두 번씩 암송했다. '일어날' 아침과 '누워있을' 밤에 한 차례씩 암송함으로써 위의 명령, '누워있을 때에든지, 일어날 때에든지'를 지켜온 것이다. 지금도 이스라엘 사람들은 아침에 일어날 때, 밤에 잠들 때 쉐마를 암송한다. 쉐마는 유대교의 전통에 따른 기도문들의 핵심이다. 모세가 하나님께 "주여, 당신의 영광을 보이소서"라고 기도했을 때, 하나님께서 그에게 주신 계시의 내용이 쉐마의 골격을 이룬다.

당시의 모세의 간구는 기념비적이랄 수 있다. 그의 요청에 하나님은 이렇게 대답하셨다. "내가 내 모든 선한 것을 네 앞으로 지나가게 하고 여호와의 이름을 네 앞에 선포하리라"(출 33:19). 하나님은 바위 틈에 모세를 세우셨다. 그의 앞을 지나시면서 손으로 그의 머리를 덮으셨다. 그리고 그분의 이름을 선포하셨다.

하나님께서 자신의 이름을 선포하셨다! 상상할 수 있겠는가? 로데오 경기 진행자가 다음 출전 선수의 이름을 외치는 것 정도로 생각해서는 안 된다. 하나님께서 그분의 이름을 선포하셨을 때, 모세는 하나님의 임재를 경험했고 하나님이 어떤 분이신지에 대한 계시를 충분히 깨달을 수 있었다. 단지 가청(可聽)의 말씀을 듣는 차원으로 생각할 수 없다. 이것은 실로 영적인 체험이었다. 생각과 몸과 영혼으로 하나님을 깨닫는 경험이었다!

그 단 한 번의 사건만으로도 하나님의 임재에 푹 잠길 수 있었기 때문에 이 사건 이후의 나날들 동안 모세의 얼굴에서는 광채가 났다. 하나님의 임재의 빛이 모세의 얼굴 조직세포 하나하나에 스며든 것과 같았다. 그날 모세가 일회적으로 경험했던 이 사건은 우리가 날마다 예수님 안에서 경험하고 있는 '온전함'의 그림자였을 뿐이다. 하지만 이 사건 덕에 우리는 현재 우리가 누리는 영광에 대해 이해할 수 있다.

유대교의 현인들은 모세가 하나님의 등을 목격했던 사건 이후, 다음과 같은 일이 일어났을 것이라고 생각했다.[1]

> 모세를 지나실 때 여호와께서는 마치 샬리악 치부르(shaliach tzibbur)처럼 탈리트(기도할 때 머리에 두르는 천)로 그분의 얼굴을 가리셨다(샬리악 치부르-기도 모임의 리더, 예수님께서 회당에 들어가 이사야의 글을 읽으셨을 때 그분은 '샬리악 치부르'로서 머리에 탈리트를 두르시고 낭독하셨다-역자 주). 이어서 하나님은 모세에게 기도를 가르쳐주셨다. 그리고 말씀하셨다. "이스라엘이 죄를 범하거든 그들이 내 앞에서 이렇게 기도하도록 명령하라. 그러면 내가 그들을 용서하리라."

모세는 특별한 방법으로 여호와를 알기 원했다. 그래서 하나님께 간청했다. 하지만 하나님은 스스로 그분의 형상을 가리셨다-유한한 인간으로서는 하나님의 실존을 이해할 수 없음을 의미한다. "네가 내 등을 볼 것이요 얼굴은 보지 못하리라"(출 33:23). 하지만 하나님의 임재는 완전했다. 탈리트 안에는 위대하고 전능한 존재가 있었음이 확실하다.

쉐마, 하나님은 한 분이시니

시더르(siddur)라는 유대교의 전체 기도 예식, 혹은 '기도 제의'는 모세와 하나님의 대면 사건에서 연유하였다. 충성스러운 유대인들은 아침 일찍 일어나 쉐마 기도문으로 기도드리며 하나님의 자비로운 성품 열세 개 항을 읊조린다-죄 짓기 전 인간을 향한 긍휼, 죄 지은 후 인간을 향한 긍휼, 모든 피조물의 필요를 채우시는 긍휼, 자비, 후하심, 더디게 노하심, 풍성한 자비, 온전한 진리, 천 대에까지 이르는 자비, 부정행위의 용서, 위반에 대한 용서, 죄에 대한 용서, 그리고 용서.

하나님의 온전한 영광을 기억하기 위해 이 조항을 읊조린 후 그들은 이렇게 선포한다. "이제 하나님의 능력이 더 크게 나타나리라." 유대교의 전통에서 '하나님의 성품'은 신학 연구의 대상이 아니다. 그들에게 하나님의 성품은 '계시'다. 하나님의 성품은 그분의 임재가 이 땅 위에 임한 현상이다. 하나님의 형상대로 지음 받은 사람들이 하나님의 이름을 부르는 곳에서, 하나님은 그들을 만나주실 것이다. 매일 기도할 때마다 유대인들은 외친다. "잇가텔 버-잇카데쉬 샴메이 라바"-"하나님의 위대한 이름은 거룩하게 되고 높이 들림을 받을 것이다."

도대체 왜 모세와 유대교의 의전에 대한 복잡한 정보를 여기에 적어둔 것인가? 예수님께서 바로 '쉐마' 이심을 알려주기 위해서다. 모세의 간구에 대한 '성육화' 된 응답이 바로 예수님이라는 뜻이다. 그리스도는 그날, 그 시내 산의 사건 때, 하나님께서 외치셨던 자신의 이름이자, '쉐마'이셨다.

차짠(chazzan)-기도회의 리더-으로서, 예수님은 '변화산'에서 다시 한 번 이 사건을 연출하셨다! 제자들이 보는 앞에서 예수님의 모습이 변화되었고 그분의 얼굴에는 광채가 드리워졌다. 이스라엘의 기도 리더로서 예수님께서는 다음과 같이 기도하시며 수 세기 동안 유대인들이 간구했던 '쉐마'를 성취해주셨다.

> 아버지여 아버지께서 내 안에 내가 아버지 안에 있는 것같이 그들도 다 하나가 되어 우리 안에 있게 하사 세상으로 아버지께서 나를 보내신 것을 믿게 하옵소서 내게 주신 영광을 내가 그들에게 주었사오니 이는 우리가 하나가 된 것같이 그들도 하나가 되게 하려 함이니이다 곧 내가 그들 안에 있고 아버지께서 내 안에 계시어 그들로 온전함을 이루어 하나가 되게 하려 함은 아버지께서 나를 보내신 것과 또 나를 사랑하심같이 그들도 사랑하신 것을 세상으로 알게 하려 함이로소이다 아버지여 내게 주신 자도 나 있는 곳에 나와 함께 있어 아버지께서 창세 전부터 나를 사랑하시므로 내게 주신 나의 영광을 그들로 보게 하시기를 원하옵나이다(요 17:21-24)

우리도 다 '하나'가 되어 그분 안에 있게 하소서. "쉐마, 이스라엘!" 하나님은 한 분이시다.

영광에서 영광으로

두 가지 주목할, '훨씬 더 중요한' 요점이 있다. 하나는 영광(쉐키나)이고 다른 하나는 기쁨이다.

하나님의 영광은 위대한 인격의 충만함 그 자체다. 그분의 인격은 변함이 없다. 완벽하다. 그리고 영원하다. 이 완벽한 위대함의 신비는 그분이 우리를 사랑하신다는 사실, 그분이 우리를 창조하셨다는 사실, 자신을 우리에게 계시하여 주셨다는 사실에 드러난다. 예수님은 육체가 되심으로써(자신이 창조해 놓으신 사람과 같이) 우리와 연합하셨다. 인간과 영원토록 결합하시고자 하는 하나님의 열정을 이루셨다. 이는 남자와 여자의 결혼보다 훨씬 더 섬세하고 훨씬 더 온전한 결합의 언약이리라. 다시는 깨지지 않을, 모든 것을 아우르는 축복의 친밀함이다!

하나님이 자신을 낮추셨다. 그리고 처녀의 몸에서 태어나셨다. 그리스도는 사람으로 나셨다. 아들로서 자신을 낮추셨다. 그리고 죽기까지 순종하시되 하나님께서 갈망하셨던 선물을 보혈로 '구매하신'(b-uy) 후 아버지께 선사하기까지 하셨다. 그 선물은 바로 '우리'다. 그렇게 예수님은 십자가로 나아가 다시 한 번 자신을 낮추셨다. 보좌에서 내려와 자신을 쏟으신 것이다. 하지만 부활 후, 예수님은 다시 그 보좌에 오르셨다. 이제 예수님은 성령을 통해 우리의 몸 안에 거하신다. 다시 한 번, 우리에게 자신을 부어주신 것이다!

시내 산에서 모세 앞을 지났던 하나님의 영광은 이후 구름 기둥, 불

기둥으로 이스라엘을 인도하며 광야를 지나셨다. 성막의 법궤 위에 머무셨다. 솔로몬이 성전을 짓고 하나님께 봉헌했을 때, 성전 문을 열고 입장하셨다. 에스겔은 그발(Chebar) 강가에서 이 영광을 보았다. 요단 강에서는 이 영광이 세례 요한보다 앞서 행차하셨다. (변화)산에서는 제자들의 눈앞에 변화된 모습으로 나타셨다. 이제 이 영광은 자신을 크리스천이라고 고백하는 모든 사람의 심령을 거처로 삼으신다. 영광이 집에 돌아오신 것이다. 더 이상 쉐키나 영광은 떠돌지 않으신다.

이것이 '영광에서 영광으로'의 진행 과정이다. 수천 년 전, 시내 산에서 시작된 여정이었다. 우리는 지금 이 여정의 마지막 단계에 와있다. 앞으로 단 한 가지 계시만이 남았다. 그것이 마지막이다—예수님께서 영광 중에 나타나실 때, 우리는 그분과 같은 모습으로 홀연히 변화될 것이다.

바로 그때, 모세의 기도 "당신의 영광을 보이소서"와 요한복음 17장에 기록된 예수님의 기도 "우리가 하나가 되리이다"가 온전히 성취될 것이다. 하나님이 한 분이시듯 우리도 그분 안에서 하나가 될 것이다. 이는 대제사장으로서 예수님이 드리셨던 기도의 응답이다. 그분의 보혈이 이룩하신 '단일성'이다.

영원 전부터 지금까지 하나님은 일하신다. 이 사실을 깨닫는 것은 얼마나 놀라운 일인가? 무질서를 바로잡으시고 어둠을 가르며 빛을 창조하셨던 태초부터 이날에 이르기까지 하나님은 자신을 위해 일하신다. 이 땅의 진통, 이스라엘 나라가 시작될 때의 산고(産苦), 선지자들의 외침과 제사장들이 올려드린 향기, 십자가의 보혈과 오순절의 불-이 모든 것은 오직 그리스도 안에서 우리와 아버지를 '하나' 되게 하기 위한 도구들이었다. 영광에서 영광으로! 우리가 하나님께 드린 기도에도 언젠가 '종말'(응답)이 찾아올 것이다. 즉 그분의 소유 된 백성을 데리고 가시기 위해 하늘에서부터 예수님이 내려오시는 사건이다.

우리는 어둠 때문에 두려워하지는 않을 것이다. 말세에 등장할 적그리스도 때문에 겁을 먹거나, 말세에 사람들을 해칠 사나운 짐승, 혹은 회개치 않는 사악한 사람들 때문에 두려워하는 일은 없을 것이다. 왜냐하면 하나님의 사랑이 우리를 두려움에서 건져주기 때문이다. 우리는 새벽이 오기를 갈망한다. 또한 쉬지 않고 하나님과 교제하며 파수 기도를 드릴 것이다. 우리의 마음과 얼굴에 하나님의 형상이 나타나기를 계속 갈망할 것이다.

영광의 구름

때때로 파수꾼들은 손으로 만질 수 있을 것만 같은 하나님의 임재를 경험하곤 한다. 때때로 그 영광은 구름 같은 형태로 나타난다. 하나님의 임재를 경험하는 일은 언제든지 경탄을 자아낸다. 어쩌면 우리 파수꾼들의 경험과 당신의 경험과 비슷할지도 모르겠다. 아래는 하나님의 임재를 경험한 우리 지체의 간증이다.

작년 초반의 일입니다. 파수 기도 모임 중 저는 놀라운 환상을 보았습니다. 하지만 이전과 다른 삶을 살게 된 지 얼마 안 되어서, 우리 기도 모임 지체들에게는 익숙한 개념인 표적, 기적, 성령의 임재 등에 대해서는 문외한이었어요.

그런데 그날 밤 파수 기도 모임에 참석했을 때, 보니 목사님이 이렇게 말씀하시는 거예요. "오늘 이곳에 놀라운 예언의 영이 임했습니다." 실제로 그 집회 중 매우 많은 예언의 말씀이 터져 나왔고 저는 말 그대로 '깜짝' 놀랐습니다. 이렇게 생각했습니다. '저 사람들은 즉각적으로 예언의 말씀을 다운로드 받는구나. 그리고 필요한 사람에게 그 말씀을 전해주는구나. 어떻게 이런 일이 가능하지?'

그때 성령을 통해 제 눈이 열렸습니다. 천장 주변으로 하얀, 그러나 무시무시한 구름이 모여드는 것을 보았습니다. 이전에는 한 번도 보지 못했던 광경이었습니다. 아니, 이러한 것에 대해서 들어보지도 못했었습니다. 제 눈에 펼쳐지는 것의 정체가 무엇인지 전혀 알 길이 없었죠. 그런데 천장을 휘감아 도는 구름 안에서 무언가가 방출되는 것이 보였습니다. 그리고는 빠른 속도로 사람들의 머리에 닿았습니다. 그들은 모두 타인을 위한 예언의 말씀을 받았습니다. 이후 그 구름 속에서 찬란한 흰색 섬광이 번쩍이더라고요.

너무 무서웠습니다. 그래서 건물 밖으로 뛰쳐나갔어요. "누군가를 불러야겠어. 누군가에게 물어봐야 해." 제 어머니는 성령 충만한, 그리고 금식하고 기도하는 신앙의 용사입니다. 그래서 어머니께 전화하여 제가 본 것을 말씀드렸어요. 사람들이 저를 이상한 사람으로 취급할까

봐 두려워서 다른 사람에게는 말할 수 없었어요(어쨌든 제가 믿을 수 있는 사람에게 제가 본 것을 이야기했습니다). 그러자 어머니는 껄껄 웃으시며, 또 흥분한 목소리로 말씀하셨습니다. "얘야, 그건 영광의 구름이란다."

영광… 제가 여태껏 본 것 중 가장 멋진 광경이었습니다.

다음은 또 다른 지체의 간증이다.

1996년의 일입니다. 어느 날 아침, 파수 기도 모임 중에 주님께서 우리를 방문해주셨습니다. 초자연적인 바람이 하늘에서 불어와 우리의 볼에 '키스' 했습니다. 이내 그 바람은 천국의 달콤한 향기와 멋진 음악으로 우리를 감싸 안았습니다. 예수님께서 거듭하여 우리에게 바람을 보내셨기에 우리는 모두 울고 또 웃고 엎드려 경배했습니다. 모임에 참석한 사람 모두 동일한 천국의 경험을 맛보았던 것은 이번이 처음이었습니다. 저는 금요일 밤마다 '친족의 기업을 무르시는 구원자' (룻기에 등장하는 보아스. 여기에서는 예수님을 지칭함-역자 주)와 함께 시간을 보내기로 결심했습니다.

전쟁을 치르면서 동시에 쉬는 법을 배움

모든 성도는 파수꾼으로 부름 받았다. 나는 그렇게 믿는다. 파수꾼의 역할은 단지 기도만 하는 것이 아니다. 혹은 홀로 싸우는 중보자가 되는 것도 아니다. 파수꾼이 되는 것은 예언적인 경험이다. '신부'와 '군대'로 표현되는 교회의 참된 정체성을 실현하는 일이다. 파수 기도 모임은 주님의 신부들이 신랑과의 친밀한 관계를 발전시킬 수 있는 연합적 체험의 장소와 기회를 제공해준다. 그들은 주님의 음성을 듣고, 주님의 말씀에 반응하며, 주께서 역사하실 수 있도록 교회, 가정, 자녀, 국가를 대신하여 주님께 간구한다.

또한 파수 기도 모임은 꿈과 환상을 통해 주님으로부터 예언의 음성을 듣고 주께서 약속하신 말씀, 선포하신 말씀들을 세상에 전파하는 용사들의 공동체다. 말 그대로 이들은 하나님의 나라를 확장시키는 군대이자 무너진 성벽을 보수하는 건축가들이다. 하나님과 인간 사이의 갈라진 틈에 이들이 서있다.

게다가 파수 기도 모임은 그 어떤 것과 비교조차 할 수 없는 친밀함의 시간이다. 하지만 출전(出戰)의 시간이기도 하다. 싸움을 더 많이 치르면 치를수록, 더더욱 큰 기쁨을 누리게 된다–횟수와 양에는 '힘'이 있다.

우리 지체 중 한 여성은 어느 날 밤 환상을 보았는데, 환상 속에서 자신이 아름다운 신부로 등장했다고 한다. '나는 그리스도의 신부이구나'라며 아름다운 웨딩드레스를 입은 자신을 보며 기뻐하다가 아래쪽을 내려다보더니 발에 군화가 신겨져 있었다고 한다. 이는 그리스도의 몸 된 교회가 지닌 이중적 정체성을 잘 묘사해주는 환상이다. 우리는 신부이자 용사다.

샬롯에서 우리와 함께 파수하고 있는, 또 다른 중보 기도자의 간증이다.

파수 기도 모임에 참여한 지 10년 정도 되었습니다. 다음의 이야기는 제가 어떻게 파수 기도꾼으로 부름 받았는지를 설명한 글입니다.

어느 날 밤, 깊이 자던 중에 저는 큰 나팔 소리에 놀라 잠에서 깨었습니다. 무슨 소리인가 싶어 멍한 상태로 침대에 앉아있었지요. 바로 그때, 난생 처음 하나님의 음성을 들었습니다. 내적 감동이나 생각 속의 음성이 아닌 실제 목소리를 들은 것입니다! "군화를 신어라. 이제 너는 내 부대원이다." 제게는 웨딩드레스를 입고 검정색 군화를 신은 채, 장난삼아 찍은 사진이 있었습니다. 순간 그 사진이 머릿속에 떠오르더군요. 이후, All Nations Church(열방 교회)에 등록해야겠다는 생각이 들었습니다. 또한 이것이 하나님의 부르심이라는 확신까지 들었습니다. 물론 저는 한 번도 그 교회에 가본 적이 없었어요.

그 주 금요일 밤, All Nations Church를 찾았습니다. 금요 파수 기도 모임이 진행되고 있었습니다. 문을 열고 예배실에 들어선 순간 성령님께서 제게 말씀하셨습니다. "얘야, 집에 온 걸 환영한다." 그래서 알았죠. "아, 내가 파수 기도 모임으로 부름 받았구나." 그때까지 저는 중보 기도가 무엇인지 몰랐습니다. 중보 기도, 파수 기도 등, 이러한 일에 있어서 신참이었지만 제 마음속에는 주님께서 저를 부르셨다는 확신이 강하게 자리 잡았습니다. 성벽을 지키는 파수꾼의 자리로 부르셨다는 것을 확신합니다. 그래서 그 후로 지금까지 계속 제 자리를 지키고 있답니다.

≪메시지 성경≫은 시편 23편의 마지막 구절을 이렇게 기록한다. "당신의 아름다움과 사랑이 매일같이 나를 따르리니, 내가 귀향하여 나의 여생을 하나님의 집에서 보내리라"(시 23:6, ≪메시지 성경≫ 원문 번역).

경야하며 기도할 때 참된 안식일의 쉼을 얻을 수 있다. 이것은 초자연적인 일이다. 잠을 줄여 연합 파수 기도 모임에 참여해서 하나님의 급한 용무를 위해 기도하는 것은 힘든 일이다. 하지만 힘든 노력의 결과는 '피곤함'이 아니다. 놀랍게도 하나님의 안식을 체험하게 된다. 그토록 깊은 평안과 휴식에 대한 확신은 우리 개인의 삶에만 찾아오는 것이 아니라 우리의 가정, 교회, 도시에도 찾아온다.

기도라는 '노동'의 대가는 달콤하다. 주님 안에서 더 깊은 안식을 체험할 수 있기 때문이다. 기도하기 위해 치러야 하는 대가도 크고, 또 기도 자체가 힘든 일이기는 하지만, 계속해서 성가신 육체노동의 멍에처럼 느껴진다면 그것은 성령의 감화를 받은 기도가 아닐 것이다. 예레미야 선지자는 어느 날 밤, 아주 오랫동안 환상을 보았다. 주님께서는 그가 본 환상을 요약 정리해서 다음과 같이 말씀해주셨다.

> 만군의 여호와 이스라엘의 하나님께서 이와 같이 말씀하시니라 내가 그 사로잡힌 자를 돌아오게 할 때에 그들이 유다 땅과 그 성읍들에서 다시 이 말을 쓰리니 곧 의로운 처소여 거룩한 산이여 여호와께서 네게 복 주시기를 원하노라 할 것이며 유다와 그 모든 성읍의 농부와 양 떼를 인도하는 자가 거기에 함께

살리니 이는 내가 그 피곤한 심령을 상쾌하게 하며 모든 연약
한 심령을 만족하게 하였음이라 하시기로 내가 깨어보니 내 잠
이 달았더라(렘 32:23-26)

기도 속으로

전쟁하는 법과 쉬는 법을 배우면서 더 높은 영광의 고도(高度)로 올라가려면 다윗이 소개한 단계를 밟아 하나님께로 올라가야 한다. 시편에는 총 열다섯 편의 '올라가는 노래'가 나온다. 모두 다윗의 시다. 시편 120편부터 시편 134편에 이르는 열다섯 편의 시가 그것인데 앞서 말했듯이 통상 '올라가는 시'로 불린다. 성전의 계단과 짝을 이루는 이 열다섯 편의 시는 이후 레위인들이 악기를 연주하며 성전에 오를 때 부르는 노래가 되었다. 계단을 밟을 때마다 성소를 향한 위대한 입구에 점점 가까이 다가선다. 성소에는 백성 가운데에 하나님께서 거하신다는 사실을 증언해줄 영광, 언약궤 위에 임하는 쉐키나 영광의 빛이 있다.

계단을 밟을 때마다 제사장들은 다윗 왕이 경야할 때 지었던 이 노래들을 불렀다. 이는 한밤중, 바람이 수금 줄을 부드럽게 쓰다듬어 아름다운 소리를 발할 때, 다윗의 마음에 떠오른 찬양들이리라.

그 다음 계단을 밟는 예배자는 점점 더 높은 고도로 올라가 하나님과 교제하는 황홀과 기쁨을 만끽한다. 이윽고 하나님의 성전에 이른다. 그들의 영혼은 하늘나라에 닿는다. 이와 동시에 그들의 기도는 마

음을 세우고, 믿음을 세우고, 이스라엘을 세우고, 예루살렘을 세우고 성전을 세울 것이다.

기도하며 함께 경야할 때 우리는 하나님과의 친밀함을 누릴 수 있다. 파수하는 자리에서는 하늘과 땅을 가르던 장막이 빠른 속도로 얇아진다. 그래서 계시의 영역에 올라가 영계와 물질계를 더 선명한 시각으로 볼 수 있다. 우리의 눈과 마음이 열려, 더 명확하게 보는 것은 결코 우연이 아니다. 파수(경야)의 결과다.

위로 올라가는 열다섯 편의 노래는 각각 곤경에 처한 사람, 대적에게 포위당한 사람, 전쟁의 위협을 받는 사람, 소란에 휩싸인 사람들의 울부짖음으로 시작된다. 그들은 모두 평안의 처소를 갈망한다. 그런데 이들이 원하는 평화 상태는 파수 기도로부터 시작된다. 이 세상은 난리와 소란의 한가운데에 자리하고 있다. 그러므로 우리의 마음은 수정되고 회복되어야 한다. 우리는 사랑하는 사람을 잃었거나 지켜지지 않는 약속에 배신감을 느끼고, 실패로 돌아가는 계획 때문에 신음한다. 산고의 고통이 온 땅에 가득하다. 이러한 세상에서 누구를 찾아야 하는가? 그렇다. 하늘을 올려다보아야 한다.

처음에는 스스로 무언가를 해낼 수 있다고 생각한다. 누군가를 찾아가 도움을 요청하면 도움을 받을 수 있으리라 생각한다. 지금은 발견되지 않았지만 이 세상 어딘가에 내가 의지할 수 있는 무언가가 있다고 생각한다. 그것만 찾으면 모든 것이 다 잘될 것이라고 예상한다. 하지만 잠에서 깨어 마음을 추스른다면, 하나님 외에 그 어떤 누구도, 그 어떤 것도 우리를 돕지 못한다는 점을 깨달을 수 있다. 하나님과 경야하며 파수할 때 비로소 하나님께서는 졸지도 주무시지도 않은 채, 항상 우리를 지켜보신다는 사실을 인식하기 시작한다.

파수하며 기도하면 하나님에 대한 확신이 우리의 요동치는 감정의 자리를 대신할 것이다. 우리의 관점, 우리의 우선순위에 변화가 생긴다. 위기라고 생각하던 일들에 대해 평정심을 갖게 된다. 하나님을 느끼며, 그분의 뜻을 지각하며, 그분의 약속을 확신하는 가운데에 믿음 안에서 더 높은 곳으로 올라가게 된다.

올라가는 시는 히브리인들이 명절과 절기를 지키려고 예루살렘에 오를 때마다 부르던 노래였다. 각자의 집에서, 또 각자의 마을에서 출발한 사람들은 예루살렘으로 가는 도중에 서로 만난다. 모두 한데 어우러져 노래를 부르며 예루살렘으로 향한다. 목적지에 도착하면 그들은 다시 한 번 시편 120-134편의 노래를 부른다.

* 시 120편_ 현재의 처지를 노래한 시편. 우리의 필요를 인식하고 그 내용을 기도에 담아 하나님께 올려드리는 노래.

* 시 121편_ 이 땅에서는 우리의 기도가 응답되지 않을 것임을 인식한다. 하나님만이 모든 환난으로부터 우리를 지켜주는 방패임을 알기에 그분을 갈망한다. 하나님의 도우심이 필요함을 인식한다. 하나님은 말씀하신다. "나는 네게 필요한 모든 것이다. 나를 믿으라. 내게 매달리라. 나를 신뢰하라. 내게 간구하라. 내가 행할 것이라 기대하라."

* 시 122편_ 백성 가운데서 하나님의 임재를 경험하는 기쁨. 하나님의 심판이 이 세상을 바로잡아 줄 것을 알기에 그분의 심판을 기대함.

* 시 123편_ 우리의 우선순위를 하나님께 맞춘다. 선입견과 자신의 주장을 내려놓고 하나님의 뜻에 우리의 의지를 일치시키며 하나님 앞으로 나아간다.

* 시 124편_ 우리의 시선이 위를 향한다. 이전에는 주변에 드리워진 문제와 고통만을 보았다. 이제 모든 것을 주관하시는 왕, 하나님께로 눈을 돌린다. 하늘나라를 이 땅으로 끌어온다.

* 시 125편_ 주님을 신뢰하고 악의 열매가 아닌 의의 열매를 확신한다.

* 시 126편_ 주님의 기쁨이 우리의 힘이다. 만족하는 마음보다 더 가멸찬 부(富)는 없다. 산고의 귀한 눈물을 흘렸기에 기뻐할 수 있다. 위대한 추수를 기대하며 미리 기뻐한다.

* 시 127편_ 파수꾼의 비밀 처소는 주님을 신뢰하는 마음이다. 그곳에서 파수꾼은 안식을 취한다. 우리 안에서 놀라운 일을 행하시는 분은 주님이시다(우리의 능력으로 우리가 일하는 것이 아님을 깨닫는다). 안식하며 주님과 함께 경야할 때, 그분은 자신의 집을 쌓아 올

리신다.

* 시 128편_ 주님을 경외할 때 시온에서 복이 내린다. 이 복은 당대를 넘어 후대에까지 이른다.

* 시 129편_ 하나님의 신실하심이 우리를 구원하셨다. 우리는 높은 곳으로 오른다. 우리를 고소하고 파멸하려 하는 악한 자의 손에서 자유로워진다.

* 시 130편_ 아침 해가 솟기를 기다리는 파수꾼처럼 우리는 주님을 기다리며 경야한다. 주님에 대한 우리의 기대는 깊은 절망과 어둠으로부터 우리를 끌어내고, 찬란한 하나님의 영광으로 인도해준다.

* 시 131편_ 겸손함이 우리의 의복이다. 우리는 만족스럽다. 안전하다. 불확실의 때에도 우리에게는 하나님의 위대함을 끈질기게 붙잡는 '고요한' 지혜가 있다.

* 시 132편_ 예수 그리스도께서 온전한 영광 중에 나타나시기까지(재림), 그분의 신부를 취하실 때까지 우리는 영적으로 잠들기를 거부한다. 주님 곁에는 기름 부음 받은 백성으로 가득할 것이다. 그 옛날, 하나님의 약속이 성취되리라.

* 시 133편_ 마침내 우리가 온전함을 입을 것이다. 온전한 조화를 이루며 온전한 연합 중에 영생을 누리게 되리라.

* 시 134편_ 종국에는 가장 높은 곳에 올라가 두 손을 들고 하늘을 향해 한마음, 한목소리로 외칠 것이다. "거룩하다!"

영광으로 향하는 열다섯 계단을 오르면서 제사장들이 불렀던 찬양에는 겸손과 감사의 주제가 가득하다. 그 노래들은 장차 성취될 천국의 약속을 떠오르게 한다. 그 찬양들이 우리를 새롭게 하며 우리의 마음을 성령의 기름으로 채워준다. 이에 우리는 모두 가장 순결한 마음으로 예배드리고 또 신실한 태도를 유지하며 계속 기도하게 된다.

사다리처럼

하나님의 나라로 올라가는 길은 역설적이게도 항상 낮은 쪽을 향한다. 겸손이 아니고서는 영광을 설명할 방법이 없다.
야곱은 야비한 수법으로 유산을 가로챘다. 그리고 이 일을 계기로 도망자의 신세가 되었다. 수많은 어려움을 겪은 후에 그는 순종을 터득했다. 모진 고통과 어려움을 통해 낮아졌을 때 비로소 야곱은 위대한 하나님의 백성이 되었고 성공된 인생으로 평가받을 수 있었다. 요셉도 마찬가지였다. 예수님마저 그 영원한 영광의 보좌에 오르시기 전, 우리를 위해 스스로 낮아지셨다.

에서를 속여 장자의 권리를 빼앗고 도망자의 신세가 되었던 첫날 밤, 야곱은 돌을 베개 삼아 광야에서 잠을 청했다. 인생 가운데에 이처럼 비참한 순간이 있을까? 그날 밤 야곱은 하나님께 울부짖었다. 하나님의 임재가 자신과 함께하기를 간구했다. 하지만 기도의 응답을 얻기 전에, 그는 머리를 조아려야 했다. 그렇게 하나님을 경배했다.

밤이 깊었을 때 그는 영적인 꿈을 꾸었다. 하늘에 열린 문이 있었고 땅과 하늘 사이에 사다리가 놓여있었다. 천사들이 사다리를 오르내리며 하늘로 무언가를 들고 올라갔고 또 이 땅으로 무언가를 가지고 내려왔다.

이 광경은 무엇을 말해주는가? 만일 우리가 오랫동안 기도한다면 이와 동일한 일이 일어날 것임을 말해주는 것이 아닌가? 사다리와 천사의 환상은 우리가 기도할 때 일어날 일들을 가시적으로 보여준 그림이라고 할 수 있다. 우리는 예수님을 경험한 만큼, 딱 그 만큼만 천국을 경험할 수 있다. 예수님은 열린 문이시다. 오직 그 문을 통해서만 하나님의 임재 안으로 들어갈 수 있다. 물론 우리는 성령의 인도를 받아 영적인 고도(高度)로 올라가게 될 것이다. 하지만 위로 올라가는 길은 항상 아래를 향해 있다.

본서는 사다리를 타고 영광의 자리에 오르는 삶을 실용적인 측면에서 다룬 책이다. 이 책을 집필하는 동안, 나(보니)는 매우 '이상한' 꿈을 꾸었다. 꿈에서 내 집의 담장에 사다리가 걸쳐져 있었는데 신기하게도 나는 집이 아닌 그 사다리에서 살고 있었다. 사다리의 가로대를 마음껏 오르내리는 기술을 갖고 있었다. 또 냄비와 프라이팬을 옮겨

가며 가족을 위해 훌륭한 요리를 만들어내기도 했다. 그렇게 사다리에서 시간을 보내던 중간 중간, 교회 식구, 가족, 친구들이 찾아왔다. 그들은 집 안으로 들어갔다. 그리고는 사다리에 올라가 있는 나를 올려다보며 물었다. "보니, 당신은 지금 높은 곳에 있으니까 잘 보이잖아요? 제가 찾는 물건이 어디에 있는지 말해줄 수 있죠?" "보니, 제가 지금 누군가를 찾는데, 어느 방에 있는지 모르겠어요. 보니는 알죠? 알려주세요!" 그들은 이렇게 내게 부탁을 했다. 그리고 그들이 찾는 물건(혹은 사람)이 놓여있는 장소까지 어떻게 가야 하는지도 물었다.

사다리 위에서 사는 삶은 결코 편하지 않았다. 그 많은 사람이 내가 서있는 곳을 올려다보았을 때, 나는 자괴감을 느끼고 수줍어하기까지 했다. 하지만 그들은 내가 서있는 형편을 보며 '이상하다'고 여기지 않는 듯했다. 높은 곳에 사는 일이 불편하다는 것을, 또 그곳에서 사람들을 섬기고 돌보는 일이 어렵다는 사실을 알아주는 사람은 한 명도 없었다. 어떤 사람들은 사다리에 오른 내가 그들을 섬기는 것이 당연한 일인 양 생각했다.

잠에서 깬 후, 나는 그 꿈을 곱씹어 보았다. 그것은 파수 기도의 비유였다. 순간 잠언 31장의 말씀이 생생하게 다가왔다. 그 장에서는 교회를 덕스러운 아내에 비유하였는데, 그녀는 가족을 위해 음식을 준비하는 것은 물론 또 필요한 물건을 구비하기 위해 먼 곳까지 이동하는 수고를 감내했다. 집안일을 하기 위해 건강을 지키고, 한밤중에 등불이 꺼지지 않도록 철저하게 대비했다.

끊임없이 성령으로 채움을 얻는 그리스도의 신부도 마찬가지다. 우리가 사는 곳은 사다리다. 하나님의 뜻이 머무는 하늘과 그분의 나라가 확장되고 있는 이 땅 사이를 연결해주는 사다리다. 우리가 기도하며 경야할 때, 우리 가정의 모든 사람이 유익을 얻는다. 하나님의 아들이신 그리스도께서는 우리를 위해 중보하시는 일을 마땅히 해야 할 '섬김'으로 생각하신다. 이와 마찬가지로 우리 역시 중보 기도를 마땅한 섬김의 일로 여겨야 한다.

태초부터 기도는 연합의 사역이었다. 아버지와 아들과 성령님께서는 한 가지 목적 즉 이 세상의 구원을 이루시기 위해 연합하셨다. 우리가 스스로의 마음을 일깨워 파수하고 기도할 때, 우리 역시 그러한 연합 안으로 들어가게 된다. 예수님께서 가르쳐주신 기도문의 첫 단어는 '우리의'(our)이다(한글 성경 마 6:9에 기록된 주기도문은 '하늘에 계신'으로 시작되지만 영어로는 'Our Father'로 시작된다. 하지만 헬라원어로는 'Pater Hemon' 즉 '아버지여, 우리의' 순으로 기록되어있다-역자 주). 이는 '우리 모두 다 함께'라는 뜻으로 기도가 연합 사역임을 알려주는 표식이라 하겠다.

하나님의 공동체로서 교회가 기도할 때, 하나님은 그분의 집을 세우신다. "내 집은 기도하는 집이라." 하나님의 공동체가 기도하는 것은 성막이 세워진 사건과 같다. 쉐키나 영광 즉 하나님의 임재의 빛이 이 땅으로 다시 돌아올 수 있는 집이 생긴 것과 같다.

하나님의 영광이 머무는 곳에서는 빛이 어둠을 압도하여 몰아낸다. 이것이 바로 사도 요한이 언급한 내용이다. "…우리는 그 영광을 두 눈으로 보았다. 단 하나뿐인 그 영광은 아버지 같고, 아들 같아서 안

팎으로 두루 충만하고 처음부터 끝까지 참된 영광이었다"(요 1:14-15, 메시지 성경).

야곱이 환상으로 보았던 것은 영광으로 가득한 미래의 성전이었다. 수많은 제사장의 무리가 하나님의 집에 오르내리며 사역을 진행할 때, 셀 수 없는 천사의 무리가 그들의 시중을 든다. 야곱이 본 미래의 성전은 바로 '우리'(교회)다-제사장(우리)은 하나님께 제물(예배)을 드리며, 중보 기도하며, 하나님께 찬양을 올려드린다. 이것이 우리의 사역이다.

주|
1. 기도에 대한 가르침을 전할 때, 유대교의 수많은 현자가 시내 산에서의 사건을 이러한 방법으로 기술(記述)한다.

제12장

예스! 예스! 예스!

Yes! Yes! Yes!

아멘!

Amen!

| 파수 기도의 '응답'은 예수님이시다
| 그분이 우리의 '아멘'이시다

　아마존의 우림은 세계 강수(降水)의 중요한 원천으로 오랫동안 인식되어왔다. 게다가 이 장엄한 숲속 나무들은 지구의 허파로서 중요한 역할을 하고 있다. 비가 내리면 무성한 잎사귀들이 빗물을 머금었다가 태양이 다시 떠오를 때 급속도로 수증기화 시키는 역할을 한다. 땅에 떨어진 빗방울들은 뿌리에 흡수된다. 줄기를 타고 올라가 잎맥에 전달되고 잎사귀를 통해 대기 중으로 발산된다. 그러므로 햇빛이 정

글에 닿을 때 수백만 갤런의 물이 한꺼번에 수증기의 형태로 대기 중에 발산된다. 그러면 몇 시간 뒤, 맑았던 하늘에 비구름이 형성된다. 찌푸린 하늘은 이내 또 다시 소나기를 쏟아내기 시작한다. 이러한 과정은 다른 어떤 곳에서보다 아마존 우림에서 활발히 일어난다. 연구가들은 이 지역에서 거의 매일같이 비구름이 형성되고 폭포수처럼 소나기가 내리는 것을 관찰했다. 다른 지역에서는 며칠 혹은 수 주나 걸려 일어날 일이 하루에도 몇 번씩 반복되는 것이다. 아마존 우림에 형성된 비구름은 남아메리카에서 아프리카까지 이동하는 바람에 실려, 실로 온 세상에 물을 공급해준다. 이러한 의미에서 아마존 우림은 지구의 물 저장 탱크와 같다.

성령의 리듬을 자각하며 그 박자에 맞춰 요동하는 교회, 기도하며 연합하는 교회는 영적인 우림을 만들어낸다. 이들의 기도는 목마른 땅에 부흥은 물론 하나님의 방문을 야기한다. 하나님께서 자신의 백성을 방문하실 때, 그리고 기도가 하나님께로 올라갈 때, 하나님의 임재로 푸르게 우거진 대기는 회복과 성장, 생명의 순환으로 가득 채워진다. 이에 우리는 세상의 '폐'가 되어 호흡한다. 들숨으로 하나님의 임재를 머금고 날숨으로 이 땅 위에 하나님의 뜻을 뿜어낸다.

이사야 61장 3절은 성령의 안식처가 되는 모든 사람이 "의의 나무 곧 여호와께서 심으신 영광을 나타낼 자"로 일컬음 받게 될 것이라고 선포한다. 연합을 통해 배가되는 기도(교회의 기도)는 지역적인 분위기만을 변화시키는 것이 아니라 온 세계의 영적 판도를 바꾸기까지 한다. 우리의 기도는 천국으로부터 내리는 비를 열방에 전달한다. 그러므로 우리의 기도가 이 세상을 살리는 '생명'이다. 연합 파수 기도는 영적인 건강과 번영, 그리고 열방의 추수에 없어서는 안 될 요소다. 야고보서 5장 7절을 보라. "그러므로 형제들아 주께서 강림하시기까지 길이 참으라 보라 농부가 땅에서 나는 귀한 열매를 바라고 길이 참아 이른 비와 늦은 비를 기다리나니"(약 5:7). 좌절하거나 기죽지 말자. 함께 추수할 것을 포기하지 말자. 대신 밤새워 기도하자. 성령의 기름으로 밤을 새워 부흥의 단비가 이 땅에 내리게 하자. 성령의 영광스러운 임재가 이 땅에 임하도록 주께서 다시 오실 길을 예비하자. 그분의 왕국이 완성되기를 기다리자.

비가 내리기를 간구하라!

우리가 효과적인 기도에 전념할 때 하나님께서는 위대한 능력을 나타내 보이실 것이다. 사도행전 4장을 읽으면 어떻게 성도들이 한마음, 한뜻, 한 영으로 기도할 수 있는지 알 수 있다. 기도하며 목소리를 높일 때 모든 성도는 하나가 된다(행 4:24 참조). 기도의 결과, 모인 장소가 진동했다. 신선한 하나님의 은혜가 임하였다. 성도들의 마음은 복음을 전하는 담대함으로 가득 차올랐다.

> 그러므로 너희 죄를 서로 고백하며 병이 낫기를 위하여 서로 기도하라 의인의 간구는 역사하는 힘이 큼이니라 엘리야는 우

리와 성정이 같은 사람이로되 그가 비가 오지 않기를 간절히 기도한즉 삼 년 육 개월 동안 땅에 비가 오지 아니하고 다시 기도하니 하늘이 비를 주고 땅이 열매를 맺었느니라(약 5:16-18)

학개 2장은 '흔들릴 만한 모든 것이 흔들리게 될 때'를 언급한다. 하나님은 이렇게 말씀하셨다. "(내가 모든 것을 흔든 후) …모든 나라의 보배(사모하는 것)가 이르리니 내가 이 성전에 영광이 충만하게 하리라…"(학 2:7)

지속되는 기도, 전념하여 드리는 기도, 연합하여 드리는 기도의 능력은 그리스도께서 재림하실 때 그 빛을 드러낼 것이다. 그러므로 기도의 능력을 절대 얕보아서는 안 된다. 우리의 기도는 땅을 뒤흔들고, 대기를 변화시킬 것이다. 우리의 기도 소리에 천국은 씨앗처럼 떨어질 것이고, 그 위에 부흥의 빗줄기가 내릴 것이다. "봄비가 올 때에 여호와 곧 구름을 일게 하시는 여호와께 비를 구하라 무리에게 소낙비를 내려서 밭의 채소를 각 사람에게 주시리라"(슥 10:1).

말씀이 구름을 심다

뉴멕시코에서 내(마헤쉬)가 목회하던 텍사스까지 상당히 먼 거리를 이동해서 참석한 가족이 있었다. 그들은 절박했다. 부부에게는 다섯 명의 사랑스러운, 그러나 아주 어린 자녀들이 있었다. 아이들의 어머니는 유방암 말기 환자였다. 앞으로 살게 될 날이 얼마 남지 않은, 위중한 상태였다. 하지만 그 어린아이들은 엄마한테 꼭 붙어있었다. 몇 주후에 엄마와 작별해야 한다는 사실을 전혀 모르는 것 같았다. 의사는 이미 손을 뗀 상태였다. 갓 삼십대 초반에 접어든 젊은 여성이어서 더욱 안타까웠다.

나는 그녀를 위해 기도했다. 하지만 기름 부음이 느껴지지 않았다. 하나님의 은혜도, 그 어떤 것도 느낄 수 없었다. 안쓰러운 마음으로 그녀를 위해 간절히 기도했다. 아마도 어린 자녀들 때문에 더 절박하게 기도했던 것 같다.

아무런 느낌이 없었다. 나는 실망감을 안고 집으로 돌아왔다. '그 아이들은 얼마 안 있어서 사랑하는 엄마와 작별해야겠구나.'

그 주에 그녀는 좀 더 나은 검사와 치료를 받기 위해 러벅 메소디스트 병원(Lubbock Methodist Hospital)을 찾았다. 이후 우리 교회로 한 통의 전화가 걸려왔다. 흥분한 기색이 역력한 그녀의 목소리였다. 검사 결과를 종합해본 의사들은 그녀의 몸에서 악성 종양의 흔적이 보이지 않는다고 소견을 밝혔다. 암세포 전체가 사라져버린 것이다! "아니, 어떻게 이런 일이 생겼을까요? 자매님, 솔직히 말씀드리자면 자매님을 위해 기도했을 때 저는 아무런 감동을 느끼지 못했습니다. 이런 일이 생기리라고는 생각조차 못했어요."

그때 주님께서 내게 다음의 성경 구절을 가르쳐주셨다.

> 이에 그들이 그들의 고통 때문에 여호와께 부르짖으매 그가 그들의 고통에서 그들을 구원하시되 그가 그의 말씀을 보내어 그

들을 고치시고 위험한 지경에서 건지시는도다(시 107:19-20)

"네가 기도할 때, 나는 내 말(the Word)을 보내어 그녀를 치유하였다. 암세포는 그녀를 파멸시켰겠지만, 나는 내 말을 보냈다." 하나님께서 말씀하셨다. 말씀은 하나님의 영광으로 가득한 사자(使者)로서, 우리 주변 곳곳에 숨어있는 파멸의 요소들을 물리친다. 말씀은 마치 치유하는 빗방울, 생명을 선사하는 빗방울처럼 하나님의 영광을 쏟아낸다.

하나님의 말씀은 살아있고 활력이 있어 능력으로 충만하다(히 4:12 참조). 한 번은 이러한 환상을 본 적이 있다. 못 한 개가 하나님의 말씀에 박히자 그곳에서 피가 뿜어져 나왔다. 그 순간 나는 말씀이 살아있다는 사실을 깨달았다. 생명은 피에 있다. 하나님께서 그분의 말씀을 보내셔서 그녀를 치유하셨기에 그녀는 고침을 받았다. 기름 부음 받은 하나님의 말씀이 있는 곳에서 암세포는 견디지 못하고 사라져야 했다.

물론 말씀(성경)을 가지고 기계적으로 기도하고 또 말씀을 반복하여 암송할 때에도 어느 정도 하나님의 능력과 돌파구를 얻을 수는 있다. 하지만 하나님께서는 우리가 친밀함의 자리에까지 나아가도록, 또 그 영광스러운 지식을 소유하도록 우리를 부르신다. 예수님은 살아있는 말씀, 곧 생명의 말씀이시다. 우리가 필요로 하는 모든 것, 우리가 간구하는 모든 것을 아우르는 '자존'(自存, I AM)이시다. 성육하신 그리스도가 바로 하나님의 '말씀'이심을 인정하고 경외할 때, 말씀 속에서 영광을 발견할 때, 말씀을 노래하며 큰 소리로 외칠 때, 하나님의 말씀은 더욱더 살아 움직이며 역사하실 것이다.

'경야하다' '파수하다' 는 뜻의 헬라어 동사는 '그레고레우오'(greg-oreuo)다. 수 세기 동안 교회가 연합하여 말씀으로 기도하며 또 그레고리안 성가(성경 말씀을 가사로 부르는 찬양이자 기도송, 교부 그레고리[Gregory the Great]의 이름에서 유래)를 불렀을 때, 하나님의 능력이 나타났던 것은 결코 우연이 아니라고 생각한다. 낮은 물론 경야에도, 정시과(定時課, canonical hours)로서 사람들이 그레고리안 성가를 불렀을 때, 그 수많은 목소리가 한데 어우러져 제단의 향처럼 일제히 하늘을 향해 피어올랐을 것이다(정시과-정해진 시간에 해야 하는 일. 하루 중 일정한 시간을 정해 기도문을 낭송하던 유대교의 전통 그대로를 본받은 교회의 제도).

하나님과 교제하기 위해 사람들이 선택하는 방법은 저마다 다르다. 어떤 사람은 방언으로 기도할 것이다. 어쩌면 기름 부음이 있는 예배에 참석할 것이다. 하나님 말씀의 영광 속으로 들어갈 것이다. 또 말씀을 큰 소리로 읽고 또 강력하게 선포할 것이다.

하나님은 "처음부터 종말을 아시는" 분이시다. 또한 "아직 이루지 아니한 일을 옛적부터 보이시는" 분이며 "나의 뜻이 설 것이니 내가 나의 모든 기뻐하는 것을 이루리라"라고 선언하신 분이다(사 46:10 참조). 우리의 현 상황에 관계없이 하나님의 말씀은 우리의 삶을 그분의 뜻대로 진행하신다. 그러므로 하나님의 말씀에 조화를 이룰 때, 우리 삶 속의 빈자리가 채워질 것이다. 성취될 준비가 된 하나님의 약속들이 쏟아져 내릴 것이다.

말씀은 살았고 당신은 그 안으로 들어갈 수 있다. 당신의 삶 가운데에 비어있는 것은 무엇인가? 이루어지기를 기대하며 기다리고 있는 약속은 무엇인가? "주님의 말씀 안에서 주님을 기다리라." 절대 하나님이 하시는 일에 개입하지 마라. 성육하신 하나님(곧 말씀이신 그리스도)을 도우려 들지 마라. 약속의 말씀과 약속의 성취 사이의 시간을 참지 못한 아브라함은 하나님을 도우려다가 이스마엘을 낳고 말았다. 엘리야는 주님의 말씀을 믿었고, 파수하고 기다리며 기도했다. 믿음이 깊게 서린 그의 눈은 먼 곳을 응시했다. 머리 위의 하늘은 맑고 화창했지만 그의 눈은 먼 곳을 향했다. 엘리야의 믿음은 '날씨: 맑음'에 요동하지 않았다. 그는 기다렸다.

기다리는 것은 어렵다. 그래서 당신이 교회에 출석하는 것이 중요하다. "우리가 기도하고 있어. 우리가 기도하고 있단다. 우리가 기도하고 있으니까, 기다려라"라고 말해주는 영적 부모가 있다는 사실만으로도 얼마나 큰 도움이 되는지 아는가! 그러므로 참지 못한 나머지 이스마엘에 만족하는 일이 없기를 바란다. 하나님께서 당신에게 이삭을 주실 것이기 때문이다.

절대 중단하지 말아야 할 것이 있다. 바로 하나님의 말씀이다! 계속해서 말씀을 받으라. 계속해서 말씀을 선포하라. 그러면 계속해서 새 힘으로 재충전될 것이다. 하나님의 말씀이 당신을 세우며 당신에게 힘을 북돋아줄 것이다. 하나님의 말씀은 당신이 죄에 빠져드는 것을 막아주고 또한 죄에 대해 승리할 수 있도록 당신을 돕고 지탱시켜줄 것이다.

말씀은 적의 공격에 대한 방패이자 적을 무찌를 무기다. 우리 아들 벤(Ben)은 신장 기능이 마비된 상태로 태어났다. 말기 중세를 보였으므로 호전될 확률은 제로에 가까웠다. 하지만 극렬한 영적 전쟁을 치른 후, 하나님은 아이에게 새 신장을 주셨다. 그렇다고 모든 문제가 해결된 것은 아니었다. 그 후로 매년, 내 아이가 처음 아팠던 날을 기념일처럼 챙기듯이 악한 영이 계속해서 공격을 가해왔다. 그렇게 아이가 아플 때는 거의 생사를 넘나드는 수준이었다. 수 주 동안 죽음의 영이 머문 적도 있었다. 한 번은 병세가 너무 악화된 나머지 물 한 방울조차 삼키지 못했다. 물론 음식을 먹는 것은 꿈도 못 꿨다. 그렇게 아이는 점점 더 허약해져만 갔다. 하지만 나(마헤쉬)는 이렇게 선언했다. "더 이상은 안 돼. 내 아이를 다시는 병원에 데려가지 않겠어."

그 순간 하나님의 말씀이 들렸다. "출애굽기 23장 25절을 펴라." 그때까지만 해도 나는 그러한 말씀이 성경에 있는지 몰랐다. 계속해서 하나님의 말씀이 이어졌다. "마헤쉬, 너는 이 말씀을 네 아들에게 선포하라. 그리고 네 아들도 이 말씀을 선포하게 하라"(당시 내 아들은 말할 수 있을 만큼의 나이였다). 출애굽기의 말씀은 다음과 같다. "네 하나님 여호와를 섬기라 그리하면 여호와가 너희의 양식과 물에 복을 내리고 너희 중에서 병을 제하리니"(출 23:25).

"벤, 아빠를 따라 말해봐. '하나님께서 내가 마실 물과 내가 먹을 빵을 축복하신다.'"

아이가 말했다. "아빠, 너무 아파요. 하나님께서…"

아이는 점점 더 약해져갔다. "…예수님께서 내가 마실 물과… 내가 먹을 빵을 축복하신다… 그리고 그분이 내 질병을… 없애주신다." 아이는 가까스로 말씀을 따라했다.

바로 그때 성령님께서 벤 위에 임하셨다. 아이는 잠시 눈을 감는 것 같더니, 다시 두 눈을 부릅떴다. 그런데 이번에는 그 눈에 생기가 돌았다. 몇 분 후에 아이가 말했다.

"아빠, 목말라요."

나는 벤에게 약간의 탄산음료를 주었다. 한 시간 정도 지났을까. 아이에게 크래커를 먹여보았다. 아이가 음식을 삼켰다. 그 다음 날, 우리 아들 벤은 완쾌된 몸으로 병상에서 일어났다. 더 놀라운 사실은 그 뒤로 죽음의 그림자가 다시는 아이를 찾아오지 않았다는 것이다. 주님을 찬양하라!

아침의 기쁨

예부터 성도들은 '기도'를 하나님과의 관계 유지 차원에서 반드시 해야 하는 일, 혹은 당연한 의무로 생각해왔다. 이러한 관점을 가질 경우 기도의 '기쁨', '모험', '능력', 그리고 '특권의식'은 설 자리를 잃고 만다. 성경에 의하면 '계시'는 절대적 초월자의 '자기 현현'이다. 혹은 '예수 그리스도의 인성 안에 숨겨진 신성'의 '현현'이다. 하나님 스스로가 그분을 나타내지 않으시면 그 누구도 하나님을 알 수 없다. 이것이 은혜의 계시다. 칼 바르트(Karl Barth)는 예수님을 '인간과 우주의 간구에 대한 신적(神的) 응답'이라고 묘사했다(the Divine Yes to man and His cosmos).[1]

> 하나님의 약속은 얼마든지 그리스도 안에서 예(yes)가 되니 그런즉 그로 말미암아 우리가 아멘 하여 하나님께 영광을 돌리게 되느니라 우리를 너희와 함께 그리스도 안에서 굳건하게 하시고 우리에게 기름을 부으신 이는 하나님이시니 그가 또한 우리에게 인치시고 보증으로 우리 마음에 성령을 주셨느니라(고후 1:20-22)

> 자기 아들을 아끼지 아니하시고 우리 모든 사람을 위하여 내주신 이가 어찌 그 아들과 함께 모든 것을 우리에게 주시지 아니하겠느냐(롬 8:32)

'기쁨'(Joy)과 '행복'(Happiness)을 혼동하면 안 된다. 행복은 물질적 쾌락, 정신과 몸의 요구에 대한 '배부른 만족'에 직결된다. 즐거운 일은 우리를 행복하게 한다. 예상치 못한 선물을 받을 때 우리는 행복하다. 꽃으로 가득한 정원을 볼 때 행복해진다. 물론 행복은 악한 것이 아니다. 하지만 바람의 흐름에 따라 향방을 달리하는 풍향기(winds-ock, 풍향을 측정하기 위해 활주로에 매달아둔 원통형의 천-역자 주)처럼 행복 역시 불안정하다.

제12장 예스! 예스! 예스! • 337

'기쁨'은 다르다. 기쁨은 땅속 깊은 곳에 자리한, 마르지 않는 내면(영혼)의 수원으로부터 솟아오른다. 그러므로 지표에 위치한 '정신'이나 '육체'의 흔들림에도 영향을 받지 않는다. 기쁨은 영적이다. 성령님께서 우리의 영혼에 선사하시는 선물이다.

기독교는 너무도 오랫동안 메말라 있다. 예수님이 말씀하셨던 기쁨은 거의 언급조차 되지 않는다. 심지어 예수님을 만난 사람들조차 그 기쁨을 추구하지 않는다.

시편 기자는 예수님께 이러한 노래를 불러드렸다. "왕은 정의를 사랑하고 악을 미워하시니 그러므로 하나님 곧 왕의 하나님이 즐거움의 기름을 왕에게 부어 왕의 동료보다 뛰어나게 하셨나이다"(시 45:7). 악행에 의해 가장 큰 피해를 입는 사람은 악을 행한 사람 당사자일 것이다. 이러한 사실은 적어도 몇몇 바리새인에게서 발견된다. 그들은 예수님의 사역을 별로 기뻐하지 않았다. 예수님의 존재에 대해서는 더더욱 기뻐하지 않았다.

예수님이 가지셨던 기쁨의 열쇠는 '하나님과의 하나 됨'에 있었다. 즉, 하나님께서 가장 기뻐하실 때, 예수님도 가장 기뻐하셨다는 뜻이다. 당신도 이렇게 되고 싶은가? 하나님이 당신과 함께하기를 원하신다는 점을 생각해본 적이 있는가? 하나님의 뜻에 따라 당신이 지금 소속된 공동체에서는 사랑과 임재의 말씀이, 하나님의 놀라운 역사들이 발견될 것이다. 그곳에서 하나님은 그분의 자녀들과 함께 기쁨의 시간을 보내기 원하신다.

하나님은 자신에게서 등을 돌린 사람들 앞에 그 모습을 계시하기 원하신다. 쉽게 말하자면, 하나님은 그들의 관심을 받고 싶어 하신다. 어떻게 하나님이 계시될 수 있는가? 예수님의 기쁨은 '자기 헌신'을 통해 '온전한 기쁨'으로 승하였다. 그리고 이러한 예수님의 헌신은 하나님의 온전하신 성품을 사람들에게 계시해주었다. 물론 예수님은 변하지 않으신다. 예수님은 우리를 변화시키신다. 하나님의 성품을 맛본 사람들은 다시금 하나님께로 얼굴을 향한다. 이처럼 천국의 기쁨은 '자신을 내어주는 사랑'의 본질이다.

"당신의 뜻을 행하는 것이 나의 기쁨입니다"라고 하늘 아버지께 고백했을 때, 예수님은 진심으로 고백하셨다. 다짐하신 것이 아니다. 아버지의 뜻에 순종하는 것이 정말 흥미진진하다는 점을 고백하신 것이다.

기쁨은 행복과 같지 않다. 행복은 인본적 구원의 상태-우리 뜻대로 일이 풀리지 않을 때 느끼게 되는 불만족과 불행의 상태로부터 탈피-를 의미한다. 예수님의 사명은 행복이 아닌 기쁨을 안겨주는 것이었다. 아브라함은 '기쁨'을 맛보고 즐거워했다. 예수님의 탄생 소식을 전할 때, 천사들은 기뻐하였다. 죄인이 그리스도께로 돌아올 때마다 천국은 기쁨의 천둥소리를 울린다. 엘리사벳의 태에 있던 세례 요한은 기뻐했다. 안나와 시므온은 아기 예수님이 성전에 계신 것을 보고 기뻐하였다. 수많은 사람이 예수님의 기적을 보고 기뻐하였다. 예수님은 그분의 제자들이 기적을 베풀 것을 기대하시며 기뻐하셨다. 이 모든 기쁨이 예수님의 것이다. 그리고 우리의 것이 될 수 있다.

인간이 영원토록 '행복'을 누릴 수 있는가? 성경에는 이러한 가능성에 대한 언급이 없다. 만일 주후 1-2세기 성도들의 삶을 토대로 행복의 의미를 정의한다면 그들의 삶에 행복이라는 개념은 적용될 수 없을 것이다. 하지만 그들은 '기쁨'으로 충만했다. 그들의 주인 되신 예수님처럼 그들의 삶에도 기쁨이 가득했다. 바울은 당시의 크리스천들이 직면한 핍박과 환난, 난파의 위험, 돌에 맞아 죽을 가능성, 혹은 로마의 서커스 장에서 맹수들과 대면하게 될 일 등을 염두에 두고 다음과 같이 말했다. "주 안에서 항상 기뻐하라 내가 다시 말하노니 기뻐하라"(빌 4:4).

예수님은 신적(神的) 'Yes'이시다. 알파와 오메가, 곧 처음과 나중이시다. 또한 생명책에 봉해진 인을 떼실 수 있는 유일한 분이시다. 그분은 신적 '아멘'(그렇게 될지어다)이시다. 메시지 성경은 주기도문의 마지막에 등장하는 "아멘"(마 6:13)을 "Yes, Yes, Yes"로 바꾸었다.

간단히 말하자면, 주님의 기쁨, 가장 높은 차원의 즐거움은 사람이 하나님과 다시 연합할 때에야 가능하다.

이 책의 1장에 언급했던 '발의 환상'을 기억하는가? 마지막 추수의 때, '우리의 신랑 되신 예수님'이 그 환상의 골자였음도 기억하는가? 파수 기도하면서, 또 주님의 발(보아스의 발과 같은)을 다시 한 번 살펴보면서 우리는 예수님께서 우리의 신랑이심을 확신할 수 있다.

축제와 절기의 때, 그리고 여러 다른 날에 제사장들은 몸을 앞뒤로 흔들며 또 춤추면서 기도했다. 이때 제사장의 옷자락에 매달린 석류(석류 모양의 장식)와 방울들은 발의 움직임과 엇갈리며 '딸랑딸랑' 소리를 냈다. 이것은 기쁨의 상징이다. 우리는 그분의 발치에 덮인 이불을 걷고 그분의 발을 볼 뿐만 아니라 그분의 머리에 기름을 붓고 왕관을 씌워드리기도 한다. 이는 그분이 왕 되심을 선포하는 행위다. 왕의 머리에 기름을 붓고 왕관을 씌우는 행사에는 언제나 그렇듯이 형언할 수 없는 기쁨이 따른다. 파수하며 기도할 때 우리는 주님께 기쁨의 관을 씌워드린다. 주님은 이렇게 말씀하실 것이다. "…기도하는 내 집에서 그들을 기쁘게 할 것이며…"(사 56:7 참조).

대제사장으로서 예수님이 드리신 기도를 살펴보라. 이는 그분이 태초부터 가지셨던 영광을 우리로 목도하게 하시기 위한 기도였다. "아버지여 아버지께서 내 안에 내가 아버지 안에 있는 것같이 그들도 다 하나가 되어 우리 안에 있게 하사 세상으로 아버지께서 나를 보내신 것을 믿게 하옵소서 내게 주신 영광을 내가 그들에게 주었사오니 이는 우리가 하나가 된 것같이 그들도 하나가 되게 하려 함이니이다 곧 내가 그들 안에 있고 아버지께서 내 안에 계시어 그들로 온전함을 이루어 하나가 되게 하려 함은 아버지께서 나를 보내신 것과 또 나를 사랑하심같이 그들도 사랑하신 것을 세상으로 알게 하려 함이로소이다"(요 17:21-23).

예수님의 사명: 영광으로 가득한, 형언할 수 없는 기쁨! 그러므로 천사들의 기쁨, 목자들의 기쁨, 엘리사벳과 그녀의 태에 있던 요한의 기쁨, 안나와 시므온의 기쁨, 예수님을 기다리며 그분의 얼굴을 보고 기뻐했던 모든 파수꾼의 기쁨-이 모두의 기쁨이 바로 예수님의 사명이었다.

기대하며 하늘을 향해 얼굴을 들다

이 책의 서문 및 3장에서 언급했듯이 초대 기독교의 미술 작품에 나오는 '기도 자세'는, 특히 로마의 카타콤에 새겨진 그림과 벽화 등에 나오는 '기도 자세'는 1세기 성도들이 '정형'으로 받아들인 자세였다. 미술사가들은 이처럼 당대의 미술작품에 만연히 나타난 기도 자세를 '오란트'(orant)라고 불렀다. 이 단어는 라틴어 동사 '오라레'(or-are)에서 연유하였는데 그 뜻은 '기도하다'다. 눈을 들고, 손을 위로 뻗고, 하늘 향한 손바닥-이 자세는 초대교회 성도들이 하나님의 응답을 기대하는 태도로 얼굴을 들어 기도했다는 사실을 알려준다.

우리의 기도가 궁극적으로 바라는 바는 그리스도의 재림이다. 온 세상이 그 광경을 목도하게 될 것이다. 우리가 드리는 모든 기도에는 최종 응답이자 모든 예배의 완벽한 성취인 '주님의 재림'에 대한 기대와 간절함이 담겨있어야 한다. 파수꾼의 기도는 재림의 약속을 붙드는 기도다. 또한 '지속되는 승리'의 확신과 주님이 주실 위로에 대한 기대로 가득한 기도다. 파수 기도의 숨은 능력은 우리를 초대교회 성도들의 자리로 이동시킨다. 심한 반대와 끔찍한 핍박에서도 전혀 굴하지 않는 성도의 자리, 서서 눈을 들어 하늘을 향하고, 두 팔을 뻗어 기도하는 성도의 자리, 재림하실 어린양의 품에 당장이라도 뛰어들 성도의 자리, 기대하는 마음으로 기도하는 성도의 자리, 그렇게 능력과 기쁨 안에서 하나님의 나라를 확장시키는 성도의 자리로 우리를 인도할 것이다. '기대'와 소망이 그들의 삶에 가득했다. 기도할 때마다 소망이 샘솟듯이 솟아올랐다.

우리는 지금 이 시간 하나님의 개입하심과 기적, 평안과 안전, 하나님과의 교제, 그리고 그분의 공급하심을 간구한다. 하지만 기도에 대한 보수는 우리가 주님의 얼굴을 대면할 때 받게 될 것이다. 그러므로 "내가 기도했더니 글쎄 하나님이 이러이러한 것들을 이루어주셨지 뭐야!"라는 간증보다 당신이 더욱 갈망해야 하는 말씀이 있다. "잘하였도다. 착하고 충성된 종아! 네 주인의 기쁨에 참여하여라!" 마지막 날 당신이 반드시 들어야 할 말씀이다.

참된 기도는 우리를 파수의 자리로 인도한다. "우리를 위협하는 것들 때문에 경야하는 것은 아니다. 우리는 이 세상의 구원을 기대하기 때문에 파수하며 기도한다. 또한 하나님의 임재를 기다리며 경야한다. 그러므로 모든 감각을 열고 고도의 집중을 기하며 하나님께서 우리의 삶과 사회, 그리고 이 세상에 들어오시는 것을 인식한다."[2]

그때까지 성도들은 기도하며 그리스도와 함께 자신의 자리를 지켜야 한다. 이것이 우리가 받은 부르심이다. 장차 우리는 주님의 집이 있는 거룩한 산에서 주님과 함께 좌정하게 될 것이다. 함께 파수하고, 하늘을 바라며 기도하라. 우리는 더 이상 하나님의 눈을 피하지 않는다. 스스로 수치심을 느끼고 자신이 서있어야 할 자리를 떠나거나 숨지 않는다. 도시의 성벽을 지키는 파수꾼이기 때문이다. 동굴에서 나와 주님의 빛으로 나아갈 때, 우리는 파수 기도의 숨은 능력을 발견하고 몸소 체험하게 될 것이다. 그러므로 기대하는 마음으로 고개를 들라. 주님이 오실 때까지 우리는 계속해서 파수할 것이다. Yes! Yes!

Yes!

주 |
1. Karl Barth, *Church Dogmatics* IV.2, G. W. Bromiley, T. F. Torrance eds., (London: T&T Clark International, 2004), 180.
2. Jürgen Moltmann and Elisabeth Moltmann-Wendel, *Passion for God: Theology in Two Voices*(Louisville, KY: Westminster-John Knox Press, 2003), 62.

후기

가서 파수 기도 모임을 시작하라

어떻게 파수 기도 모임을 시작할 수 있는가? 또 어떻게 기도하면서 경야할 수 있는가?

실용적인 조언을 하자면, 파수 기도의 첫 단계는 장소를 마련하는 것이다. 흔히 사람들이 말하듯이 '장소, 장소, 장소'다. 정기적으로 기도하며 경야할 수 있는 장소를 찾으라. 예배의 처소나 기도할 공간, 혹은 서재로 쓰려고 따로 예비해둔 방이 될 수도 있다. 아이들이 등교한 뒤 부엌도 괜찮고, 저녁 식사 후 거실을 이용하는 것도 좋다. 뒷마당이나 교회 예배실 혹은 주일학교 공간도 좋다. 하지만 특별한 날, 특별한 시간에 다른 사람도 함께 참여할 수 있는 넓이의 공간이어야 한다. 집에서 파수 기도를 하려면 당신만큼, 아니 당신보다 더 주님을 사랑하는 사람을 찾아 그와 함께 파수하며 기도하라.

장소를 마련했으면 일정한 시간을 정하라. 우리 교회는 매주 금요일 밤을 선택했다. 한 주의 마지막 날 밤이기 때문에 대부분의 사람은 다음 날 직장에 나갈 염려가 없다. 게다가 금요일 밤의 파수 기도는 안식일(토요일)의 기쁨과 휴식을 만끽하면서 주일의 예배를 준비하는 좋은 방법이기도 하다. 금요일 밤에 특별한 누군가와 데이트 약속을 잡는 것은 이 나라의 문화적 특성이기 때문에 우리는 파수 기도 모임을 '밤에 즐기는 주님과의 데이트'라고 부른다. 사실 예수님은 '정말로 특별한 누군가'이시다. 그래서 우리 교회의 식구들은 금요일 밤마다 예수님과의 '그룹 데이트' 약속을 잡는다.

다른 책에서는 금식에 대해 많이 언급했지만, 이 책에서는 별로 언급하지 않았다. 그렇다고 금식을 외면하지 않았으면 한다. 나는 당신이 파수하며 기도할 때 금식의 훈련과 병행할 것을 요청한다. 간단한 금식부터 시작하라.[1] 일주일 내내 금식하면 당신은 유명을 달리하게 될 것이다. 우리는 교회적으로 매주 월요일마다 금식한다. 만일 특별한 필요가 생기거나 국가적 재난이 발생했을 경우에는 일 년 중 특정 시간을 정하여 좀 더 긴 기간 동안 금식하기도 한다.

> 금식할 때에 너희는 외식하는 자들과 같이 슬픈 기색을 보이지 말라 그들은 금식하는 것을 사람에게 보이려고 얼굴을 흉하게 하느니라 내가 진실로 너희에게 이르노니 그들은 자기 상을 이미 받았느니라 너는 금식할 때에 머리에 기름을 바르고 얼굴을 씻으라 이는 금식하는 자로 사람에게 보이지 않고 오직 은밀한 중에 계신 네 아버지께 보이게 하려 함이라 은밀한 중에 보시는 네 아버지께서 갚으시리라(마 6:16-18)

위의 말씀에서는 '만일 금식하려거든'이 아니라 "금식할 때에"라고 기록해놓은 것에 주목하라. 예수님은 우리가 금식할 것이라고 믿으신다. 우리가 기도할 것이라고 믿으신다. 그리고 우리는 예수님께서 응답하실 것을 믿는다.

물론 하나님의 임재를 느끼지 못할 때도 있을 것이다. 괜찮다. 하지만 성령님께 도움을 구하는 것은 잊지 마라. 이를테면 "성령님, 도와주세요"라고 기도하기를 바란다. 그리스도의 보혈을 찬양하라. "예수님의 보혈로 지금 아버지께 나아갑니다. 성령님 제 손을 잡아주소서. 저를 주님의 임재 안으로 들여보내소서."

아무리 훌륭한 사람이라도 예수님의 보혈 없이는 하나님의 임재 안으로 들어갈 수 없다. 대속하는 보혈 없이는 임재도 없다. 그러므로 부흥을 원한다면 보혈을 찬양하라. 보혈을 갈망하는 당신의 필요를 돌아보라. 성령님이 하시는 일은 나와 당신의 손을 잡고 하나님의 임재 안으로 들이시는 것이다. 우리가 기도할 때, 예배드릴 때, 감사드릴 때 하나님이 생생하게 느껴졌다면 이것은 모두 예수님의 보혈을 통한 성령님의 역사다. "그러므로 형제들아 우리가 예수의 피를 힘입어 성소에 들어갈 담력을 얻었나니"(히 10:19).

그리스도의 임재 안에서 파수하고 기도할 때, 당신의 기도가 주님의 귀에 들릴 것이다. "하나님은 우리의 기도를 들으신다"는 말을 하는 것 자체가 우스울 수 있지만, 사실 대부분의 기도가 하나님께 상달되지 못한다. 무슨 소리인가? 대부분의 기도가 '걱정거리, 원하는 것'만을 요구하는 내용이기 때문에 하나님께 상달되지 못하는 것이다. 만일 누군가가 '암'에 대해서 말한다면 우리는 "오, 세상에…암이라고요? 큰일이네요. 심각하네요"라며 반응할 것이다. 그렇다면 우리는 암세포 덩어리와 그 암을 치유하시는 하나님 사이에 아무런 다리도 연결해드리지 못한다.

  이러한 이유로 파수 기도 모임의 가치를 높이 사는 것이다. 파수하며 기도할 때, 당신 스스로가 하나님의 임재 안으로 들어가게 된다-혹은 다른 사람을 도와 그들을 하나님의 임재 안으로 인도한다. 그 후에야 기도 제목들을 하나님께 올려드린다. 하나님이 행하신 일에 대해서 감사하기 전에 먼저 하나님께서 살아계신다는 사실에 감사드려야 한다. 하나님께서 당신을 기뻐하시듯이 당신도 하나님을 기뻐해야 한다.

  하나님의 임재 안에서 불가능한 일은 없다. 하지만 핵심은 하나님의 임재 안에 더 많이 머무는 것에 있다. 우리에게는 왕의 왕이 하시는 일에 동참할 '관객'-그것이 개인이든 공동체이든-들이 있다. 파수 기도 모임에 참여하면 할수록 우리는 하나님의 임재에 대해 더 많은 것을 알게 되고 또 그분의 임재를 더 잘 인식하게 될 것이다. 다음과 같은 이사야의 말씀에서 우리 자신의 모습을 점점 더 많이 발견하게 될 것이다.

> 그날에 말하기를 이는 우리의 하나님이시라 우리가 그를 기다렸으니 그가 우리를 구원하시리로다 이는 여호와시라 우리가 그를 기다렸으니 우리는 그의 구원을 기뻐하며 즐거워하리라 할 것이며 여호와의 손이 이 산에 나타나시리니 모압이 거름물 속에서 초개가 밟힘 같이 자기 처소에서 밟힐 것인즉(사 25:9-10)

"인간의 궁극적인 목적은 하나님을 영화롭게 하는 것, 그리고 그분을 영원토록 즐거워하는 것이다."[2)]

인간의 영광은 '영광스러운 인자'와의 관계로 정의된다. 기도하면서 주님과 얼굴을 마주할 때 모세가 경험한 것보다 더 큰 영광이 우리의 얼굴에 임할 것이다. 얼굴이 뿜어낸 영광의 빛은 주변의 어둠을 비출 것이다. 기대에 찬, 큰 눈으로 우리는 주님의 재림을 목도할 것이다. 기도하며 주님과 동역할 때 그분의 따뜻한 영광에 얼어있던 몸을 녹일 것이다. 그 영광의 빛에 의해 우리는 영광에서 영광으로 변화될 것이다. 다음과 같이 울부짖는, 구름같이 허다한 무리에 들어가 그들과 함께 설 것이다. "할렐루야 주 우리 하나님 곧 전능하신 이가 통치하시도다 우리가 즐거워하고 크게 기뻐하며 그에게 영광을 돌리세 어린 양의 혼인 기약이 이르렀고 그의 아내가 자신을 준비하였으므로" (계 19:6-7).

주|

1. Mahesh Chavda, *The Hidden Power of Prayer and Fasting* (Shippensburg, PA: Destiny Image, 1998).
2. *The Westminster Shorter Catechism* (Question and Answer 1).